中学校
創作脚本集
2020

中学校創作脚本集2020編集委員会 編

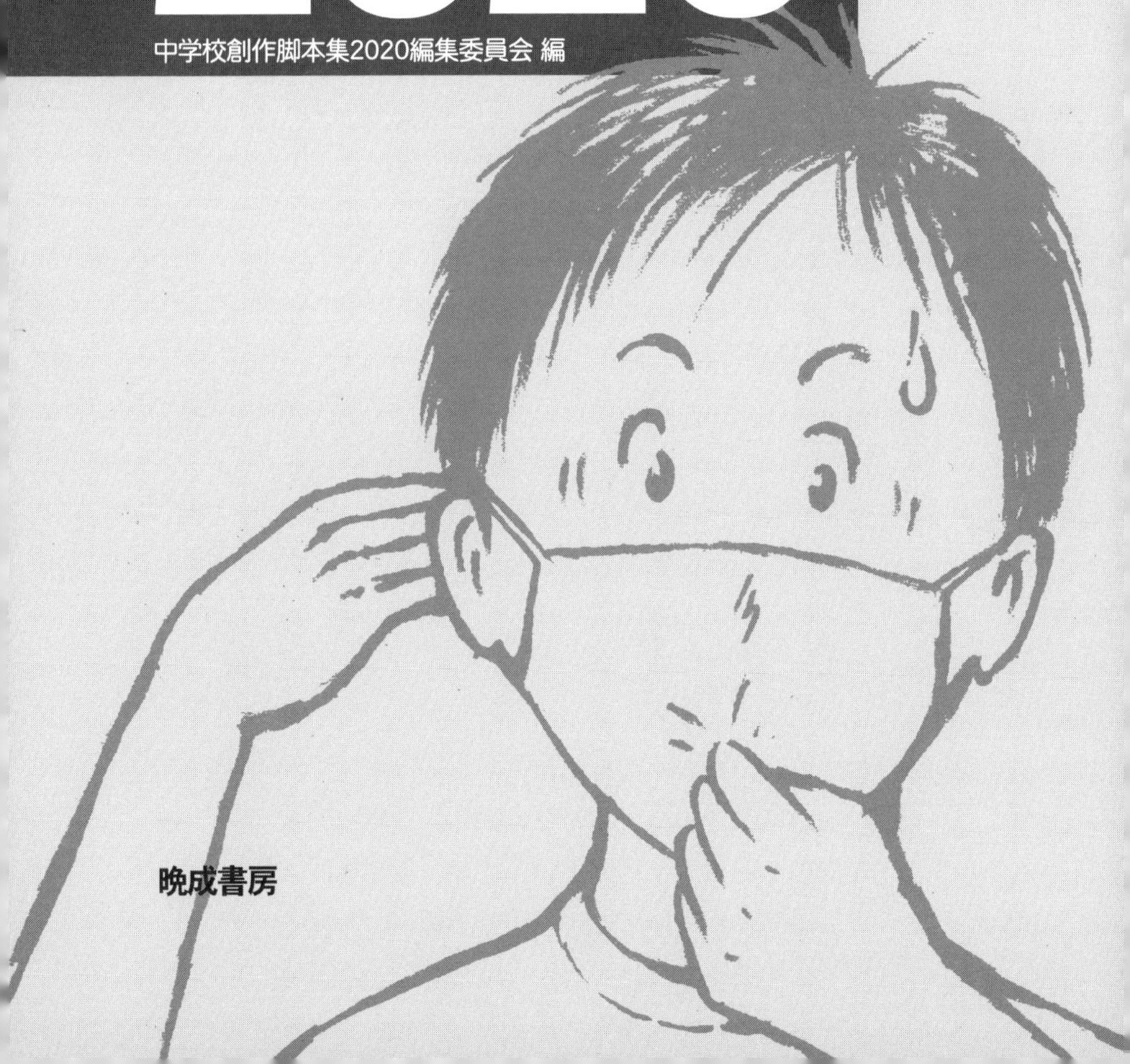

晩成書房

『中学校創作脚本集２０２０』の発刊にあたって

中学校演劇の歴史に新たな1ページを切り拓く創作作品が今、次々と生まれている。

中学校創作脚本集・編集委員会
山下秀光
大沢　清

中学校演劇を愛する全国のみなさん。

今、ここに新しいシリーズの第3作目である「中学校創作脚本集　２０２０」が発刊できたこと、まず何よりうれしく思っています。今回この作品集には中学生のみなさんが書かれた作品や、顧問の先生、外部指導員による作品など、昨年から今年にかけて全国で上演され話題となった最も新しい13作品が収録されています。執筆されたみなさんをはじめ、この創作脚本集の出版にご協力いただいた多くのみなさまに編集委員会を代表して心よりお礼を申し上げます。

みなさん。

私たちは先に２００９年より10年に渡って「最新中学校創作脚本集」を刊行してまいりました。このシリーズでは、その年度の最も新しい創作作品を60編以上収録し、全国の多くのみなさまに好評をいただきました。そして、この10年間中学校演劇の活動に熱気と創作の風を巻き起こしてきました。中学生をとりまくさまざまな問題を深く掘り下げ、その中で強く生き抜こうとする彼らの姿をいきいきと描いた顧問の先生方の最新の作品がありました。また、特に注目したいのは、今を生きる中学生のみなさん自身の手によって書き上げ、その後演劇部のみなさんの討論の中で練りあげられ上演されて1編の作品が生み出されてきたということです。中学生のみなさんの新鮮な、中学生のみなさんでしか表現できない感性ゆたかな作品が全国各地の中学校から生まれてきているのです。これらの流れは今、ひとつの大きなうねりとなって中学校演劇の歴史に新しい1ページを切り拓くエネルギーとなっています。


全国のみなさん。

私たちは、今年に入って新型コロナウイルスの感染拡大という、未だかつて経験したことのない事態に襲われました。感染は一気に全国に広がり、3月に入ってすぐ学校は、臨時休校処置がとられました。その後全国に緊急事態宣言が出される中で、新学期も引き続き休校となり、5月の終りまで3ヶ月にも及ぶ休校が続きました。この中で不要不急の外出禁止が呼びかけられ、学校だけではなく、多くの商店や工場が営業を停止したり、働く人も休業や在宅勤務となりました。

学校の休校に伴い、部活動も2月末からストップしてしまいました。多くの演劇部は1年間の活動のまとめと、2年生を中心にした新体制の中で、新入生を迎える準備をする時期でしたが、突然全ての活動がストップしてしまいました。

新型コロナ感染拡大の中で、3月下旬に行われる関東中学校演劇コンクールは、中止となりました。8月に予定されていた、全国中学校総合文化祭の北九州市での開催も、中止となりました。学校は、6月から再開されたものの、部活動の再開もなかなか進みません。演劇部の活動も、大きな影響を受けています。毎年夏休みに行われる、演劇部の地区大会や発表会も、次々に中止や延期という知らせが届いています。

しかし、その一方で全国中学校総合文化祭は、来年岩手で開催が決まっているところです。あの東日本大震災から10年。かつてない自然災害を乗り越え、復興と新たな文化の創造は、地域の人々を励まし元気づけてきたと、きいています。”文化の持つ大きな力“は人々の心にしっかり届き勇気と生きる力を与えてくれたとも、きいています。
新型コロナ感染という状況の中ではありますが、私たちの持っている文化や演劇の力はその困難を乗り越えて、再びいきいきした活動を生み出していくことを信じています。

こうした状況を乗り越えて、やがて、中学校演劇の全国大会が開かれるとしたら、あの高校演劇の全国大会のようにそれは中学校演劇の創作作品による全国大会しかありません。私たちはその日が一日も早くやってくることを強く願っています。その意味でも私たちはこのシリーズを２０２２年までを第１期として毎年１冊ずつ刊行していく決意であります。

中学校演劇を愛する全国のみなさん。
この新シリーズである「中学校創作脚本集」への絶大なご支援を心よりお願い申し上げます。そして中学校演劇活動、中学校創作劇の運動をより一層大きく全国に広げていこうではありませんか。その中から全国の中学生のみなさんや、さらには顧問の先生方による新鮮でエネルギーに満ちた創作作品が生みだされ、優れた作品を私たち編集委員会に届けてくださることを、心より願っています。
最後に、新企画「中学校創作脚本集」へのさまざまなアドバイスをいただき、その上で出版を快く引き受けてくださった晩成書房の水野久社長、関係者のみなさまに心からお礼を申し上げて、発刊のごあいさつとさせていただきます。

２０２０年６月

もくじ

ゲキを止めるな！

斉藤俊雄

登場人物

古川里美　ルッコラ
森泉圭吾　ズッキーニ
野沢千己梨　チコリー
北沢みなみ
本間賢太郎
坂本奈々
雨宮《アメミヤ》　雫
郷原千秋
福田　凛
手島梨花
島田　舞
七瀬真琴
菊川千夏
氷川恵令奈
高見沢ひびき（生徒会長）
有栖川みちる（生徒会・副会長）
夏生　麗《ウララ》（生徒会・役員）
田島先生
生徒１～４
天使１～４
観客席にいる生徒

久喜市立太東中学校、2019年12月26日、初演。

■雨のプロローグ

緞帳の向こうから、声が聞こえてくる。

里美　ゲキを止めるな！

部員全員　ゲキを止めるな！

雨音とともに緞帳が上がる。
舞台上には四本の傘が置かれている。
その傘の後ろには四人の天使が座っている。
舞台後方には丸椅子が複数並べられている。
天使のズッキーニとチコリーが傘をさして舞台上に現れる。ズッキーニは傘を使って何かを集めているようだ。

チコリー　ズッキーニ、何を集めているの？

ズッキーニ　ゲキの欠片さ。

チコリー　ゲキの欠片？

ズッキーニ　この舞台には語られなかった言葉、歌われなかった歌、伝えられなかった思いが漂っている。俺はそれを集めているんだ。

チコリーが舞台上を眺める。

チコリー　私には見えない。

ズッキーニ　チコリー、お前はまだ天使としての修行が足りないからな。俺のように大天使と言われるようになれば、ここに漂っている見えないものが見えてくるのさ。

チコリー　どこに漂っているの？

ズッキーニ　例えば、ここだ。

そう言って、傘を使って何かをすくいとる。
ズッキーニがその傘の中を覗き、何かをつまみ上げる。

ズッキーニ　こいつは「ＳＴＯＰ」というゲキの欠片だ。

チコリー　「ＳＴＯＰ」というゲキは、ストップしたの？

ズッキーニ　そうだ。そのラストシーンで語られなかった言葉、歌われなかった歌、伝えられなかった思いが、もう一度形になる日を待っている。俺は、それを形あるものに変える。こんなふうに。

ズッキーニがつまみ上げたものに息を吹きかける。
舞台上に置かれている傘を、舞台上に座っている四人の天使が持ち上げると、傘の中から北沢みなみ、坂本奈々、本間賢太郎、雨宮雫が現れる。
四人の天使は傘を差して退場する。

☆失われたラストシーン

みなみと奈々が「花が咲く」をサビから歌いだす。
賢太郎が苦しみだす。

賢太郎は、自分の心の中にいる何者かと戦っているようである。
賢太郎の心は、悪魔と人間の間を行き来する。

みなみ・奈々 ♪（斉唱で）花は　花は　花は咲く
　いつか生まれる君に♪

雫 歌声に耳を澄ませて。

賢太郎 歌声に……

みなみ・奈々 ♪（ここから二重唱で）花は　花は　花は
　咲く（フェルマータ）♪

雫 悪魔に負けないで。心に花を咲かせて。

賢太郎 心に花を……

みなみ・奈々 ♪わたしは何を残しただろう♪

賢太郎は歌の力を借りて悪魔に打ち勝つ。

賢太郎 ここは…

雫 気がついた?

賢太郎 僕……

雫 悪魔の魔力に勝ったのね。

みなみ、奈々、雫の表情が明るくなったところでストップモーション。
雨の音が響く。

■天使

ズッキーニ 「ＳＴＯＰ」はこのラストシーンにたどり着けなかった。

チコリー 「ＳＴＯＰ」ってどんなゲキなの?

ズッキーニ 天使と悪魔の戦いを描いたゲキだ。

チコリー 誰が創ったの?

ズッキーニ 俺だよ。

チコリー ズッキーニなの?!

ズッキーニ 俺は日本中の中学校演劇部の部室にこっそり台本を置いてきた。「天使からの贈り物」と書いて。しかし、上演したのは一校だけ。俺が「ＳＴＯＰ」で止めようとしたことは止まらず、ゲキが止まっちまった。

チコリー 「ＳＴＯＰ」で止めようとしたのは何?

ズッキーニ 悪魔が世界中に拡散させている、いじめだ。しかし、あの日、俺は悪魔に負けた。

チコリー そのゲキが止まった時を見せてよ。

ズッキーニ 俺の心の痛みを見せろというのか。

チコリー 止まったままでいいの?　もう一度動かしたいって思わないの?

ズッキーニ わかった、見せよう。ゲキが止まった、あの日のあの時を。

☆あの日のあの時

ズッキーニとチコリーが、傘を幕が開くように動かすことで、次のシーンが始まる。
北沢みなみ、坂本奈々、本間賢太郎、雨宮雫の四人が動き出す。
舞台後方に置かれている丸椅子にゲキを見ている観客として、制服を着た生徒が座る。
その中に、生徒会の高見沢ひびき、有栖川みちる、夏生麗がいる。また中央には郷原千秋が座る。
ズッキーニが傘を持ったまま、みなみたち四人に加わり演じ始める。

賢太郎　どうしたんだ、世界が歪んで見える。
ズッキーニ　心の目で見るんだ。
賢太郎　誰かを傷つけたい。傷つけたくて仕方がない。
みなみ・奈々　悪魔に負けちゃだめ。

そう言って、みなみと奈々が賢太郎に近づく。

賢太郎　近づくな。

賢太郎がみなみと奈々を突き飛ばす。
悲鳴を上げて倒れるみなみと奈々。
舞台奥に置かれた丸椅子に座っている観客から「オー」という声が響いた後、笑い声と茶化すような拍手が響く。
そこに雫が現れる。
雫が現れた時に、しずくを指差して生徒３・４が笑う。

雫　（賢太郎を止めて）やめてください！
生徒1　（観客席から）やめませーん。

観客席からどっと笑い声が起こる。

賢太郎　じゃまするな！

賢太郎が、雫を突き飛ばす。
雫は悲鳴をあげて倒れる。
観客から「オー」という声が響く。
雫が顔を起こす。

生徒1　（観客席から雫の声を真似て）やめて！　やめて！

観客席からどっと笑い声が起こり、それに続いて茶化すような拍手が湧き起こる。
突然、観客の一人である郷原千秋が立ち上がる。

千秋　やめろ！

一瞬の沈黙。

生徒１　（少しして）やめろ！
生徒２　やめろ！
観客全体　やめろ！　やめろ！　やめろ！　やめろ！（手を叩きながら「やめろ」を連呼する）
　みなみ、奈々、賢太郎、雫が客席を振り返る
　観客の「やめろ！」の連呼が最高潮になる。
　ストップモーション
賢太郎　（心の声）これっていったい何？
みなみ・奈々　（心の声）何なの、これ？
ズッキーニ　歌を歌うんだ。歌で悪魔を倒すんだ。
みなみ　（心の声）歌わなくっちゃ。
奈々　（心の声）歌えば、先に進める。
　全体が動き出す。
観客全体　やめろ！　やめろ！　やめろ！　やめろ！
千秋　やめろ！　やめろー！
　みなみと奈々が歌を歌おうとする、その瞬間。
　ストップモーション
雫　（心の声）だめ、私、もうだめ。
　雫が舞台から逃げ出す。
みなみ　待って！
　そう言って、みなみが雫を追いかけ、奈々と賢太郎がそれに続く。
　観客席が笑い声と拍手に包まれる。
　その中で戸惑う千秋。
　ストップモーション

■天使

　ズッキーニとチコリーが傘を持って舞台を交差する間に、観客席の丸椅子三つが舞台前方に運ばれて舞台上に置かれる。
ズッキーニ　というわけで、俺が書いた「ＳＴＯＰ」は止まっちまった。
チコリー　ところで、ズッキーニ、あなた、舞台に出てたよね。
ズッキーニ　（とぼけて）そうだったか？
チコリー　それってどういうこと？
ズッキーニ　ズッキーニを演じるために、人間に化けて演劇部に入ったんだ。でも、何もできずにゲキは止まっちまった。
チコリー　「やめろ」の大合唱がゲキを止めたのね。

ズッキーニ　そうだ。
チコリー　学校はそのこと問題にしなかったの？
ズッキーニ　したよ。彼女が相談室に呼び出された。
チコリー　彼女って？
ズッキーニ　最初に立ち上がって「やめろ！」って叫んだ郷原千秋。

☆郷原千秋

ズッキーニとチコリーが、傘を幕が開くように動かすことで、次のシーンが始まる。

椅子が置かれた場所は相談室。

田島先生が相談室の中に入り、丸椅子の一つに座る。

千秋が相談室に入り、先生の前に立つ。

田島先生　郷原さん、あなた今日のこと、どう考えているの？
千秋　どう考えればいいんですか？
田島先生　やってよかったって思ってる？
千秋　やってよかった？　そんなこと思うわけないじゃないですか。
田島先生　それ聞いて安心した。
千秋　田島先生は、私のことどう思っているんですか？
田島先生　やってしまったことは仕方がない。でも、謝るべきなんじゃない。
千秋　……わかりました。
田島先生　よかった。わかってくれたんだ。
千秋　勘違いしないでください。私がわかったのは、田島先生が私のこと全然わかっていないことです。
田島先生　……
千秋　でも、安心してください。私、演劇部のみんなにはちゃんと謝りますから。

雨が降り始める。

田島先生は憮然として相談室から出て、下手に向かって歩いていく。

生徒３・４が下手袖にモップで廊下を掃除しながら登場する。

田島先生が生徒３・４の前を通り過ぎる。

生徒３・４は田島先生に「こんにちは」とあいさつをする。

チコリーが上手袖から窓枠を意味するものを持ってきて、それを窓枠として顔の高さで保持する。

千秋が相談室を出て、窓枠に向かって歩いていき、その前で立ち止まり、そこから外を眺める。

千秋は窓の外に片手を出し、雨を感じる。

生徒３・４がモップで廊下を掃除しながら会話をする。

生徒３　（指をさして）あそこ、相談室から出てきたの、千秋だ。
生徒４　田島に呼び出されてたんじゃない。

生徒3　千秋って、小学生の時、演劇部のみなみたちのこといじめてたんだって。

生徒4　それホント？

生徒3　今でも、みなみたちのこと恨んでるらしいよ。

生徒4　それで、「やめろ」って叫んで、ゲキを止めたんだ。

生徒3　執念深いよね、中学になってもいじめ、続けるなんて。

生徒3・4が退場する。
相談室は、演劇部部室となり、みなみ、奈々、賢太郎が丸椅子に座る。
千秋が部室に入ってくる。

千秋　みなみ、奈々、賢太郎……私……

みなみ　千秋、…ありがと（う）

千秋　ありがとう？　なんで、ありがとうなんだよ……

みなみ　千秋、私たちのために「やめろ」って叫んでくれたんでしょ。観客に向かって「やめろ」って叫んでくれたんでしょ。

千秋　どうしてそう思うんだよ。

みなみ　だって、千秋が私たちに「ゲキやめろ」って言うはずないもの。

奈々　（うなずく）

賢太郎　僕もそう思ってる。

千秋　私、小学校の時、３人のこといじめてたんだよ。それなのに、なんで……

みなみ　千秋、必死になってみんなのこと止めようとしてたよね。……私、嬉しかった。だから、ありがと（う）。

奈々と賢太郎がうなずく。

千秋　（泣けてくる）でも、私が「やめろ」って叫んだから、「やめろ」の大合唱になったんだよ。私が「やめろ」って叫ばなければ……

奈々　千秋のせいじゃないよ。

みなみ　ねっ、どうしてあのとき「やめろ」って叫んでくれたの？

千秋　あの時、あいつの顔が浮かんだんだ。「やめろ」って叫んでるあいつが。

みなみ　あいつって？

千秋　古川里美

みなみ　！

千秋　そしたら「やめろ」って叫んでた。

奈々　古川さんか…懐かしいな……

みなみ　今、アメリカでどうしてるのかな……

賢太郎　ねっ、今ここに古川さんがいたら、何て言うかな？

みなみ　えっ…

賢太郎　何て言うと思う？

三人が考えるところでストップモーション。
みなみの前に古川里美が現れる。
みなみが顔を上げる。

みなみの前に立っているのは、みなみが想像した里美である。

みなみ　古川さん……

里美　みなみ、どうしたんや、そんな淋しい顔して。

みなみ　私たちのゲキ、ラストシーンにたどり着けなかったんです。奈々と私の歌が悪魔を倒すはずだったのに……

里美　そうか……ゲキ、止まったんか。

みなみ　……

里美　止まったゲキ、もう一度動かしたい思わんか？

みなみ　……私には……無理です。

里美　無理……（奈々を見て）奈々。

奈々が顔を上げる。

里美　歌えなかった歌、もう一度、みなみと歌いたくないんか。

奈々　歌いたい。でも……

里美　でも？

奈々　無理かな。

里美　無理……（賢太郎を見て）本間君はどう思う？

賢太郎が顔を上げる。

賢太郎　あのゲキ、元の台本ではラストで僕と雫が一緒に歌って、悪魔を倒すストーリーだったんだ。

里美　雫って誰？

賢太郎　一年生の部員。

里美　どうしてラストが変わったん？

賢太郎　僕、歌が下手だから。

里美　雫って、今どうしてるん？

賢太郎　部活に来てない。

里美　それ、心配やな。

賢太郎　……

里美　もう一回ゲキやって、雫と一緒に歌、歌って、悪魔を倒したい思わんか？

賢太郎　そんなの……無理だよ……

里美　無理無理言うたらなにもでけへん。

賢太郎　……

里美　ゲキを止めたらあかん！　ゲキを止めるな！

里美が舞台から去る。

賢太郎　北沢さん。もし、もう一度ゲキができるなら、僕、歌えないかな。雫と一緒に。

みなみ　……

賢太郎　僕、古川さんの声が聞こえたんだ。

みなみ　古川さん、何て言ってたの？

賢太郎　無理無理言うたらなにもでけへん。ゲキを止めたらあかん！　ゲキを止めるな！

みなみ　ゲキを止めるな……

奈々　なんか、古川さんが今ここにいるみたい。
みなみ　奈々、もう一度ゲキやろうよ。私、歌えなかった「花は咲く」、奈々と歌いたい。
奈々　みなみがやるなら、私やる。
千秋　みなみ、もし、演劇部がもう一度ゲキやるなら、私、応援する。絶対応援する。

ストップモーション
ズッキーニとチコリーが傘をさして舞台に登場する。

■天使

チコリー　ズッキーニ、止まってしまったゲキの後ろ側には、止まってないドラマがあるのね。
ズッキーニ　実は、他にもあの日のこと、考えていた奴がいたんだ。
チコリー　それって？
ズッキーニ　生徒会長の高見沢ひびき。

みなみ、奈々、賢太郎、千秋が舞台を去る。
それと交代で生徒会のひびき、みちる、麗が舞台に登場し丸椅子に座る。
ズッキーニとチコリーが、傘を幕が開くように動かすことで、次のシーンが始まる。

☆生徒会

ひびき　あれ何だったのかな？
みちる　あれって？
ひびき　さっきのゲキ。
みちる　あー、ひどかったね、あのゲキ。
ひびき　ひどかったのゲキじゃなくて、私たちじゃない。
みちる　私たち？
ひびき　私、「やめろ、やめろ」って一緒になって叫んでた。
麗　それは、私も一緒。
ひびき　あれっていじめだよね。
麗　いじめとはちょっと違うんじゃない。
ひびき　（ポスターを指さして）あのポスター。
麗　「いじめゼロ運動」。
ひびき　ねっ、麗はいじめがゼロになるって本気で思ってる？
麗　思ってないよ、だってそんなの無理だもん。
みちる　ひびき。生徒会なんてさ、先生に言われたことやってればいいんじゃない。
ひびき　私、自分で何かやってみたい。
みちる　そんなの、無理だって。
ひびき　本当に無理なのかな？
みちる　それって、生徒会を三六〇度変えるってことだよ。
ひびき　みちる、それを言うなら一八〇度。
みちる　あー。

ひびきが立ち上がって、生徒会室を出ていこうとする。

みちる　ひびき……どこに行くの？

ひびき　演劇部の部室。

みちる・麗　……

ひびき　いじめを止めるためのゲキが止まったことから、「いじめゼロ運動」考えられないかなって思って。

ストップモーション

ズッキーニとチコリーが傘をさして登場する。

■天使

チコリー　ズッキーニ、すごいじゃない。「ＳＴＯＰ」ってゲキが止まったことで、別のドラマが動き出してる。

ズッキーニ　なんか褒められてる気がしねーな。そうそう、あいつも動き出したぞ。

チコリー　あいつって？

ズッキーニ　見ればわかる。

生徒会の三人が退場する。

ズッキーニとチコリーが、傘を幕が開くように動かすことで、次のシーンが始まる。

☆賢太郎と雫１

雨が降っている。

雫が傘を差して歩いている。

その後ろからもう一つの傘が近づいてくる。

それは賢太郎である。

賢太郎　雫！

雫が歩くのをやめて振り返る。

賢太郎　どうして部活に出ないで帰るの？

雫　私、演劇部辞めます。

賢太郎　……

雫　先輩たちが引退した後、一人でやっていく自信ないんです。

賢太郎　これから誰かが入ってくるかもしれないじゃない。

雫　あのゲキを観てですか？　私が逃げ出した、あのゲキ観て演劇部に入りたいって思いますか？

賢太郎　……

雫　本間先輩、今まで、ありがとうございました。

賢太郎　……

雫　さようなら。

雨の音が大きくなる。

ストップモーション

☆賢太郎と雫2

雫が傘を差して歩いている。
賢太郎が、その後ろから近づいてくる。

賢太郎　雫！

雫が歩くのをやめて振り返る。

賢太郎　今日はお願いがあってきたんだ。
雫　お願い？
賢太郎　僕に歌、教えてくれない。
雫　先輩、それ変じゃないですか。一年生の私が先輩に教えるって。
賢太郎　そうだね。でも、教えてほしい。音外さないで歌えるようになりたいんだ。
雫　何が歌えるようになりたいんですか。
賢太郎　「花は咲く」。
雫　……
賢太郎　もし、僕がちゃんと歌が歌えたら、僕と雫の二人で「花は咲く」歌えたのに。
雫　でも、私がゲキを止めちゃったんで、どっちみち歌は歌えませんでした。
賢太郎　雫はゲキを止めてない。あれは……

雨の音が大きくなる。

雫　……わかりました。
賢太郎　えっ？
雫　演劇部には戻りません。でも、先輩に歌を教えるのなら…
賢太郎　ありがと（う）。
雫　それじゃ、私が歌った後、同じように歌ってください。
賢太郎　わかった。
雫　♪真っ白な　雪道に　春風香る♪
賢太郎　（音を外して）♪真っ白な　雪道に　春風香る♪外れてるね。
雫　見事に。
賢太郎　どうして、外れるのかな。
雫　先輩、今度は、私と一緒に歌ってください。私の音をよく聞いて、その音に合わせて、少し後からついてきてください。
賢太郎　わかった。
雫・賢太郎　♪わたしは　なつかしい　あの街を思い出す
♪（賢太郎は雫に少し遅れて歌う）
雫　その調子です。
雫・賢太郎　♪叶えたい　夢もあった
変わりたい　自分も……♪

そこまで歌って、雫は歌うのをやめる。

賢太郎　どうしたの？
雫　……ごめんなさい。
賢太郎　雫、僕、こんなふうに練習すれば「花は咲く」歌えるかな？
雫　歌えるんじゃないですか。ただ歌うだけなら。
賢太郎　雫と二人でハモることは？
雫　それは無理です。（あっ）難しいと思います。
賢太郎　雫が演劇部に戻るのとどっちが難しい？
雫　……私、演劇部には戻りません。
賢太郎　……
雫　さようなら。

雫が歩き始める。

賢太郎　雫。
雫　（歩くのをやめる）
賢太郎　さっき、どうして歌うのやめたの？
雫　（振り向く）
賢太郎　叶えたい夢があったからじゃないの？　変わりたい自分がいたからじゃないの？
雫　……
賢太郎　雫、これからも歌、教えてくれる？
雫　……
賢太郎　僕、叶えたい夢があるんだ。変わりたい自分がいるんだ。それと、雫と歌ってるうちは、まだあのゲキが動いている気がするんだ。だから…
雫　……

雨の音が大きくなる。
ストップモーション

☆賢太郎と雫3

雫が傘を差して歩いている。
賢太郎が、その後ろから近づいてくる。

賢太郎　雫！

雫が歩くのをやめて振り返る。

賢太郎　今日は、すごいニュースがあるんだ。
雫　すごいニュース？
賢太郎　古川さんが日本に戻ってくる。
雫　アメリカに行ったスーパーヒーローの古川里美先輩ですか？
賢太郎　うん。
雫　確か、アメリカで入ってたダンスチーム、優勝したんですよね。
賢太郎　そうらしいね。でね、古川さん、僕たちの演劇部に入るんだって。
雫　（えっ）

賢太郎　古川さんの入部が決まったことで、いろんなことが動き始めたんだ。まず、郷原千秋さんがダンスクラブ・ペガサスのメンバーと一緒に入部することになった。

雫　郷原先輩って、「やめろ」って叫んだ人ですよね。

賢太郎　あれ、観客に向かって「やめろ」って叫んでくれたんだ。僕たちのために……

雫　……

賢太郎　それと生徒会の三人も入部するよ。

雫　どうして生徒会の人たちが？

賢太郎　演劇部と一緒に「いじめゼロ運動」に取り組みたいんだって。それと転校生の野沢千己梨さん。アクロバットが得意で、天使のように舞台で動けるんだ。

雫　よかったですね。

賢太郎　僕たち、もう一度ゲキやることになったんだ。止まっちゃったゲキをもう一度動かそうとする演劇部のゲキ。

雫　先輩。古川さんって、きっと幸せを呼ぶ人なんですね。日本に戻ってくるっていうだけで、こんなにみんなを明るくして。きっと晴れ女なんですね。

賢太郎　晴れ女？

雫　私、雨女なんです。私が何かやる日は、いつも雨なんです。そういえば、ゲキが止まった、あの日も雨でしたね。私、雨と一緒に不幸を連れてきちゃうんです。名前、雨宮雫なんで。

賢太郎　うち、雨好きやわ。

雫　えっ？

賢太郎　もし、古川さんがここにいたら、そんなふうに言うかなって。

雫　……

賢太郎　雫、僕待ってるから、雫が戻ってくるの。止まっちゃったゲキ、雫と一緒に動かしたいんだ。

雫　……

雨の音が響く。
ズッキーニとチコリーが傘をさして登場する。
賢太郎と雫が舞台を去る。

■天使

ズッキーニ　チコリー。演劇部に入った、野沢千己梨って誰だ？

チコリー　ダメとは言わないよね。自分はもう入ってるんだから。

ズッキーニ　……勝手にしな。

チコリー　それより、いよいよ古川さんの登場ね。

ズッキーニ　ああ。

チコリー　ねっ、次のゲキ、誰が創るの？

ズッキーニ　決まってるじゃねーか。俺だよ。

チコリー　ズッキーニなの？

ズッキーニ　ああ。

チコリー　ゲキの題名は？

ズッキーニ　「ゲキを止めるな！」

☆帰ってきた古川里美

古川里美が入ってくる。

里美　（ズッキーニに）圭吾！

ズッキーニを演じていた、森泉圭吾が振り向く。

圭吾　古川さん！

里美　ひっさしぶりやな。どうしたんや、天使みたいな格好して。

圭吾　僕、次のゲキで天使を演じるんだ。今、野沢さんとその練習してた。

圭吾と里美の会話の間に、北沢みなみ、本間賢太郎、坂本奈々、郷原千秋、福田　凛、手島梨花、島田　舞、七瀬真琴、菊川千夏、氷川恵令奈、高見沢ひびき、有栖川みちる、夏生　麗が舞台上に現れる。

舞台奥に観客席として丸椅子が置かれていく。

里美　（あー）次のゲキ、圭吾が創るんやってな。それってどんなゲキなん？

圭吾　タイトルは「ゲキを止めるな！」。止まってしまったゲキを、もう一度動かそうとする演劇部のゲキ。それを天使と悪魔の戦いとして描くんだ。

里美　配役は？

圭吾　部長のみなみが演じるのは、ゲキの中でも部長のみなみ。僕が演じるのは、ズッキーニという天使を演じる森泉圭吾。ここにいる全員が、自分自身を演じるんだ。

里美　そしたら、どこまでが現実でどこまでがゲキかわからんなるな。

圭吾　僕、ときどき思うんだ。僕がズッキーニを演じてるんじゃなくて、ズッキーニが僕を演じてるんじゃないかなって。そして、その僕を、向こうで（観客席を見て）誰かが見てるんじゃないかなって。

里美　（観客席を見て）確かに、こうしてみんなとゲキ創れるなんて、ゲキの中の出来事みたいやな。千秋まで一緒なんて信じられんわ。

千秋　お前とは小学校の時、何度もバトったからな。

里美　今度はうちとあんたらペガサスのダンスバトルや。望むところだ。

千秋　それそれ、そのダンス、ゲキの中でやってくれない。

圭吾　ダンスやったら、いくらでも協力するで。

里美　それじゃ、僕たちにダンス教えてよ。

圭吾　うちが？

里美　ねっ、もし、ダンスなんか絶対できそうもない僕が、舞台でかっこよく踊ったらどうかな？

圭吾　衝撃だね。

千秋　発表までの一か月でそんな衝撃生まれないかな。

圭吾　それ無理なんじゃない。

千秋　千秋、無理無理言うたらなにもでけへん。やってみ

里美

なわからん。
圭吾　それじゃ、やってみてよ。
里美　わかった。
圭吾　それと、「花は咲く」今度は全員で歌おう。みなみ、どうかな？
みなみ　（うん）いいと思う。
賢太郎　ねっ、僕が誰かとハモるってどう？
千秋　超衝撃だね。
賢太郎　超がついちゃうんだ。
圭吾　そんな衝撃がある、歌とダンスのエンターテイメントにしたいんだ。
里美　なんか、ワクワクしてきたわ。で、うちの役はどうなるんや？
圭吾　ルッコラっていう天使やってくれない。
里美　うちが天使？
圭吾　（うなずいて）関西弁の天使。
里美　それ、おもろいな。で、悪魔は誰がやるん？
圭吾　この中の誰か。
里美　誰かって誰？
圭吾　……決められないんだ。
里美　何で？
圭吾　悪魔は、最後に天使に打ち負かされるんだ。だから、悪魔役だけ「花は咲く」みんなと一緒に歌えない……それで……
里美　……圭吾、悪魔、うちがやってもええで。学芸会で悪魔やったけど、楽しかったわ。考えといて。
圭吾　……
里美　（あー）一つ聞いてええか。雫って部活辞めたんやろ。雫の役は誰がやるん？
圭吾　誰かが、雫の代わりに雫を演じるしかないのかな。
里美　そしたら、雫、誰かが演じる雫を客席で観ることになるな。雫、どんな気持ちになるかな。
圭吾　……

☆雨宮雫

賢太郎が袖近くに雫が立っているのに気がつく。

賢太郎　雫。
雫　……
賢太郎　演劇部に戻ってきたの？
雫　（首を振って）私、舞台には立てません。私、クラスで浮いてるんです。だから、舞台に出るだけで笑われちゃうんです。あのシーンも、私が出たから、ああなったんです。私、今でも後悔してます。あの日、ゲキに出たこと。
ひびき　雨宮さん、私たち生徒会のメンバーが、どうして演劇部のゲキに参加する気になったかわかる。私たち、あの日があったから、本気でいじめについて考えるようになったの。
麗　ひびき、粘りに粘ったからね。「いじめゼロ運動」の発表を演劇部と合同でやるゲキにしたいって。

ひびき　先生の力を借りないで、自分たちで「いじめゼロ運動」計画したかったの。
みちる　そんなの絶対無理って思ったけど……
ひびき　雨宮さん。あの日が、私たちを変えたの。
雫　……私は、あの日のままです。
ひびき　……
雫　古川先輩、ダンスで優勝した日の空ってどんな空でしたか。
里美　雲一つない、晴れ渡った空やったな。
雫　やっぱり。
里美　やっぱりって、どういうこと？
雫　私、古川さんのように幸せを連れてくる、晴れ女じゃないんです。雨宮雫は、雨女なんです。雨と一緒に、不幸を連れてくるんです。
里美　うち、いつ晴れた空が一番って言うた？　アメリカで見た一番すてきな空は、ダンスでてっぺんに立った日に見た晴れ渡った空やない。一番すてきな空は、病気で入院してたうちのばあちゃんの退院が決まった日の空。ばあちゃん、もう最高の笑顔見せてくれてな。あの日の空、雨やったな。
雫　雨……
里美　雨の雫がキラキラ輝いてた。うち雨好きやわ。

雫と賢太郎が顔を見合わせる。

賢太郎　雫、僕がどうして演劇部に入ったかわかる？
雫　……
賢太郎　僕、叶えたい夢があったんだ。
里美　本間君の、叶えたい夢って何？
賢太郎　……言うと笑われる。
里美　誰が笑うんや。うち知りたいわ、本間君の夢。
賢太郎　……たくさんの笑顔を届けたい。
里美　ええな、それ。
賢太郎　それとね、演劇部に入って変わりたい自分がいたんだ。ずっと変われなかったけど、あの日の後、少し変われたって思うんだ。
里美　どんなふうに変わったん？
賢太郎　歌っていいかな？
里美　（うなずく）
賢太郎　♪叶えたい　夢もあった
変わりたい　自分もいた
（見事に歌声を響かせる）♪
千秋　うわー、超衝撃！　賢太郎、いつの間に……
賢太郎　あの日の後、雫が歌の練習につき合ってくれたんだ。僕、雫のおかげで変われたんだ。

突然、雫が泣き出す。

雫　私も、変わりたい自分がいました。でも、変われなかった。全然変われなかった……

雫は泣いている。

里美　雫、今の言葉、心にずっしり響いたで。
雫　……
里美　もし、もしやで、今のあんたの言葉、(客席を向いて)向こうで誰かが聞いてたら、あんたのこと笑うか？
雫　……
里美　誰も笑わん。それどころか思いっきり心持ってかれるわ。
雫　……
里美　雫、あんたもう変わってるんとちゃう。
雫　(えっ)
みなみ　雫、ごめんね。苦しませちゃって、ごめんね。
雫　みなみ先輩。

みなみが雫を抱きしめて、泣き始める。
それを見ていた里美が、くすっと笑う。

里美　(あっ) みなみ、雫、笑《わろ》てごめんな。でも、バカにして笑たんやない、感動して笑たんや。
雫　……
里美　雫、ありがと、うちに笑顔届けてくれて。
雫　私が、笑顔を届けた……
里美　そや。
賢太郎　あー、雫に先越された。その笑顔、僕が届けたかったのに。

雫の表情が泣き笑いになる。

里美　雫、うちの前で初めて笑ろたな。ええな、その笑顔。
雫　……
里美　雫、ゲキ、一緒にやろ(う)。

雫がうなずく。
全員が笑顔になる。

里美　みなみ、掛け声かけてええか？
みなみ　掛け声って？
里美　決まっとるやないか。(みんなに向かって)ゲキを止めるな！
部員全員　(みんなの表情がパッと明るくなり)ゲキを止めるな！
里美　(みなみの手を取って)みなみ、もう、誰もうちらのこと止められへん。

「どうにもとまらない」がかかる。

☆本番1か月前　どうにもとまらない

里美　みんな、エンターテイメント目指して、ダンスの練習するで。
部員全員　オー！

歌詞	流れ
♪うわさを信じちゃいけないよ♪	**里美**　柔軟・開脚、1 **部員全員**　1（呻き声） ※二人組で前屈を行う。
♪私の心はうぶなのさ♪	**里美**　2 **部員全員**　2（呻き声）※全員がとても固い。
♪いつでも楽しい夢を見て♪	**里美**　3 **部員全員**　3（呻き声）※次第に負荷をかけていく。
♪生きているのが好きなのさ♪	
♪今夜は真っ赤なバラを抱き♪	**里美**　柔軟・足上げ、1 **部員全員**　1（呻き声）※二人組で足上げ柔軟を行う。
♪器量のいい子と踊ろうか♪	**里美**　2 **部員全員**　2（呻き声）※足は全然上がらない。
♪それともやさしいあのひとに♪	**里美**　後ろ。 **部員全員**　（呻き声）※後ろ向きになって足上げをするが、足は全然上がらない。
♪熱い心をあげようか♪	

歌詞	流れ
♪あゝ蝶になる あゝ花になる♪	**里美**　ピルエット。（見本の後）はい。
♪恋した夜は あなたしだいなの♪	部員はバラバラになって回る。
♪あゝ今夜だけ あゝ今夜だけ♪	**里美**　もう一回。（見本の後）はい。
♪もうどうにもとまらない♪	部員はぶつかり合い、ドミノ倒しのように全員が倒れていく。

☆本番1か月前　花は咲く

みなみ（ソプラノ）と奈々（アルト）の前に、それぞれのパートの部員が一列に並ぶ。

部員全員　♪花は花は　花は咲く（声が小さいうえに、暗く、ハーモニーも乱れている）♪

「先が思いやられる」という顔の、みなみと奈々。
「どうにもとまらない」２番がかかる。

☆本番前日　どうにもとまらない

里美　いよいよ明日は本番や。ダンスの練習、張り切っていくで。

部員全員　オー。

本番前日の練習で、一か月前より遥かに成長している状況を描く。

歌詞	流れ
♪港で誰かに声かけて 広場で誰かと一踊り♪	**里美**　柔軟　1、2、3、4 全員が体の柔らかさを示す。
♪木かげで誰かとキスをして それも今夜はいいじゃない♪	**里美**　足上げ、1、2、3、4 全員が右横→右前→左横→左前の順に足を上げる。
♪はじけた花火にあおられて 恋する気分がもえて来る	**里美**　ピルエット（見本の後）はい。
真夏の一日カーニバル しゃれて過ごしていいじゃない♪ ♪あゝ蝶になる あゝ花になる 恋した夜は あなたしだいなの あゝ今夜だけ あゝ今夜だけ もうどうにもとまらない ♪	部員は、美しく回る。里美は千己梨とハイタッチをして喜ぶ。 ※この後は、クラシックバレエやヒップホップの技を入れていく。

☆本番前日　花は咲く

みなみ（ソプラノ）と奈々（アルト）の前に、それぞれのパートの部員が一列に並ぶ。

部員全員　♪花は花は　花は咲く（ハーモニーが響く）♪

みなみと奈々は、上手く歌えたことに、ガッツポーズをする。

「どうにもとまらない」のサビの部分がかかる。

☆本番前日　どうにもとまらない

歌詞	流れ
♪あゝ蝶になる あゝ花になる 恋した夜は あなたしだいなの あゝ今夜だけ あゝ今夜だけ もうどうにもとまらない ♪	麗を中心にヒップ・ホップを踊る。 最後は全員が登場し、ポーズを付けて止まる。

■天使

里美とひびきが舞台に残り、それ以外の部員は舞台から去る。
雨の音が響く。
ズッキーニとチコリーが傘をさして登場する。

チコリー　ズッキーニ、とうとうゲキが完成したのね。ゲキの最後のダンス、ワクワクする。

ズッキーニ　ところが、ダンスはやれなくなっちまった。

チコリー　どうして？

ズッキーニ　学校からストップがかかった。ダンスは「いじめゼロ運動」に関係ないってわけだ。

チコリー　ラストはどうなるの？

ズッキーニ　悪魔が倒され、「花は咲く」が歌われた後、生徒会長のひびきが「いじめゼロ運動」について話す。それがラストだ。

ひびき　ごめん、ダンス認めてもらえなかった。一か月練習してきたのに……誰も、生徒会長の私の話なんか聞きたくないのに。

里美　うち、あんたの話なら聞きたいわ。ゲキができるようになったの、あんたのおかげやからな。

ひびき　……

里美　そんなに暗い顔せんといて。ダンスは次の発表までとっとけばええ。それじゃ、最後のリハーサル始めるで。うち、ここからは天使・ルッコラや。

ひびきは舞台を去る。
里美がルッコラになって、ズッキーニとチコリーが立っている場所に歩いていく。

チコリー　あれ、あなたは？

ルッコラ　うちは、天使ルッコラ。よろしくな。

チコリー　関西弁をしゃべる天使って、なんか変。

ルッコラ　そう言わんといて。

チコリー　ズッキーニ、一つ聞いていい？

ズッキーニ　なんだ？

チコリー　最後に正体を現す悪魔は、誰が演じることになったの？

ズッキーニ　それは観てのお楽しみだ。

音楽が響いてくる。

ズッキーニ　さあ、音楽が聞こえてきた。ゲキを始めるぞ。

★「ゲキを止めるな!」天使登場

ズッキーニ　ここはプライベートスクール・七つ森学園。
チコリー　ここで、恐ろしい計画が実行されていた。
ルッコラ　その計画とは、生徒の悪魔化。
ズッキーニ　人知れず、学校の生徒が悪魔に変えられていた。
チコリー　もちろん、それを実行しているのは悪魔だ。
ルッコラ　ただ、誰もその存在に気づいていない。
ズッキーニ　なぜ気づかない？　それは悪魔が天使の仮面をかぶっているからだ。
チコリー　今日、生徒会長・高見沢ひびきが研修先のアメリカから帰国した。
ルッコラ　ひびきの登場から物語は動き出す。

★「ゲキを止めるな!」生徒会

天使たちが退場すると同時に、生徒会の高見沢ひびき、有栖川みちる、夏生麗が登場する。

麗　ひびき様、長旅、お疲れ様です。
みちる　ご安心ください、馬場様の病気は快方に向かっております。
ひびき　馬場様とは誰だ？
みちる　ひびき様が帰国されたのは、馬場様の入院が理由ではないのですか。
ひびき　入院したのは馬場様ではない。ババ様だ。わかりやすく言えば、おばあちゃんだ。
みちる　申し訳ございません。
ひびき　ところで、麗、生徒会が掲げる「いじめゼロ運動」は進んでいるか。
麗　はい、今月は弱小と言われている三つの部を廃部にいたしました。
ひびき　そうか。学校の掃除は着実に進められているということだな。
麗　はい。
ひびき　私は、「いじめゼロ運動」を、今までにない独創的な発想で推し進めようと考えている。それは理解しているな。
麗　いじめる者をなくすのではなく、いじめられる者をなくす。笑う者をなくすのではなく、笑われる者をなくす。
ひびき　その通りだ。私が真っ先になくそうと考えたのは演劇部だ。「ＳＴＯＰ」というゲキの上演報告をアメリカで聞いたからな。
麗　あれは、悪夢でした。
ひびき　麗、演劇部は、「ＳＴＯＰ」というゲキとともに、活動もストップするのではなかったのか。
麗　思わぬ邪魔が入ったのです。
ひびき　思わぬ邪魔……
麗　古川里美というアメリカからの転校生が入部したのです。
みちる　古川里美が入部した後、演劇部は三六〇度変わりました。
ひびき　それは変わったといえるのか？　それで、古川里美は、なぜ演劇部に入った？
麗　謎です。
ひびき　とにかく部室に入ろう。このドアの向こう側で行われていること、しかとこの目で見届けるぞ。
みちる・麗　はい。

ひびきたちの後ろに演劇部員たちが集まる。

そこで行われているのは「ゲキを止めるな！」のリハーサル。

舞台奥には観客席として、丸椅子が置かれ、そこに千秋たちとペガサスのメンバーが観客として座る。

ひびきたち三人が演劇部部室に入ってくる。

★「ゲキを止めるな！」リハーサル

里美　ちょっと待って、今、リハーサル中や。
ひびき　（里美を指して）君が、アメリカからの転校生・古川里美か。
里美　あんた誰や？
麗　生徒会長のひびき様に向かって、「あんた」とは失礼だぞ。
みちる　覚えておけ。七つ森学園を作られたお方は、ひびき様の馬場様だ。
ひびき　みちる、何度言ったらわかる。馬場様ではない、ババ様だ！
みちる　申し訳ございません。鼻の穴があったら、入りたい気分です。
ひびき　鼻の穴に入ってどうする。
里美　リハーサル、続けてええかな？
ひびき　お前たちが取り組んでるのは、何というゲキだ。
里美　「ゲキを止めるな！」
ひびき　聞くところによると、前回上演したゲキは、止まってしまったそうだな。
みなみ　……
ひびき　今度のゲキは止まらないのか。
みなみ　止まりません。いえ、絶対に止めません。
ひびき　そのゲキ、私たちも観ていいかな？
みなみ　……
ひびき　どうした、ゲキが止まるのが怖いのか。
みなみ　古川さん。
里美　ほんなら、そこの椅子に座って。みなみ、それでええか？
みなみ　……はい。

生徒会の三人が観客席に座る。

みなみ　それでは、ラストシーン「天使と悪魔の戦い」から始めます。千夏、音楽入れてくれる。
千夏　（袖の中から）はい。

音楽がかかる。そこでは「ＳＴＯＰ」のラストシーンが上演されている。
観客席からどっと笑い声が起こり、それに続いて茶化すような拍手が湧き起こる。
突然、観客の一人である郷原千秋が立ち上がる。

千秋　やめろ！

一瞬の沈黙。

舞　（少しして）やめろ！
恵令奈　やめろ！
観客全体　やめろ！　やめろ！　やめろ！　やめろ！（手を叩きながら「やめろ」を連呼する）

みなみ、奈々、賢太郎、雫が客席を振り返る。
観客の「やめろ！」の連呼が最高潮になる。
ストップモーション

賢太郎　（心の声）これっていったい何？
みなみ・奈々　（心の声）何なの、これ？

ズッキーニ　歌を歌うんだ。歌で悪魔を倒すんだ。
みなみ　（心の声）歌わなくっちゃ。
奈々　（心の声）歌えば、先に進める。

全体が動き出す。

観客全体　やめろ！　やめろ！　やめろ！　やめろ！
千秋　やめろ！　やめろー！

みなみと奈々が歌を歌おうとする、その瞬間。
ストップモーション

雫　（心の声）だめ、私、もうだめ。

全体が動き出す。

観客全体　やめろ！　やめろ！　やめろ！　やめろ！

雫が舞台から逃げ出そうと動き出す。
その時、千秋が叫ぶ。

千秋　やめるな！

観客席が静まり返る。
千夏が音楽を止める。

千秋　ゲキを止めるな！
ズッキーニ　歌を歌うんだ。聖なる響きで悪魔を倒すんだ。
ルッコラ　いったい誰が悪魔なんや？
ズッキーニ　歌が響けば、ここにいる誰が悪魔かわかるはずだ。さあ、歌うんだ。

その声に励まされて、みなみが「花は咲く」を歌い始める。

★「ゲキを止めるな！」天使vs悪魔

「花は咲く」(みなみ、奈々、賢太郎、雫)	上記以外の登場人物
みなみ ♪真っ白な　雪道に 春風香る♪ 奈々がみなみの横に歩いていき歌を歌い始める。ただし最初は斉唱で。 **みなみ・奈々** ♪わたしはなつかしい あの街を思い出す♪	賢太郎が悪魔の魔力に苦しむ。 ズッキーニは、歌声に苦しむ者を見つけようとする。 このフレーズの中で賢太郎が正気に戻っていく。 突然、チコリーとルッコラがみなみと奈々を突き飛ばす。 **ズッキーニ**　お前たち、

みなみと奈々が立ち上がる。 **みなみ**　奈々。 奈々がうなずく。歌は二重唱に。 **みなみ・奈々** ♪叶えたい　夢もあった 変わりたい 自分もいた♪ ♪今はただ　なつかしい	いったいどういうことだ。 **ルッコラ**　ズッキーニ、あんた今まで気がつかんかったんか？ **チコリー**　この学校の悪魔化を進めてきたのは、 **ルッコラ・チコリー**　私たち。 **ズッキーニ**　お前たち、天使の仮面をかぶった、悪魔だったのか。 チコリーとルッコラが笑いだす。 ルッコラがズッキーニの天使の力で飛ば

あの人を思い出す♪
みなみ・奈々
♪誰かの歌が聞こえる
誰かを励ましてる♪
雫　歌声に耳を澄ませて。
賢太郎　歌声に……
みなみ・奈々
♪誰かの笑顔が見える
悲しみの向こう側に♪
雫　悪魔に負けないで。心に花を咲かせて。
賢太郎　心に花を……
みなみ・奈々
♪花は　花は　花は咲く

される。

チコリーがズッキーニの天使の力で飛ばされる。

賢太郎の意識が正気に戻っていく。

チコリーとルッコラは舞台を舞いながら、魔力で歌を止めようとする。しかし、聖なる歌の力に魔力を封じられ、歌を止めることができない。

ズッキーニは、傘を使って魔力を封じ、賢太郎を守ろうとする。

ここでチコリーとルッコラと歌声の最

いつか生まれる君に
花は　花は　花は咲く
(フェルマータ)
わたしは何を残しただろう♪
賢太郎　ここは…
雫　気がついた。
賢太郎　僕……
雫　悪魔の魔力に勝ったのね。
みなみ　廃部…

後の戦いが繰り広げられる。
フェルマータで、チコリーとルッコラは力尽き、叫び声をあげて倒れる。
ひびき　やめろ!
ズッキーニ　なぜ止める!
ひびき　(倒れているチコリーとルッコラに)茶番だ。こんなことで悪魔が倒せるわけがない。
チコリーとルッコラが顔を上げる。
ひびき　こんな情けないゲキしか演じられない演劇部は、廃部だ。

「花は咲く」（みなみ、奈々、賢太郎、雫）

みなみ・奈々　……

上記以外の登場人物

ひびき　ゲキは止まった！

千秋　ゲキを止めるな！

千秋の仲間　ゲキを止めるな！

ひびき　（心を乱されて）お前たち、私に逆らうのか。

ズッキーニ　悪魔の正体がわかった。本当の悪魔は、お前だ！（ひびきを指差す）

ひびき　（笑い出す）私が悪魔だというのか。

ズッキーニ　お前の心が乱れたことで、俺の目に、はっきりと見えてきた。お前の背後にいる、この学校を作った人物が！

麗　お前、馬場様が見えるのか！

言い終えて、麗はハッとする。

みんなの顔が強張る。

ズッキーニ　馬場様？

奈々　（小声で）ババ様。

みちる　（間違いをフォローして）三丁目の馬場様だ！

みんなの顔が更に強張る。

ひびき　三丁目の馬場様ではない！

みちる　……

ひびき　五丁目の馬場様だ！

演劇部員　えー！

ひびき　そうだ、私は五丁目の馬場様と一体化した悪魔、馬場ひびき。

ひびきが手を挙げると、閃光が走り雷鳴が轟く。

ズッキーニ　（みなみと奈々に）歌うんだ。歌でこの学校を救うんだ。

ひびき　その二人を取り押さえろ。

　　みちると麗がみなみと奈々を取り押さえる。

みちる・麗　はい。

ひびき　（笑って）もう歌は歌えない。

ルッコラ　賢太郎、雫、歌うんや。

ルッコラ　そや。あんたらが歌うんや。

ひびき　（笑って）お前たち二人が歌を歌うだと。お前たちの歌にどんな力があるというのだ。

　　みんなが自分の役を離れて賢太郎の歌に注目する。

賢太郎　僕が？

雫　（同時に）私が？

　　賢太郎が立ち上がり前に数歩歩いて止まる。

賢太郎

♪夜空の　向こうの

朝の気配に♪

ひびき　（笑って）甘い！　そんな歌で、私が倒せると思っているのか。

ひびき　（笑って）ゲキが止まったことでも思い出すのか。

　　ひびきはそう言って賢太郎としずくの前に座り込む。

　　ひびきが小声で、「がんばれ」と声をかける。

　　ハーモニーが響くと

　　雫が歌に加わる（斉唱）。

賢太郎・雫

♪わたしはなつかしい

あの日々を　思い出す

♪

　　歌が止まり舞台が静まり返る。

　　賢太郎と雫は極度に緊張している。

　　賢太郎と雫が見つめ合い、うなずき合った後、二重唱で歌い始める。

賢太郎・雫

♪傷ついて　傷つけて

<table>
<tr><td>「花は咲く」（みなみ、奈々、賢太郎、雫）</td><td>報われず
　泣いたりして
今はただ　愛おしい
あの人を　思い出す♪
賢太郎・雫
♪誰かの想いが見える
　誰かと結ばれてる♪
　　二人の歌にみなみと奈々が加わる。更にズッキーニ、ルッコラ、チコリーもそこに加わる。
賢太郎・雫・みなみ・奈々・天使
♪誰かの未来が見える
　悲しみの向こう側に
　（フェルマータ）♪</td></tr>
<tr><td>上記以外の登場人物</td><td>ともに、天使と観客席の千秋たちが笑顔になる。
ひびきが、思わずガッツポーズをしてしまう。
ハッとして悪魔の自分に戻り、苦しみだす。
ひびき　なんだ、この歌声は……
ひびきが苦しんでいるのに驚き、みちると麗が、みなみと奈々を掴んでいる手を離す。
ひびきは悪魔として、断末魔の苦しみを最高の呻き声で表現し、舞台中央で倒れる。</td></tr>
</table>

ズッキーニ　（ひびきのところまで歩いて）歌が悪魔を倒した。天使が悪魔に……

ルッコラ　ズッキーニ、どうしたんや。

ズッキーニ　（圭吾として）……これは、今の僕が望んでいるラストじゃない。

ルッコラ　うち、今頭に浮かんだ、どうしても言いたい台詞あるんやけど、言ってもええかな。

ズッキーニ　……（うなずく）

ルッコラ　ひびき。

　　ひびきが顔を上げる。

ルッコラ　うち、あんたの正体がわかったわ。

ひびき　私の正体……

ルッコラ　あんたは、ほんまの天使や。

ひびき　ほんまの天使……

ルッコラ　そや。うちらにこのゲキ上演させてくれて、悪魔の役まで引き受けてくれたあんたが、悪魔のわけないやろ。
ひびき ……
ルッコラ もうここに、悪魔はおらん。だから、歌お（う）。
ひびき ……
ルッコラ 歌、一緒に歌お（う）。
ひびき （ズッキーニを見る）
ズッキーニ （圭吾として、うなずく）
ひびき （ルッコラを見てうなずく）
ルッコラ
♪花は　花は　花は咲く♪

歌の中でひびきが立ち上がり、歌に加わる。

ルッコラ・ひびき （斉唱で）
♪いつか生まれる君に♪
ルッコラ・ひびき （二重唱で）
♪花は　花は　花は咲く
わたしは何を残しただろう♪

ここから次々と部員が歌に加わっていき、最後は全員によるハーモニーとなる。

部員全員
♪花は　花は　花は咲く→①みなみと奈々が加わる。
いつか生まれる君に　→②賢太郎、雫が加わる。
花は　花は　花は咲く→③ズッキーニとチコリーが加わる。
わたしは何を残しただろう♪→④みちると麗が加わる。
♪花は　花は　花は咲く→⑤千秋とペガサスのメンバーが加わる。
いつか生まれる君に
花は　花は　花は咲く（フェルマータ）♪
みなみ・奈々・賢太郎・雫
♪いつか恋する君のために♪

ひびきと里美を残して演劇部員は退場する。

☆里美とひびき

里美 （ひびきに）さっ、生徒会長、最後の仕事や。
ひびき ……本間君の夢、覚えてる？
里美 「たくさんの笑顔を届けたい」やったな。
ひびき それ、「いじめゼロ運動」と繋がるよね。
里美 ……そやな。
ひびき もう一度先生説得してみる。このゲキ、私の話で止めたくない。

里美　……
ひびき　（客席を見て）もし向こうに、あの日からの私たちを見続けてる人がいたら、一カ月練習してきた私たちのダンス、見たいって思ってくれるんじゃないかな。
里美　……
ひびき　ダンスやろう。ダンスでたくさんの笑顔、届けよう。
里美　……
ひびき　（優しく）ゲキを止めるな。

ひびきは舞台を去っていく。

里美　ひびき！

ひびきが、歩くのをやめて振り返る。

里美　あんたやっぱり、ほんまの天使や。

ひびきが、にっこり笑って舞台を去る。

里美　みなみ、ゲキ続けるで。

舞台の袖近くに立っているみなみがうなずく。

■雨のエピローグ

雨の音が響き、傘をさした演劇部員が登場する。
ズッキーニ、チコリー、ルッコラが傘をさして中央に集まる。

チコリー　また雨ね。
ズッキーニ　雨の中始まったこのゲキが、雨の中のダンスで終わる。
ルッコラ　ええな、それ。
ズッキーニ　それでは音楽。
ズッキーニ・チコリー・ルッコラ　スタート。

音楽に乗って全員がダンスを披露する。
ダンス終了。

里美　ゲキを止めるな！
部員全員　ゲキを止めるな！

――幕――

『どうにもとまらない』作詞：阿久悠、作曲：都倉俊一
『花は咲く』作詞：岩井俊二、作詞：菅野よう子
日本音楽著作権協会㈳許諾第2004891‐001号

SHO-GEKI 小劇&笑劇作品集

斉藤俊雄

登場人物

共通
ナレーター1・2

1 もしもの世界〜バルタン星人からの果たし状〜
セリナズーナL
セリナズーナS
バルタン星人

2 もしもの世界〜美女と野菜〜
生徒1［ゴメス］
生徒2［ギャオス］
生徒3［鬼］
生徒4［王子］
生徒5［ピーマン］
セーラームーミン先生

3 学校の怪談〜「トイレの鼻毛さん」予告編〜
少女1・2

4 学校の怪談〜「恐怖のバレンタイン」予告編〜
花子
竜也
麻耶

5 学校の怪談〜「山姥の微笑み」〜
上田
諏訪
山姥達

6 コナキジジイとスナカケババア その青春の日々
監督
コナキジジイ
スナカケババア
音響担当

7 不思議議の森の物語〜不思議の森のハヤト〜
監督
ハヤト［隼人］
瑠璃姫
カブレ［大輔］

8 不思議議の森の物語〜木霊〜
語り部1〜4［木霊］
カブレ

久喜市立太東中学校、SHO-GEKI the 5th、2019年11月9日。

1もしもの世界
～バルタン星人からの果たし状～

ナレーター1・2とセリナズーナL、セリナズーナS（スズナ）が舞台に登場する。

セリナズーナSはセリナズーナLより小さい。

セリナズーナSが椅子に座り、セリナズーナLはその後ろに立つ。

ナレーター1・2　「もしもの世界」

ナレーター1　（セリナズーナLを指して）彼女の名前はセリナズーナ。

ナレーター2　彼女の故郷は、ウルトラマンと同じM78星雲。

ナレーター1　彼女はヒーローとして、地球にやってきた。

ナレーター2　ただ、今はスズナと名前を変えている。

セリナズーナL　（セリナズーナSを指して）今の私。謎の二人組に薬を飲まされ、私の体は名探偵コナンのように幼児化してしまった。ある日、そんな私に果たし状が届いた。

ナレーター1がセリナズーナSに封筒を渡す。

バルタン星人が上手に登場する（頭にバルタン星人の絵を

つけている)。
セリナズーナSの心の声は、後ろに立っているセリナズーナLが務める。
セリナズーナSが封筒から果たし状を取り出し、読み始める。

セリナズーナL　果たし状。
バルタン星人　セリナズーナ、俺が誰だかわかるか。
セリナズーナL　いったい誰なんだ？
バルタン星人　俺はバルタン星人。
セリナズーナL　バルタン星人！
バルタン星人　そう、バルタン星人だ。俺は、鬼と手を結ぶことにした。
セリナズーナL　手を結ぶ…鬼と一緒に戦うというのか…
バルタン星人　セリナズーナ、お前は子どもの体になってしまったようだな(笑)「かっこ・わらい」。そして、名前をスズナと変えた。
セリナズーナL　小さくなっても頭脳は同じだ！
バルタン星人　お前の声が聞こえてくる。「小さくなっても頭脳は同じだ！」。確かに頭脳は同じかもしれない。けどパワーは同じじゃないだろう。同じパワーでないお前などバルタン星人の敵ではない。さあどうする、スズナ。いや、セリナズーナ。
ナレーター1・2　もしも！
ナレーター1　バルタン星人の果たし状が入力ミスだらけだったら。
セリナズーナL　果たし状。
バルタン星人　セリナズーナ、俺が誰だかわかるか。
セリナズーナL　いったい誰なんだ？
バルタン星人　俺はバルタソ星人。
セリナズーナL　バルタソ星人？
バルタン星人　そう、バルタソ星人だ。
セリナズーナL　片仮名を間違えるな、バルタン星人！
バルタン星人　俺は、鬼と毛を結ぶことにした。
セリナズーナL　毛を結んでどうする。漢字を間違えるな、バルタン星人！
バルタン星人　セリナズーナ、お前は子どもの体になってしまったようだな(新井)「かっこ・あらい」。
セリナズーナL　新井って誰？
バルタン星人　そして、名前をスズナと変えた。
セリナズーナL　小さくなっても頭脳は同じだ！
バルタン星人　お前の声が聞こえてくる。「小さくなっても頭脳はおやじだ！」。
セリナズーナL　おやじじゃない！
バルタン星人　確かに頭脳はおやじかもしれない。
セリナズーナL　おやじじゃない！
バルタン星人　けど、パワーはおやじじゃないだろう。
セリナズーナL　おやじのわけがない。
バルタン星人　おやじパワーでないお前など、バルタソ星人の敵ではない。

セリナズーナL　おやじパワーって何？
バルタン星人　さあどうする、スズナ。いや、セリナズーナ。

2もしもの世界　～美女と野菜～

ヒーロー養成学校の生徒達が教室の中で勉強している。

ナレーター1・2　「もしもの世界」
ナレーター1　(世界をイメージしながら)ここはウルトラマンの故郷・M78星雲のヒーロー養成学校。
ナレーター2　ヒーローの卵たちが、地球で活躍するための勉強をしている。
ナレーター1　今、彼らは日本語の授業をしている。
ナレーター2　彼らが使っているテキストは『美女と野獣』。
ナレーター1・2　もしも！
ナレーター1　そのテキストが『美女と野菜』だったら。

先生が登場する。

生徒1　セーラームーミン先生。おはようございます。
生徒達　おはようございます。
セーラームーミン先生　おはようございます。さて、今日は日本の中学生の特徴を劇を通して学んでもらいます。使う脚本は、『美女と野菜』。
生徒達　『美女と野菜』？
生徒1　『美女と野菜』って、どんな話なんですか？
セーラームーミン先生　美女と野菜に変えられた人間のドラマよ。今から皆さんにその脚本を配ります。

先生が生徒達に脚本を配布する。

セーラームーミン先生　配役は決めてあるから自分の名前を確認してね。今日は、五ページのゴメスの台詞からやってみましょう。
生徒1　ゴメスって誰ですか？
セーラームーミン先生　ゴメスは美女よ。
生徒達　えー。
セーラームーミン先生　ストップ。「えー」のタイミングが早い。日本の中学生は、こんな時、三つ数えた後、「えー」って言うの。私たちがヒーローであることがばれないために、中学生らしく演じて。
生徒達　はい。
セーラームーミン先生　それじゃ、みんなで練習してみましょう。

みんなが「えー」と言う準備をする。

セーラームーミン先生　ゴメスは美女よ。

生徒達　（小さい声で1・2・3と数えて）えー。
セーラームーミン先生　そう、そのタイミング。これからやるのは、ゴメスが親友・ギャオスの前で、写真を隠すシーン。それでは、ギャオスの台詞から。

ゴメス［生徒1］が写真を隠す。

ギャオス［生徒2］　ゴメス、今何を隠したの？
ゴメス［生徒1］　それは秘密。
セーラームーミン先生　ストップ。「秘密」の言い方がだめ。日本の中学生は、こんな時、「ひ・み・つ」と区切って言うの。人差し指を立てて、からだを揺らしながら言えば効果絶大。まず、私が見本を見せる。「それは・ひ・み・つ」。はい、どうぞ。
生徒達　それは、ひ・み・つ。
セーラームーミン先生　いい感じね。それでは、ギャオスの台詞からもう一度。

ゴメス［生徒1］が写真を隠す。

ギャオス［生徒2］　ゴメス、今何を隠したの？
ゴメス［生徒1］　それは、み・み・ず。
セーラームーミン先生　ストップ。ミミズって何？
生徒1　ミミズって言いましたか？
セーラームーミン先生　まあいいでしょう。ギャオスの台詞からもう一度。

ゴメス［生徒1］が写真を隠す。

ギャオス［生徒2］　ゴメス、今何を隠したの？
ゴメス［生徒1］　それは、ひ・み・つ。
ギャオス［生徒2］　見せてよ。
ゴメス［生徒1］　仕方ないわね。はい。（と言って、写真を見せる）
ギャオス［生徒2］　この人、誰？
ゴメス［生徒1］　私が結婚する西洋の王子様。
ギャオス［生徒2］　イギリス人？　それともフランス人？
ゴメス［生徒1］　王子様はニンっていう国に住んでいるの。
ギャオス［生徒2］　ニン？　ってことは…
ゴメス［生徒1］　ニンジン！
ギャオス［生徒2］　王子様ってニンジンなの！
ゴメス［生徒1］　名前はハクサイ。
ギャオス［生徒2］　（小さい声で1、2、3と数えて）えー。
セーラームーミン先生　そう、そのタイミング。次は鬼の登場ね。

鬼［生徒3］が登場して、ゴメスを押さえつける。

セーラームーミン先生　はい、そこでゴメスが叫ぶ。
ゴメス［生徒1］　助けてー。
セーラームーミン先生　その声を聞いて、畑の中から王子が現れる。

王子［生徒4］が現れる。

王子［生徒4］　私が相手だ！
ピーマン［生徒5］　（王子を指さして）王子は、くさい野菜だ！
セーラームーミン先生　ストップ。

みんなが動きを止める。

セーラームーミン先生　文の切り方が違うの。そこはこう読んで、「王子・ハクサイ・野菜だ！」。王子は臭い野菜じゃない。王子は、ハクサイという名前の野菜なの。ピーマンの台詞からもう一度。
ピーマン［生徒5］　王子、ハクサイ、野菜だ！
鬼［生徒3］　ハクサイ。ゴメスは俺が預かった。ゴメスのことが心配なら、鬼ヶ島まで来るんだ。

セーラームーミン先生　はい、そこまで。
生徒1　先生、この後どうなるんですか？
セーラームーミン先生　それは、ひ・み・つ。
生徒達　（小さい声で1・2・3と数えて　）えー。

3学校の怪談
〜「トイレの鼻毛さん」予告編〜

ナレーター1・2が登場する。

ナレーター1　これから私たちが紹介するのは「学校の怪談」。
ナレーター2　舞台は学校のトイレ。
ナレーター1　学校のトイレといえば『トイレの花子さん』
ナレーター2　しかし、私たちがそんなありふれた話を紹介するはずがありません。
ナレーター1　私たちが紹介するのは、『トイレの花子さん』の恐怖を数倍上回る怪談。
ナレーター2　その題名は、
ナレーター1　『トイレの鼻毛さん』
ナレーター2　今日はその予告編を紹介します。
ナレーター1　それではまいりましょう。
ナレーター1・2　『トイレの鼻毛さん　予告編』

ナレーター１　トイレ、そこは異次元につながる不思議な空間。
ナレーター２　今日もそこで数々のドラマが繰り広げられている。

二人の少女が舞台に登場し、中央でポーズをとって静止する。

ナレーター１　そこは学校の三階西側のトイレ。
ナレーター２　夕日を浴びてたたずむ少女２人。
少女１　「一緒にトイレに行かない」
少女２　「いいわ」

二人の少女が静止する。

ナレーター１　トイレに行きたい一人の少女。
ナレーター２　それに付き添うもう一人の少女。
ナレーター１　友情と絆。
ナレーター２　トイレの中で繰り広げられる青春ドラマ。
ナレーター１・２　『トイレの鼻毛さん』

少女1が一番目のドアをノックする（パントマイム）。
ナレーターが道具を使ってノックの音を出す。

ナレーター１　「入ってます」
ナレーター２　漂う、恐怖の予感。

少女１は二番目のドアをノックする（パントマイム）。
ナレーターがノックの音を出す。

ナレーター１　「入ってます」
少女１　「もう我慢できない」
ナレーター２　迫り来るそのとき。
ナレーター１　スリル、サスペンス。
ナレーター１・２　『トイレの鼻毛さん』

少女１は三番目のドアの前に立ち、激しくドアをノックする（パントマイム）。
ナレーターがノックの音を出す。

ナレーター１　音もなく開くドア。
ナレーター２　そこにたたずむ一人の少女。
ナレーター１　どこからともなく吹いてくる生暖かい風。
ナレーター２　振り向く少女。
ナレーター１・２　風にたなびく鼻毛。
少女２　「た、助けて」

少女２が少女１を突き飛ばして逃げようとするところで静止する。

ナレーター1　裏切り、はかない友情。
ナレーター2　そして、訪れる恐怖の連続。
ナレーター1・2　『トイレの鼻毛さん』
ナレーター1　鼻毛さんの正体は？
ナレーター2　少女の運命やいかに。
ナレーター1　愛と感動、
ナレーター2　そして恐怖の名作
ナレーター1・2　『トイレの鼻毛さん』

少女2は駆け去る。
少女1が観客に向かって歩いてくる。
最終的に恐怖の表情で静止する。

ナレーター2　あなたはもう
ナレーター1・2　鼻毛さんから逃げられない。

4 学校の怪談
～「恐怖のバレンタイン」予告編～

ナレーター1　これから私たちが紹介するのは「学校の怪談」。
ナレーター2　その題名は、
ナレーター1　『恐怖のバレンタイン』
ナレーター2　今日はその予告編を紹介いたします。
ナレーター1　それではまいりましょう。
ナレーター1・2　『恐怖のバレンタイン　予告編』
全員　『恐怖のバレンタイン』
ナレーター1　これは七つ森中学校を舞台にした、愛のドラマである。
ナレーター2　今日は、2月14日・バレンタインデー。
ナレーター1　小山田花子は大好きな瓜生竜也に手作りのチョコをプレゼントした。
花子　竜也君。これ受け取って。
竜也　バレンタインデーのチョコレートを僕に。ありがとう、花子。
ナレーター1　昨夜、花子が寝ないで作った甘い、甘いチョコレート。
ナレーター2　その甘いチョコレートが竜也の舌にとけ込んでいった。
ナレーター1　そのとき！
竜也　（呻き声）
全員　『恐怖のバレンタイン』
花子　竜也君、どうしたの？
竜也　は、鼻血が…

ナレーター1　花子がチョコレートを作ったのは13日の金曜日。
ナレーター2　そう花子のチョコレートには竜也を愛するもう1人の少女、真行寺摩耶の呪いがかけられていたのだ。
麻耶　（笑い声）竜也君は私のもの。渡さない、花子になんかに絶対渡さないわ。
竜也　（呻き声）どうしたんだ、鼻血が、鼻血が止まらない。
花子　竜也君、しっかり、しっかりして。
全員　『恐怖のバレンタイン』
ナレーター1　摩耶の呪いは解けるのか！
ナレーター2　竜也の鼻血は止まるのか！
ナレーター1　そして、花子と竜也の愛の行方は！
全員　『恐怖のバレンタイン』
ナレーター1・2　Coming soon！

5学校の怪談 〜山姥の微笑み〜

美術室の中にはたくさんの彫刻が飾られている。彫刻作品は役者がポーズをとって静止することによって表現する。
舞台中央には『山姥の微笑み』と題がつけられた3人の山姥の彫刻が置かれている（役者が山姥をイメージした姿勢で静止している）。

ナレーター1　これから私たちが紹介するのは「学校の怪談」。
ナレーター2　その題名は、
ナレーター1・2　『山姥の微笑み』
ナレーター1　夜、ここは美術室。
ナレーター2　外は嵐。
ナレーター1　美術室に飾られているたくさんの彫刻作品が、
ナレーター2　稲妻に青く浮かび上がる。

雷
上田成秋先生と諏訪なえ先生が懐中電灯を持って舞台に現れる。

ナレーター1　この教師、上田成秋32歳。生徒指導担当。
ナレーター2　泣く子も黙る鬼教師。
ナレーター1　そして、この教師。諏訪なえ２３歳。

ナレーター2　一つ一つのしぐさに女性らしさが滲み出す。（諏訪ななえはどう見ても女性的ではない）

突然の雷に彫刻が青白く輝く。
暗転。

上田　停電か。
諏訪　上田先生。
上田　諏訪先生。どうしました。
諏訪　私、雷が嫌いなんです。恐くて、歩けません。

上田先生が懐中電灯をつける。
諏訪先生も懐中電灯をつける。明かりは二人の懐中電灯のみとなる（ただし、少しずつ照明が加わる）。

上田　さあどうぞ、私がおぶっていきましょう。
諏訪　まあ、私恥ずかしいわ。
上田　大丈夫。誰も見てませんよ。
諏訪　彫刻が見ているような気がします。
上田　そんなばかなことあるわけないじゃないですか。
諏訪　そうでしょうか。
上田　さあ、どうぞ私の背中に。
諏訪　まあ恥ずかしい。どうしましょう。

諏訪先生が叫び声を上げながら上田先生の背中に飛び乗る。

上田先生は諏訪先生をおぶって歩く。
突然の雷。
その雷に彫刻たちは動き出す。
それを目撃した諏訪先生は、悲鳴とともに上田先生を突き飛ばす。
上田先生が倒れる（上田先生は彫刻が動いたことに気づいていない）。

上田　諏訪先生。いったいどうしたんですか。
諏訪　彫刻が動きました。
上田　そんなばかな。稲妻が作り出した幻でしょう。
諏訪　でも確かに動いたんです。見てください、この彫刻生きているようじゃないですか。

諏訪先生は中央にある彫刻・『山姥の微笑み』に触る。

上田　それは『山姥の微笑み』という彫刻です。
諏訪　『山姥の微笑み』!?　不気味な題ですね。
上田　作者ははじめ『マドンナの微笑み』という作品を創っていたのですが、できあがった作品はどう見てもマドンナには見えず、後で『山姥の微笑み』と名前を変えたようです。
声　ふふふふ（山姥たちが声を出す）。
諏訪　上田先生。変な声で笑わないでください。
上田　私は笑ってません。笑ったのは諏訪先生じゃないですか？

諏訪　私が笑うはずないじゃないですか。
声　ふふふふふ。

雷と同時に彫刻が動き出す。

上田　馬鹿な！
諏訪　上田先生！

そう叫んで、再び上田先生を突き飛ばす。

山姥達　ふふふふふ。ふふふふふふ。
上田　山姥が、山姥が笑ってる！
山姥達　縄がいいかい、それともナスがいいかい？
上田　怪談でよくあるやつだ。赤いマントがほしいか、青いマントがほしいか。赤だとナイフで刺され血だらけになって死ぬ。青だと体中の血を吸い取られ真っ青になって死ぬ。
諏訪　どっちを答えても死んでしまうなんて詐欺だわ。
山姥達　縄がいいかい、それともナスがいいかい？
上田　縄だと縄で首を絞められる。ナスだと…いったい何をされるんだ、想像もつかない。いったいどっちを選んだらいいんだ。
諏訪　縄！
上田　諏訪先生。なんで縄なんて言ったんです。
諏訪　だって、私、ナスが嫌いなんです。
上田　そういう問題じゃないでしょう。
山姥達　そうかい。縄がいいのかい。

そう言って縄跳びを取り出す。

山姥達　ふふふふふ。ふふふふふ。覚悟はいいかい。

山姥達が笑いながら縄跳びを始める。はじめは普通跳び。

上田　いったいなんなんだ！

山姥達は二重跳びを始める。

諏訪　二重跳びだわ！

中央の山姥が綾二重を始める。

上田　綾二重だ！
諏訪　幻想的。

中央の山姥が三重跳びを始める。

上田　ウオー。三重跳びだ！

三重跳びを跳び終えた後、すべての彫刻が一斉に縄跳びを始める。

ナレーター1　美術室の暗闇の中、
ナレーター2　いつまでもいつまでも縄跳びの音が響くのであった。

6コナキジジイとスナカケババア　その青春の日々

ナレーター1　これから紹介するのは、ある児童劇団のお話し。
ナレーター2　今取り組んでいるのは「ロミオとジュリエット」をもとに創ったラブストーリー。
ナレーター1　主人公は、15歳のコナキジジイと14歳のスナカケババア。
ナレーター2　二人は今、青春の真っ只中にいる。
ナレーター1　涙、涙で綴られるメロドラマのタイトルは、
ナレーター2　『コナキジジイとスナカケババア　その青春の日々』
監督　よーし、それじゃ三十五ページからいこう。準備はいいか。
劇団員　はい。
監督　それでは音楽スタート。

静かで美しい音楽が流れる。

ナレーター1　舞台は夕日を浴びて輝く海。
ナレーター2　若い男女のシルエットが浮かび上がる。
ナレーター1　若き日のコナキジジイとスナカケババア。
ナレーター2　コナキジジイ十五歳。
ナレーター1　スナカケババア十四歳。
ナレーター2　二人は青春のど真ん中にいた。
コナキジジイ　スナカケババア。
スナカケババア　なに、コナキジジイ。
コナキジジイ　見てごらん、美しい海だ。
スナカケババア　ほんと。
コナキジジイ　海からの潮風、子守り歌のような潮騒。
スナカケババア　世界は私たち二人のためにあるのね。
コナキジジイ　スナカケババア。
スナカケババア　なに、コナキジジイ。
コナキジジイ　海に夕日が沈んでいく。
スナカケババア　なんてきれいな夕日なの。
ナレーター1　夕日が若い二人をオレンジ色に染めた。
監督　そこまで！　どうも音楽がいけないな。もっと、二人の愛情を際立たせる曲をかけてくれ。
音響担当　わかりました。
監督　音楽スタート。

激しい愛を表現する音楽がかかる。

ナレーター1　舞台は夕日を浴びて輝く海。
ナレーター2　若い男女のシルエットが浮かび上がる。
ナレーター1　若き日のコナキジジイとスナカケババア。
ナレーター2　コナキジジイ十五歳。
ナレーター1　スナカケババア十四歳。
ナレーター2　二人は青春のど真ん中にいた。
コナキジジイ　スナカケババア。
スナカケババア　なに、コナキジジイ。
コナキジジイ　見てごらん、美しい海だ。
スナカケババア　ほんと。
コナキジジイ　海からの潮風、子守り歌のような潮騒。
スナカケババア　世界は私たち二人のためにあるのね。
コナキジジイ　スナカケババア。
スナカケババア　なに、コナキジジイ。
コナキジジイ　海に夕日が沈んでいく。
スナカケババア　なんてきれいな夕日なの。
ナレーター1　夕日が若い二人をオレンジ色に染めた。
監督　オーケー。そのまま続けて。
ナレーター1　炎と燃えるコナキの瞳。
ナレーター2　砂に溶け込むスナカケの涙。
ナレーター1・2　見詰め合う目と目の輝き。
コナキジジイ　スナカケババア！
スナカケババア　コナキジジイ！
ナレーター　真っ赤に燃える二人の愛！

コナキジジイとスナカケババアがスローモーションで近づいていく。
二人は近づきながら「スナカケババア」「コナキジジイ」と互いを呼び合う。
途中でスナカケババアが転ぶが、すぐ立ち上がって握った砂を撒き散らす。
二人は舞台中央で抱き合う。

監督　はい、ご苦労様。この曲でいこう。今日はこれでおしまい。

みんなが「お疲れ様でした」と言って帰っていく。
監督はそこに残る。
その時、コナキジジイ役とスナカケババア役の二人が現れる。

二人　準備できました。
監督　何の準備だ。
スナカケババア役　何言ってるんですか。『コナキジジイと

スナカケババア　その青春の日々』です。
コナキジジイ役　ちょっと準備に手間取っちゃって。
監督　お前たち今来たのか。
スナカケババア役　そうですよ。
監督　それじゃ、今ここで演じていたのは、いったい誰なんだ。
全員　じゃんじゃん。

7不思議の森の物語 ～不思議の森のハヤト～

ナレーター1　これから私たちが、みなさんを不思議の森の舞台へ
ナレーター1・2　ご案内いたします。
ナレーター1　紹介するのは、ある児童劇団のお話し。
ナレーター2　その児童劇団が取り組んでいる劇は『不思議の森のハヤト』。
ナレーター1　劇の主人公はハヤトという少年。
ナレーター2　その少年を演じるのはアメリカからの帰国子女、鷺沢隼人。
ナレーター1　アメリカ暮らしが長かった彼は、漢字が苦手だった。

舞台では劇の練習が始まっている。

監督　それじゃオープニング、ハヤトの台詞から始めるよ。

オープニングの登場人物（ハヤト、瑠璃姫、カブレ）を演じる子ども達が集まる。
ハヤトと瑠璃姫、その家来・カブレが対峙する。
このシーンでは全員が手に持っている台本を見ながら演技を行う。

監督　音楽入れて。（音楽入る）ＯＫ。ハヤトの台詞「この森から出ていって」から。
ハヤト　この森から出ていって。
瑠璃姫　私が誰だかわかってるの？
ハヤト　（首を振る）
瑠璃姫　私は瑠璃姫。
ハヤト　瑠璃姫？
瑠璃姫　（うなずく）　さあ、鬼ごっこをはじめましょうか。鬼は私、逃げるのはハヤト、あなた。
ハヤト　瑠璃姫。どうしてお姫様らしく、お城で玉子様と暮らさないの。
監督　ストップ。

劇が中断する。

監督　隼人。玉子様って何？
隼人　(台本を示して)ここに…
監督　よく見ろ、それは「玉子様」じゃない「王子様」だ。
隼人　(あっ！)
監督　お城に玉子様なんているわけないだろ。
隼人　すみません。
監督　(全員に)いい、もし誰かが間違えたらフォローしてゲキを続けること。観客が間違いに気がつかなければそれは失敗じゃない。合言葉は、「ゲキを止めるな」。わかった。
みんな　はい。
監督　さっ、次のシーンにいくよ。音楽入れて。(音楽IN)オーケー。はい、ハヤトの台詞から。
ハヤト　小島だ、小島がないている。あなた方には聞こえないの、この声が。
カブレ　ふふふ、聞こえるよ。小島だけじゃねー。田中も山本もないてる。
監督　馬鹿！(劇が止まる。)馬鹿。馬鹿。馬鹿。隼人。小島が泣いてるって何？　小鳥だろう。
隼人　！
監督　こんな簡単な漢字、間違えるな。それと大輔。※大輔はカブレを演じている生徒。
大輔　はい。
監督　その後の田中も山本も泣いてるってのは何？
大輔　フォローです。
監督　森の中で、小島や田中や山本が泣いているんだ。
大輔　はい。
監督　なるほど不思議な世界だ。
大輔　ありがとうございます。
監督　馬鹿！森の中で小島や田中や山本が泣いていてどうなる。それから先を言ってみろ。
大輔　……
ナレーター1　みなさん、私たちと一緒に小島や田中や山本が泣いている不思議の森に
ナレーター1・2　でかけてみませんか。

8不思議の森の物語
～木霊～

語り部1　あんたがたは千年以上の時を生きた巨木を見たことがあるだろうか。
語り部2　われわれ人間には思いもよらない長い時間を生きた木を。
語り部3　そんな木には精霊が宿るといわれておる。
語り部4　確かにあの大きな木を見ていると、どうしてもそんな気がしてならない。
語り部1　木霊はそんな木の精の仕業なのだそうな。

語り部2　これはそんな木霊の棲んでいる
語り部達　不思議の森の物語。

森の中に瑠璃姫の家来・カブレが登場する。

カブレ　ハヤト。
木霊（語り部達）　ハヤト（下線部は語り部1～4が言葉を少しずつずらしながら言うことで、木霊の響きを表現する）
カブレ　ハヤト。
木霊（語り部達）　ハヤト。
カブレ　出てくるんだ。
木霊（語り部達）　出てくるんだ。
カブレ　木霊の森とはよく言ったもんだ。本当によく木霊が返ってきやがる。（再び叫ぶ）ハヤト。
木霊（語り部達）　ハヤト。
カブレ　ハヤト。
木霊（語り部達）　ハヤト。
カブレ　出てくるんだ。
木霊（語り部達）　出てくるんだ。
カブレ　近くにいることはわかっているんだ。
木霊（語り部達）　わかっているんだ。
カブレ　もうすぐ、この森はなくなるんだ。

木霊が返ってこない。

カブレ　どうした。木霊が返ってこないじゃないか。
木霊（語り部達）　森がなくなる？
カブレ　！
木霊（語り部達）　森がなくなる？
カブレ　どうして…
木霊（語り部達）　どうして？（木霊が今まで以上に響いてくる）森がなくなるの？　どうして？
カブレ　どうして…木霊がしゃべるんだ。
木霊（語り部達）　どうして？　森がなくなるの？　どうして？
カブレ　この森は瑠璃姫様のものになるんだ。瑠璃姫様はこの森の木で商売をするんだ。

木霊が返ってこない。
カブレはあたりを見回す。

カブレ　夢か？
木霊（語り部達）　夢じゃない。
カブレ　これは夢だ。
木霊（語り部達）　夢じゃない。

カブレは恐怖でその場から逃げ出す。
しばらくしてカブレがふらふらになって登場する。
カブレが立ち止まる。

カブレ　この池で顔を洗おう。少し頭を冷やさないと。

そう言ってカブレは水面に映った自分の顔を見つめる。

カブレ　おい、水の中の俺。俺の頭はおかしくなったのか。
語り部達　ああ、おかしくなった(ここからは語り部全員が声を合わせて言う)。
カブレ　どうして水の中のお前が話すんだ。
語り部達　話すさ。俺は、ここで生きているんだ。
カブレ　お、お前は幻だ。
語り部達　幻はお前の方だ。
カブレ　俺が幻だって。
語り部達　そうさ、お前は幻だ。

カブレは叫び声を上げ、狂ったように走り去る。

語り部1　しばらくして、大きな水音が聞こえてまいりました。
語り部2　満月の夜、自分の顔を水に映すと、
語り部3　その顔がしゃべり出すといわれております。
語り部4　くれぐれも、
語り部達　御用心、御用心。

SHO-GEKIとは（紙上インタビュー）

インタビュアー　単刀直入に聞かせていただきます。SHO-GEKIとはいったいなんですか？
斉藤　SHO-GEKIはショウゲキです。そこには四つの意味が含まれています。
インタビュアー　一つ目の意味はなんですか？
斉藤　小さい劇という意味の「小劇」です。小劇は複数の小さなパートが集まった劇です。一つ一つのパートは三分～五分の短い劇、つまり小劇です。そして、それが集まった全体も十分から二十分程度の短い劇、小劇なんです。
インタビュアー　SHO-GEKIの二つ目の意味はなんですか？
斉藤　歌やダンス、パントマイムなどのShowで創られる劇という意味の「Show劇」です。英語でパフォーミングアーツと呼ばれている表現を使った劇です。
インタビュアー　劇の中に歌やダンスを組み込むんですか？
斉藤　そうしてもいいんですが、私たちはあえて歌とダンスを独立したパートとしてSHO-GEKIの中に組み込んでいます。そうすることで、毎日の練習に組み込んでいる歌とダンスの取組を、そのまま発表に使えますから。発表が目的となることで、練習に活気が生まれます。
インタビュアー　歌はどんな形で発表するのですか。
斉藤　基本はアカペラの合唱です。ただ歌うだけだと味気ないので、ソロからデュエット、そして全員参加の合唱と変

化をつけています。現在のレパートリーは、「ふるさと」「夏の思い出」「翼をください」「イマジン」「花は咲く」の五曲です。

インタビュアー　なぜアカペラが基本なんですか。

斉藤　SHO-GEKIの発表場所である公民館や集会場にはピアノがないんです。でも、アカペラの合唱ならどこでも発表できます。

インタビュアー　なるほど。

斉藤　合唱を取り入れる最大のメリットは、全員を舞台に上げることができることです。運動部とは違う演劇部の魅力として私が大切にしているのは、全員がレギュラーになれることです。演劇部には控え選手は必要ありません。歌を取り入れることで、どんなに人数が多くても全員を舞台に上げることができます。これってクールじゃないですか。

インタビュアー　でも、照明などのスタッフも大切ですよね。

斉藤　もちろん大切です。でも、私たちが発表する小学校のステージや公民館の照明は、蛍光灯だけなんです。照明は交代で担当すればなんとでもなります。

インタビュアー　ダンスはどんな感じのものをやるんですか。

斉藤　ジャズダンス、クラシックバレエ、ヒップホップに新体操や器械体操の技を加えた創作ダンスを披露しています。あるグループの有名な振りをまねることは禁じ手です。今は、日本中のたくさんの生徒がダンスを習っています。けれど、そんな生徒の受け皿となる部活がないんです。ダンス部がある中学校は多くはありません。演劇部が取組にダンスを加えることで、ダンスをやりたい生徒の受け皿になれます。演劇部は部員を増やせる、ダンスが好きな生徒は部活でやりたいことができる。これって、ウィン・ウィンですよね。

インタビュアー　SHO-GEKIの三つ目の意味はなんですか？

斉藤　観客に笑ってもらうことを目的に創られた劇、「笑劇」です。今回ここに八つの作品を紹介させてもらいましたが、最後の作品以外はすべて笑劇です。私たちの学校は、なるべくたくさんの部員が出られる、コント形式を採用しています。プロのネタを使うことは御法度です。私は、創作に挑戦したい演劇部顧問や生徒のみなさんに、笑劇創りをお勧めしたいのです。

インタビュアー　どうしてですか？

斉藤　創作に挑戦するということは、とっても素晴らしいことだと思いますが、創作デビューが三十分以上の劇というのは、ちょっと無理があると思えるんです。まずは、四分程度のコント創りから始めて、そこで腕を磨いてから長い劇に取り組むというのはいかがでしょう。大劇作家の井上ひさしさんもコントの創作で腕を磨いた後に、素晴らしい戯曲の数々を生み出しました。

インタビュアー　SHO-GEKIの四番目の意味は何ですか。

斉藤　観てくれた人になんらかの「衝撃」を与えることができる劇です。それって、全然不可能なことではないと思います。

インタビュアー　そんな体験があるんですか？

斉藤　正直なところ衝撃を与えられたかどうかはわかりません、けれど、私たちがよい意味で衝撃を与えられたことは何度もあります。

インタビュアー　具体的に教えていただけますか？

斉藤　病院のクリスマス会での上演の後に届いた感謝の手紙を読んで、うれしい気持ちから、みんなで大泣きしたことがありました。オレンジコンサートという人権集会での発表では、『花は咲く』の合唱に目の前にいるおばあさんが涙を流してくれました。お礼に部員の手を握りに来てもくれました。感動を届けようとした自分たちが、逆に感動で泣いてしまう。これってめちゃめちゃクールじゃないですか。

インタビュアー　今新しく変わりつつある部活にふさわしい、新しいクールかもしれませんね。最後に、一言お願いします。

斉藤　私たちはSHO-GEKIを含めた自分たちが取り組んでいる劇を「田舎のネズミの劇」と呼んでいます。卑下してそう呼んでいるのではありません。胸をはってそう呼んでいるんです。多くの場合、中学生の劇は、照明や音響がふんだんに使えるような「都会のネズミの劇」とは違います。でも、「田舎のネズミの劇」は「都会のネズミの劇」より劣るものでは決してありません。私は「田舎のネズミの劇」が宝石よりも美しく輝く瞬間に、今まで何度も立ち会ってきました。そこには勝ち負けとか賞が生み出すクールとは全く違った種類のクールが存在するんです。みなさん、私たちと一緒に、SHO-GEKIで新しいクールを生み出しませんか。そして、それを日本中に広めていきませんか。

SHO-GEKIの例を紹介します

「SHO-GEKI the 1st」(久喜市立久喜東小学校　約20分)

*Show劇・ダンス(ジャズダンス)「ザ・カムイ」

*Show劇・合唱(アカペラ二部合唱)「夏の思い出」

*笑劇(コント)・◆もしもの世界〜美女と野菜〜

*Show劇・合唱(アカペラ三部合唱)「ふるさと」

*笑劇(コント)・◆もしもの世界〜バルタン星人からの果たし状〜

*Show劇・ダンス&合唱(アカペラ三部合唱)「翼をください」

「SHO-GEKI the 5th」(オレンジコンサート　約20分)

*Show劇・パントマイム　人形の組立(人形に扮した人を運び、舞台上に位置させ美術作品を生み出す)

*Show劇・ダンス(ジャズダンス)「ザ・カムイ」

*Show劇・合唱(アカペラ三部合唱)「ふるさと」

*小劇・◆不思議の森の物語〜木霊〜

*笑劇(コント)・◆学校の怪談〜「トイレの鼻毛さん」予告編〜

*Show劇・合唱(アカペラ二部合唱)「花は咲く」

*Show劇・ダンス&新体操「ラグタイムダンス」

stranger

杉内浩幸

登場人物

葉子　　中学2年
小百合　中学2年
静江　　中学2年
祐実　　中学2年
慎太郎　中学2年

とき

初春のある一日。

ところ

中学校の校舎の屋上に通じる階段の踊り場にある倉庫。（演劇部の部室）

＊「　」内の台詞を使わずに演じても構いません。その場合、「何が起きていたのか、目の前に水が来るまでわからなかった」と証言した被災者の体験を生かすことになります。

初演日

２０１８年10月7日

初演校

仙台市立仙台高等学校

かつて演劇部の部室があった中学校の校舎に向かう葉子。
静かに幕が上がると、誰もいない部室に、小さな窓からゆっくりと陽が射し込み、少しずつ部屋の様子がわかってくる。部屋にはくたびれた衣装や使い古された小道具類が散乱し、壊れた机や椅子、小さなホワイトボードなどが、所狭しと置いてある。

スーツ姿の葉子が静かに入ってくる。部屋の中を見回しているところへ、人の気配。
すかさず部屋を出ていく葉子。

小百合が入って来て、徐にストレッチを始める。

そこに、ヘッドホンをして、スマホをガンガン音漏れさせながら、片手にパンを持った祐実が入って来る。

祐実、踊りながらジャージを履きながら、パンを齧る。

小百合　どれか一つにしなさいよ！
祐実　？
小百合　どれか一つにしなさいっつうの！
祐実　??
小百合　どれか一つにしなさーい!!
祐実　まじ、やば、鼓膜破れっぺっこの！
小百合　鼓膜破れっぺっこの……って、朝から訛ってんじゃねえ！
祐実　このパンうまいしねー
小百合　聞いてないから。
祐実　この曲最高だしねー
小百合　聞こえてないから。
祐実　朝練だしねー
小百合　やってないでしょっ！
祐実　私にとっては、どれも大事、とても一つに絞ることなんか、できないわ。
小百合　バカ。
祐実　バカって言うな、バカ。
小百合　あっほ。
祐実　このパンうまいしねー
小百合　ほんと？
祐実　ただじゃねえ……。
小百合　英語の宿題やってないでしょ、祐実ちゃん。
祐実　オホ、すべてお見通しね。はい。
小百合　準備いいこと。
祐実　予定通り。
小百合　あんた、白紙じゃない。
祐実　もち。
小百合　サイテー……どういう意味？
祐実　お願い。
小百合　しょうがないね……（プリントを出す）……白紙。

思わず顔を見合わせて、ハイタッチする2人。

小百合 歌の歌詞って、訳すの難しいよね。
祐実 んだね。
小百合 シンタにやらせようか。
祐実 ……んだね。
小百合 さ、朝練朝練………ちょっと、祐実、朝練でしょ。
祐実 んだね。
小百合 祐実さあ……毎朝菓子パンじゃん、太るよ。朝はね、ちゃんとご飯とお味噌汁食べないと。
祐実 うちはね、上3人が男なんで、ぜーんぶ食べられちゃうの。
小百合 お兄ちゃんたちのせいで、まともなご飯も食べられないと。
祐実 イエース。
小百合 祐実が起きるともうご飯粒一つ残ってないと。
祐実 しかもよ、1番上の……。
小百合 孝君でしょ……。
祐実 そう……子ども連れて、泊りに来てんのよ。
小百合 へえー、孝君もう子どもいるんだねー、小さい頃遊んでもらったけど……いくつ？
祐実 ゆうた君……小学3年生。
小百合 そっか、小学生はもう春休みか。
祐実 もう、うるさくてうるさくて、この通り、課題なんてやれるはずがない訳。
小百合 つまりそれを言いたかったわけ？
祐実 そ。
小百合 ずいぶん長い言い訳だこと。
祐実 小百合ならわかってくれると思って。
小百合 ながーい付き合いだもんね。
祐実 小中と……あ、幼稚園も一緒だ。
小百合 まさに腐れ縁。
祐実 んだね。
小百合 羨ましいなあ……賑やかでさあ。
祐実 家族多いのも考えもんよ。特に男はね、クサイ。靴下の臭い、年中嗅いでる感じ……。
小百合 それ言い過ぎでしょ。
祐実 うち来る？
小百合 オエ……やっぱりいい。さあさあ、練習練習……寒いよね……身体あっためないと。
祐実 さあ、英語英語。
小百合 イングリッシュ！ ビリージョエル！ Do you understand?
祐実 ベリージョーダン、オーイエーイ！
小百合 ベリーじゃなくて、ビリーだから。
祐実 ヘイ、ビリージョーダン‼
小百合 ジョーダンじゃなくてジョエルだから。
祐実 ヘイ……
静江 うるさいっ！

静江入って来る。

小百合　おはよう……。
静江　あのさあ、朝練やめない？
小百合　朝のうちに体ほぐしとけば、放課後楽でしょ。
静江　そういうことじゃなく、来週テストあるでしょ、山田先生の英語のテスト。（勉強を始める）
祐実　ドへ（突っ伏す）……テスト最悪……。
小百合　なになに、ドへ、って。
祐実　ドへはドへ。ヘドの反対。戻したのが、戻って来る感じ。
小百合　おえ……汚い！
祐実　ヘド吐くくらいの衝撃……ああもう最悪。（突っ伏す）
静江　バカ言ってないで、勉強すれば？
祐実　……じゃあさ、静江、英語の宿題。
静江　なに？
祐実　見せて。
静江　だめ。
祐実　なぜに。
静江　甘えるんじゃないのよ。
祐実　ケチ……ねえ……チョーお願い。
静江　ダメ……勉強しなさい……。
祐実　あたしが赤点とったら、春の公演出られないんだかんね。
静江　それ脅し？
祐実　そう。
静江　じゃあ、登場人物1人減らすわ。
祐実　それって、誰が決めるのよ。
静江　あたし、部長の、このあたし。
祐実　小百合ぃ……。（涙目）
小百合　よしよし……静江、ちょっと言い過ぎよ。
静江　そう……？

そこへ、慎太郎、入って来る。

慎太郎　おは……。
祐実　きゃー、エッチ。
慎太郎　からかうのはやめてください。
祐実　赤くなってるぞ、シンタ。
慎太郎　なってませんよ。
祐実　ねえ……慎太郎くん、英語の宿題持ってるかなあ……。
慎太郎　持ってますけど、朝練やらなきゃ。
祐実　朝練禁止って、聞いてないの？
慎太郎　朝練禁止なんですか？
小百合　部長命令よ。
慎太郎　そうなんですか？　静江さん。
静江　山田先生のテストあるでしょ……勉強しなくていいの？
慎太郎　そうでしたね。
祐実　だから、ね、英語の宿題……見せて？
慎太郎　いいですよ……一緒にやりましょう。
祐実　ええぇ？　シンタやって来てないの？　珍しいね。

慎太郎　夕べ、母親の誕生日だったんですよ。兄弟３人で、料理作ったりしてて。そしたら、おかあさんの帰りがあんまり遅くて、結局そのまま寝ちゃって……ははは。
祐実　お料理食べないで？
慎太郎　はい。
祐実　シンタって、お母さん思いなのね……
慎太郎　そりゃあ、女手一つで男３人ですから……さ、やりましょう。
祐実　うん……あたし、英語からっきしダメだから。
小百合　英語だけじゃないでしょ。
祐実　オーイエース！
慎太郎　大丈夫ですよ。
祐実　シンタ優しいのね。
慎太郎　ありがとうございます。
祐実　……これ、ホネスティ？
慎太郎　この「H」は読まないんです。
祐実　なんで？
慎太郎　なんでも。
祐実　オネスティ……。
慎太郎　そう……オネスティ……意味は、誠実。
祐実　(書きながら)せ、い、じ、つ……次……テンダネスって？
慎太郎　優しさ。
祐実　トゥルースフルネスって？
慎太郎　真実。
祐実　アントゥルーって？
慎太郎　不誠実。
祐実　ええと……。
小百合　自分で調べろ！
祐実　デヘ。
静江　あなた読めてるじゃない。
祐実　昨日のうちにふりがなふってもらった。
静江　誰に？
祐実　先生に決まってんじゃん。
静江　それなのにホネスティなの？
祐実　先生が間違えたと思ってた。
静江　まさかでしょ。
慎太郎　祐実さん、もしかして、ふりがなふってくれた先生って……。
祐実　なに？
慎太郎　山田先生じゃないでしょうね。
祐実　さあね……。
慎太郎　ちょっと……。
静江　なんだっていいじゃない、どうしてあなたがムキになるわけ？
慎太郎　尊敬する山田先生がそんなことするはずありませんから。
静江　あっそう、山田先生「愛」ね……。
慎太郎　そういう言い方はしないください。
静江　わかったわかった、シンタ、次、次……。
慎太郎　あ、はい、ええと、ここがサビです……祐実さん、いいですか？

祐実　いよいよホネスティの登場ね。
慎太郎　（ちょっと怒った感じで）オネスティです。
祐実　いいの……誠実がロンリーって、なに？
静江　あたしは「真心」って訳したけど。
祐実　真心がロンリーって、なに？
小百合　そこは「正直」でいいんじゃね？
静江　正直？
小百合　「正直って言葉は寂しい言葉。だってみんな嘘つきだから。僕は君に真実の心を求めてるんだ……」的な……。
祐実　さすが小百合ね。
慎太郎　なるほど、それだとしっくりきますね。
静江　シンタ！
慎太郎　はい？
静江　ここの訳はどう？　見て。
慎太郎　あ……はい。

慎太郎と静江が仲良さそうに話をする。

祐実　何よ（落ち込む）……ちょっと、あたしにも見せてよお！

次第に除け者にされて行く祐実。拗ねる祐実。
小百合、祐実を無視して、ストレッチを再開する。そして、発声を始める。

静江　朝練禁止って言ったじゃない、静かにして。
小百合　英語の課題どころじゃないんじゃないの？　部長さん。
静江　え？　なに？
小百合　春公演の台本、どうすんのよ。

間。

小百合　あれ、あれあれ？　あたし、地雷踏んじゃったかも。
静江　あたしの責任で、何とかする。
祐実　でも葉子、学校来てないよ。
静江　わかってるわよ、そんなこと！
祐実　既成の台本でいいんじゃない？
静江　無責任なこと言わないで、春の公演は創作で行くって、決めたんだから……あなたもいたでしょ。
祐実　そんなこと言ったってさあ……台本書けるのって、葉子ぐらいじゃん。
静江　だからわかってるって言ってるでしょ。

小百合、大声で発声を始める。

静江　ちょっと静かにしてよ……うるさいうるさい……静かにして！

小百合ますます大きな声で発声する。

静江　外でやってよ。
小百合　そう……じゃあ、屋上でやっかなあ……。
慎太郎　開きませんよ、その扉。
小百合　わかってるよ。
祐実　出たことないね、ここの屋上。
小百合　そうね。

間。

慎太郎　昔、ここから飛び降りた人がいたそうですよ。

全員、シーンとなる。

静江　そのドア昔は開いてたの？
慎太郎　いえ……。（窓を見上げる）
小百合　え？　あそこ？
静江　あそこから出たの、その人。
慎太郎　だそうです。
小百合　なんで知ってんだよ、そんなこと。
慎太郎　文化祭の後、ここに引っ越したじゃないですか、その時先生に聞きました。
祐実　なんで飛び降りたの。
慎太郎　さすがにそこまでは、教えてくれませんでした。
静江　いじめ？
小百合　ちょっとやめなよ、なんでも結びつけるの。
静江　追い詰められれば、行っちゃうんじゃない、あんな窓でも。
小百合　窓の外って、屋上でしょ？
慎太郎　違いますよ。
小百合　え？
慎太郎　下まで落ちます。
小百合　下って……下？
祐実　イヤ！　痛そう……。
小百合　それ知ってたのかな、その人……屋上に逃げようとしたのかもよ……。
静江　何から？
小百合　つまり、追い詰められて。
静江　何に？
小百合　やっぱ、いじめかなあ。
祐実　かわいそう……

そこへ、葉子がフラリと現れる。

小百合　葉子！
祐実　葉子……来たの⁉
静江　……。
葉子　おはよう、みんな……いたのね。
小百合　そりゃいるよ、変なこと言うね……朝練だよ。
葉子　ええ……。
小百合　なんで私服？　しかもスーツ。
祐実　格好いい！

小百合　なんかあんのか？
葉子　うん、ちょっと……ああそうそう、先生とちょっと
　話を……。
小百合　そう……。
祐実　葉子、なんか急に大人びた感じね。
葉子　そんな……。
慎太郎　お久しぶりです。
葉子　ええ……。
静江　葉子。
葉子　静江……さん。
静江　静江でいいのよ。
葉子　ごめんなさい……。
祐実　何かあった？
静江　台本よ。
祐実　あ……。
静江　私との約束。
葉子　ごめんなさい……。
祐実　心配したよ、電話にも出ないし、メールも無視だし、
　家行っても、会わせてくれないし……。
静江　葉子はね、春の公演はあたしに台本書かせてくださ
　いって、懇願したのよ。
祐実　コンガンってなに？
静江　それなのに、休む休む、学校休む。不登校？　不登
　校って名前つけば、先生も諦めてあんたに優しくなっ
　ちゃうんだよ。
小百合　言い過ぎだよ。

祐実　ねえ、コ・ン・ガ・ンって何？
葉子　ごめんなさい……。
静江　で、書けたの？
小百合　やめなよ、せっかく来たんだから……。
葉子　書けた……だから、今日、来た……。
小百合　葉子……無理しなくていいんだよ、話は聞いてっ
　から。
葉子　お母さん話したのね、あなたのお母さんに。
小百合　ママ友だからね。
葉子　家のことは関係ないから。
静江　……なんなのよ、家のことって。
小百合　葉子は、
葉子　やめて。
小百合　……葉子は、おばあちゃんの介護やってんの。
慎太郎　それって、どういうことですか？
葉子　やめて、小百合、その話はここではしないで。
小百合　いいやダメ。お前の名誉のために……トイレの時
　とか、体拭いたりとか、全部葉子がやってんだよな。
葉子　もうやめて……。
静江　お母さんがいるじゃない。
葉子　……。
小百合　葉子。
葉子　お母さんは、忙しくて、おばあちゃんとも、あんま
　り仲良くなくって、それで……。
静江　……ヘルパーさんに頼むとか、いろいろ方法あるん
　じゃないの？

葉子　ヘルパーさんって、週に1回くらいしか来てくれないのよ。
静江　……どうして何も言ってくれなかったの？
葉子　言い訳したくなくて。
静江　それでこんなに2ヶ月も3ヶ月も学校休むもんなの？
小百合　言い過ぎだって言ってんだよ。
静江　先生から聞かれたよ……部活で何かなかったかって。
葉子　何かって？
静江　あたしたちが葉子に何か言ったんじゃないかって。
葉子　そんなことないです。あたしがいないとおばあちゃんがかわいそうで。みんな、本当にごめんなさい、これ……。

葉子がカバンから、台本を出そうとした時、校内放送が入る。しかし、この場所は、部屋にスピーカーがないため、聞き取りにくい。「全校生徒に連絡します。直ちに、第2体育館に避難してください。繰り返します。全校生徒は、直ちに第2体育館に避難してください。」（実際はほとんど聞こえていない）

慎太郎　聞こえましたか？
小百合　聞こえないね……。
祐実　あたし聞いて来る。（出て行く）
慎太郎　僕も行きます！（出て行く）
静江　どうせ、大したこと言ってないよ……。

祐実と慎太郎が戻って来る。

小百合　どうした？
祐実　避難だって、第2体育館。
静江　避難？　なんで？
祐実　わからない、最後の方しか聞こえなかったから、全校生徒第2体育館へ避難だって。
静江　そうなの？（慎太郎に）
慎太郎　間違いありません。
祐実　変だよね、地震もなかったし。
静江　火事かも……逃げましょう。
小百合　非常ベルとか鳴った？
静江　ここじゃ聞こえないのよ。
小百合　訓練だよ、訓練。
静江　そんなの聞いてない。
小百合　久しぶりに来たのに、災難だな。
葉子　そんな……。
静江　ねえ、どうして2体なの？
小百合　確かに。
静江　2体って、全校生徒は入れないわよね。
慎太郎　そういえばそうですね。
小百合　祐実、ほんとに2体って言ったのか？
祐実　そう言われると自信ないけど。
慎太郎　聞き間違えたかなあ。
小百合　どうする？

静江　とりあえず逃げましょう。
小百合　どっちに行く？
静江　（少し考えて）両方行ってみればいいんじゃない？
祐実　両方？
小百合　そうか、じゃあ、二手に分かれよう。あたしと祐実で1体。
祐実　あたし、葉子と一緒がいい。
葉子　祐実ちゃん。
小百合　めんどくせえなあ……じゃあ、静江とシンタで1体。
慎太郎　はい。
祐実　２人っきりにするの？
小百合　お前どうしたいんだよ、こんな時に。
葉子　祐実ちゃん。
小百合　あーあーあーあーわかった、あたしと静江で1体。葉子と祐実で2体。これでいいだろ……。
静江　……。
慎太郎　ぼ、僕はどうすればいいんですか？
小百合　シンタはここで留守番。
慎太郎　あ、はい。
小百合　携帯出しといて……どうせこっそり持ってきてんだろ？　みんなも……。

慎太郎を残して、４人が部屋を出ていく。

慎太郎１人になり、急に不安になる。屋上へ通じている扉をガチャガチャさせてみたり、階段下の方へ行ってみたりしているうちに、ラジカセに目が止まり、スイッチを押すとビリージョエルのstrangerがかかる。イントロが終わり、テンポが速くなる部分に入ったあたりで、1体へ行った小百合と静江が帰ってくる。ボリュームを下げる慎太郎。

小百合　お前電話出ろよ……何聴いてんのよ。
慎太郎　すみません……。

慎太郎慌てて携帯を確認して、そして不思議そうな顔。

慎太郎　着信ありませんよ。
小百合　え？
静江　そんなはずは……。
慎太郎　あ、なんか僕の携帯ダメみたいです。
静江　ていうか、うちもダメみたい……。
慎太郎　で、どうだったんです？
小百合　ああ。
静江　それがね。
慎太郎　どうしたんですか？
小百合　んん……とね……ないの。
慎太郎　へ？
小百合　ないのよ。
慎太郎　何が？
静江　階段が……。

小百合　ないというより、つまり、下に降りられない……
　ハハハ……。
慎太郎　２人とも何を言ってるんですか？　状況がよくわかりません。もう少し詳しく説明してください。
小百合　つまり……
静江　よくわからないのよ……階段降りようとしたんだけど、ね……。［水が……］
小百合　［そう、水が……］ね、静江。
慎太郎　……２体へは行ったんですか？　２階から行けるじゃないですか。
小百合　そうだった……忘れてた……。
慎太郎　行ってみましょう。
小百合　そうね……。
静江　何？　この曲。
慎太郎　ストレンジャーです。ビリージョエルの。
静江　ビリージョエルって、あの、山田先生の？
慎太郎　はい。
静江　オネスティじゃなかったの？
慎太郎　ああ、これは、ストレンジャーって曲なんです。山田先生に教わって、次の課題はこれだって言ってました。
静江　止めて……うるさい。
慎太郎　あ、すみません……。（スピーカーのスイッチを切って）じゃあ、行きましょう。
小百合　待って。
慎太郎　何か。
小百合　あの２人、待ったほうがいいんじゃない？　２体へ行った２人。
静江　どうせ行くんだから、行きましょう。
小百合　待とうよ。
静江　わかったわよ………遅いわね、２人とも。

その時、葉子と祐実が帰ってくる。蒼ざめた表情。

小百合　どう？

答えない２人。

静江　どうしたの……祐実……葉子……。
慎太郎　祐実さん、葉子さん。
祐実　ないの……っていうか行けないの、っていうか２階に降りられないの……。［水が来てて］
小百合　さっき２階行ったよ、どういうこと？
祐実　そんなあ。
慎太郎　１体にも行けなかったそうです。
祐実　どういうことなのよ？
静江　保健室のある方の階段……で間違い無いわよね……そこから降りられないの。
祐実　反対側も行ってみたよ。でも、やっぱりないの。
小百合　どうなってんだ……あり得ない……。
祐実　ちょっと、何、何が起きたの？
葉子　みんな、ちょっと落ち着きましょう。
祐実　落ち着いてなんかいられないよう。

小百合　変だな、夢でも見てるのか。
慎太郎　僕が行きます。
静江　1人じゃダメ。あたしも行く。
祐実　慎太郎、行こう。
静江　祐実はここにいて。
祐実　どうして。
静江　あなたパニックになるでしょ。
祐実　………。
小百合　……ねえ誰か、生徒手帳持ってない？
慎太郎　僕、持ってます。
小百合　貸して。
慎太郎　どうするんですか？
小百合　今更だけど、校舎の見取り図確認しようと思って。
慎太郎　なるほど。
静江　それでどうするの？
小百合　慌ててたから、混乱してたかもしれない。1体は、1階の玄関脇の通路からだろ？　それで2体は2階の職員室の脇の通路だよな……間違ってないと思うんだけどなあ……。
祐実　ちょっとお。
小百合　静江、警察に電話して。
静江　命令しないで。
小百合　え？
葉子　静江さん、そんなこと言ってる時じゃないでしょう。
祐実　……もういいよ、あたしが電話する。119番だっけ。
葉子　110番よ。
祐実　ああ、そうだった。
小百合　シンタ……他に2階へ行くルートはない？
慎太郎　ええちょっと待ってください。
祐実　かからないよ……電波3本立ってるのに。
静江　(思い出したように) 緊急ＳＯＳ、緊急ＳＯＳやってみて。
祐実　やってみる………ダメ……みたい……。
静江　貸して！
祐実　ちょっと、勝手にいじらないで！
静江　何よ1人じゃ何もできないくせに。
祐実　何……。
小百合　ちょっと！　さっきから……。
葉子　こんな時だから、みんなで協力しなきゃ。
静江　わかってる、わかってるよ。
慎太郎　(小百合に) ここはどうでしょう、さっきはこっちから2階へ行こうとしたんですよね。
葉子　そうよ。
慎太郎　この反対側に、非常階段があるんです。ここから3階まで降りるとそこにも非常階段があって、下に降りられます。
小百合　よし、行こう。
葉子　危なくない？
小百合　大丈夫だよな、シンタ。
慎太郎　あ、はい……あの、相談なんですが、みんなで行くというのはどうでしょう……はぐれたりしないように。

小百合　なるほど、そうすっか。
静江　でも、みんなやられちゃったらどうするの？
祐実　何、やられるって？
静江　だから、みんなまとめて、何かあったら、大変じゃない？
小百合　エイリアンとか？
慎太郎　え？
小百合　ほらあったじゃん、どっち逃げても、両側からエイリアンの長い触手が伸びて来て……ウワーみたいな……。
祐実　イヤー！
葉子　小百合さん！
小百合　ごめん……。

間。

慎太郎　とにかく行きましょう。
小百合　さあ、ついて来て、みんな。
静江　あたしは残る。
小百合　そう、じゃ、留守番頼む。
祐実　自分だけ助かりたいんでしょ。
静江　何それ。
祐実　だって、そうじゃない……エイリアンがくるんでしょ……。
静江　バカみたい……あたしは、小百合が仕切るのを見たくないだけ。
小百合　……こんな時にそれを言う？
静江　こういう時だから、よくわかるの……あなたが部長になればよかったのよ。
小百合　今そんな話してる時じゃないだろう。
祐実　静江、おかしいよ。
静江　えええ、あたしはおかしいわよ、好きにすればいいのよ、あたしはここにいる、何かあったら、あたしの責任なんだから！
祐実　バッカみたい！
静江　あんたにそんなこと言われたくないんだけど！
小百合　ストップストップストップ、黙って！　とにかく状況を把握しないと………さあ、行くよ。

静江を除く四人が出て行く。

静江がイライラしながら周りを窺っているところへ、葉子だけ戻ってくる。

葉子　静江さん。
静江　その、さん付けで呼ぶのやめてくれない？　同級生なんだからさ。
葉子　すみません。
静江　何で謝るの？　謝るようなことなら、最初からやらなきゃいいじゃない。
葉子　すみません。……あの……。
静江　なに。

葉子　台本、読んでください。
静江　ああ……。
葉子　こんな時だけど……。
静江　登場人物は、何人？
葉子　5人か6人。6人だと1人足りない。男の子が1人、あとは女子。
静江　ふーん……見せて。
葉子　遅くなってごめんなさい。
静江　そう……言っとくけど、あなたが書くって言ったんだからね。「ホーム」？
葉子　うん、学園物は、書けなかった……どうしても書きたいことがあって。ごめん……。
静江　いいけどさ、葉子、どうして私服なの？
葉子　……あたしね、転校するの。
静江　え？　そういう話になってたの？
葉子　うん。
静江　さっきの話だけど、葉子……何があったの？
葉子　誰にも言わないって、約束してくれる？
静江　ええ、もちろんよ。
葉子　……臭いって。
静江　え？　教室で？
葉子　うん。
静江　それで？
葉子　行けなくなったの。だから、いじめとかそういんじゃない。自分が行きづらくなっただけ。介護も忙しくなって来たし……。
静江　……そうなんだ……でも、転校まですることないんじゃない？
葉子　それは……家庭の事情かな。
静江　それにしたって……。
葉子　ごめんなさい……。
静江　(笑って)……さみしくなるね……。
葉子　静江さん……ありがとう……優しいのね。
静江　やめてよね、そういうの苦手なの……みんなには？
葉子　あとで話す……。
静江　……どうしてあなただけ戻って来たの？
葉子　静江さんと2人っきりで話したいと思って。
静江　この非常時に、ずいぶん冷静じゃない。

そこへ、みんなが帰ってくる。

静江　どう？
小百合　(首を横に振る)
静江　そうなの？　シンタ。
慎太郎　［水が来てて……］降りられないんです、行けないんです……。
静江　それはさっきと……。
慎太郎　3階にも行けないんです。階段がないんです！
小百合　……行けないんだよ。
祐実　ねえ、夢よね、これ、夢だよね、ねえ……夢だよね。
静江　……あたしたちどうなっちゃうの？
祐実　どうして、こんなことになっちゃったの？　ねえ、おかしいじゃない、ねえ、なんでこんなことになってるの？　どうして誰もいないの？　ねえ、なんでなの！
葉子　祐実ちゃん！　しっかり！
慎太郎　みなさん、ちょっと落ち着いて、考えてみましょう……なんでこんなことになったのか、考えてみましょう。
静江　そんなことしてどうすんのよ、とにかく、外に出て逃げるのよ！
小百合　どこへ。
静江　だから。
小百合　静江も見ただろう。
静江　だって今は逃げなきゃ。
小百合　だからどこへ！
慎太郎　落ち着いて、皆さん……これからどうすればいいのか考えましょう！
小百合　どうするんだよ。
慎太郎　そうですねえ……皆さんは、今朝何かいつもと違ったことはありませんでしたか？
静江　そんなこと聞いてどうすんの？
慎太郎　原因を考えるんです。
静江　どんな意味があんの？
慎太郎　学校来る途中、何か異変があったんじゃないかって。
静江　何もなかったわよ。
慎太郎　皆さんは、皆さんはどうでしたか？
小百合　そうだな、犬がいつになく吠えたかな、それくらいだよ。
慎太郎　祐実さんは？
祐実　いつもと同じ、歩いて来たけど、別に……これしてたから、何も聞こえなかったし……前見てないし……
慎太郎　次、静江さん……話してください……静江さん。
静江　いつものように朝ごはんを作って、小さな弟妹たちに食べさせました。お母さんは……新しいお母さんだけどね、今単身赴任してるお父さんのところに行ってるので、この１ヶ月はあたしが母親代わりです。ね、あたしって、立派でしょ？
慎太郎　静江さん、すごい……惚れ直しました。
静江　キモいっつうの。
葉子　祐実ちゃん。
小百合　まさか……。
静江　ええ！
葉子　祐実ちゃんはね、慎太郎君のことが好きなんだよ。
小百合　葉子、お前知ってたのか。
葉子　１年生の時、３人同じクラスだから。
小百合　そっか……あたしって、鈍感？
祐実　葉子のバカ！

祐実、飛び出していく。追う、葉子。

慎太郎　ちょっと、僕ですか？　僕は何も悪いこと……。
小百合　この非常時に告ったりしてっからだよ。
慎太郎　そんなあ……告った？　違いますよ……話の流れ

で……。

静江　それ、どういうこと？

慎太郎　すみません。２人を探してきます。

静江　あなたが行ったら、余計ややこしくなるでしょ。

小百合　葉子がいるから大丈夫だよ。

静江　（慎太郎に）バカ。

祐実と葉子がすぐ戻ってくる。

小百合　祐実。

静江　どうしたの？

祐実　大変よ……。

小百合　なに？

祐実　ないの……。

小百合　何が？

祐実　体育館……。

小百合　それってさっき……。

祐実　廊下から見えるはずの２体が、ないの……。

一斉に４人が顔を見合わせ、外へ出て行く。葉子は残る。
やがて、４人が戻ってくる。

小百合　シンタ、続けよう。

慎太郎　そうですね。じゃあ、小百合さん、さっき犬が吠えたとか言いましたよね、もう少し詳しく話してください。

小百合　うちの犬がいつになくよく吠えるんで、散歩に行ったかな。いつもはお父さんが散歩連れてくんだけど、今朝はたまたま早出だったんで、仕方なくて。

慎太郎　犬ですか。

小百合　あ、地震あったでしょ、何時頃だったかな、地震……それでうちの犬が。

静江　あった？　地震……大した地震じゃなかったんでしょ。

慎太郎　それだ!!

小百合　びっくりした……なんだよいきなり。

静江　何、どうした！

慎太郎　地震ですよ、地震で学校の周りが沈没した……あ、いや、校舎が沈没した……。

静江　じゃあ、なんであたしたち、学校来れた訳？

慎太郎　さあ。

静江　アホか。

慎太郎　ですよね……何か起きていることは間違いありません。

小百合　そんなことわかってんだよ。

慎太郎　ですよねー……あ！

小百合　なんだよびっくりするじゃねえか。

慎太郎　朝の地震で、少しずつ少しずつ沈没した……だから、下の階へ行けなくなった。

静江　一応理屈は通るわね。

小百合　あり得ない。

静江　だって、ありえないことが起きてるじゃない。それをどう説明するの？
小百合　校舎が沈んだって、下には降りられる。それより何より、それだけ大きな地震なら、校舎が崩れてる。ありえない。
慎太郎　そうですすよね。
小百合　シンタは、お前はどうなんだよ。
慎太郎　改めて言っておきますが、僕はシンタじゃありません、慎太郎です。東京都知事の石原慎太郎からつけてもらった、大切な名前なんですから。簡単に省略しないでください。
小百合　お前の名前、石原慎太郎から取ったのか？
祐実　だれ、それ。
小百合　前の東京都知事で、石原裕次郎のお兄さん。
祐実　石原裕次郎なら知ってる、映画の人。
小百合　いっそのこと、裕次郎にしてもらえばよかったのに。
慎太郎　裕次郎はあまりに有名すぎて、父も遠慮したようです。それに長男だし。
小百合　じゃ、弟は、裕次郎？
慎太郎　いえ、……慎次郎です……。
小百合　ふーん……。
慎太郎　因みに、下の弟は、慎三郎です……。
祐実　あたしんとこは、上に３人お兄ちゃんがいるんだよ。
小百合　羨ましいね……兄弟多くて。
慎太郎　小百合さんは兄弟いないんですか？
小百合　あたしは１人っ子だよ。
慎太郎　そうですか……小百合さんって、吉永小百合の小百合じゃないですか？
小百合　なんで知ってるの？
慎太郎　（ホワイトボードに名前を書きながら）「小百合」ときたら「吉永」でしょ。
小百合　親父がファンだったんだよ。
祐実　へえ、あのお医者のおとうさんが？
慎太郎　小百合さんのお父さん、お医者さんなんですか？
小百合　そうだよ。
祐実　あたし診てもらったことあるんだ、幼稚園の時に。
小百合　親父が研修医の時の看護婦がうちのお母さんで、最初のデートで吉永小百合の映画を見に行ったんだって。
慎太郎　それで、小百合ですか。
小百合　そういうこと……安易だよな。
祐実　いいじゃない……安達祐実なんかより、ずっといい。

静江を除く四人が笑う。

静江　（ボソッと）うるせえんだよ……。

一瞬静まり返る。

祐実　どうかしたの？
静江　お前たち下らないんだよ……さっきから。
小百合　なんて？
静江　下らないって言ったんだよ。

慎太郎　静江さん、ダメです！
静江　ガキのくせに口出しすんなよ。
小百合　静江！
静江　偉そうに何でもかんでも口出しするなよ。この非常時に、お前ら何くっちゃべってんだよ。
慎太郎　すみません……僕が悪いんです。
小百合　慎太郎、続けなよ。
慎太郎　え？　だって。
小百合　いいから！
静江　くだらないって言ってんじゃない！
小百合　黙れ！
祐実　やめて。
小百合　シンタ、続けろよ。
慎太郎　でも……
小百合　続けろって言ってんだよ！
静江　……。
慎太郎　……ぼ、僕は、特に変わったことはありませんでした……ニュースも見ないし……葉子さんは？
葉子　あたしは……ちょっとバタバタしてて、あんまり覚えてなくて。
小百合　今朝のことなのに。
葉子　ええ……気がついたら、ここに来ててって感じで。
小百合　久しぶりだもんな……担任とこには？
葉子　ああ……ええ、まだ。
小百合　まっすぐここにくるなんて、律儀だよな。
葉子　授業始まる前にと思って。
静江　……葉子はね……転校するの。
葉子　うん……
祐実　え？　どこ行っちゃうの？
葉子　ちょっと遠いとこ……今日は、静江との約束、果たしにきた……台本持ってきた。
祐実　ねえ、どうして？　どうして？
葉子　家庭の事情かな……きょうは、みんなに、別れを言いに来た。
小百合　別れって、ちょっと大げさじゃね？
葉子　みんなの分、ここにある。（台本を配る）どうしても読んで欲しい……。
祐実　あたしの役あるよね。
慎太郎　男は一人だけですか？
小百合　なんかワクワクするな。
祐実　（題名を見て）ホーム？
葉子　うん、家族の話。
祐実　葉子の家族？
葉子　うん。
静江　それ、後にしてくんない？
小百合　まあ、いいじゃないの。
静江　部長はあたしよ。
小百合　そういうことね……。はいはい、わかりました……部長様、次は何をすればいいですか？
静江　みんな、食べ物出して。
小百合　え？　いきなり何？
静江　いいから……部長命令よ。

祐実　いいよ……はい、パン、パン、パン……
　　みんながそれぞれ鞄から、弁当やら何やらを出している。
小百合　何しようっての？
静江　あたしたち、下に降りられないんでしょ。
祐実　それはわかるけど。
静江　外には出られない、電話も繋がらない、このままだったらどうする？
慎太郎　お腹すきますよね……なるほど。
静江　そう。
慎太郎　さすが静江さん！
静江　四階に調理室あるじゃない？
慎太郎　そうですね……食料調達するんですね？
静江　そう、急ぎましょう……何があるかわからないけど。
小百合　鍵かかってんじゃね？
慎太郎　窓割るしかないでしょう。
小百合　なま肉とか、生野菜とかしかないいんじゃない？
静江　行ってみなきゃわからないでしょ！
小百合　ガラス割るのに、何か必要だな。
慎太郎　バットがあります。
小百合　よし……ヘルメットなかったたっけ？
慎太郎　あります、あります……なんかワクワクしますね。
小百合　バカ言ってないで。
慎太郎　すみません。
小百合　さあ行こう。
祐実　あたし行かない。
小百合　え？
祐実　怖い。
小百合　じゃあ、祐実は留守番。
静江　勝手に決めないで、部長はあたしよ。
小百合　……。
静江　祐実、少しでも人数が多い方がいいの、わかる。
祐実　わかるけど、いや、静江が行けば。
静江　あたしも行くけど、あなたも行くの！
祐実　あなたの命令には従わない。
静江　祐実！
祐実　何よ偉そうに！
小百合　祐実はここで菓子と留守番。静江、行くよ、
静江　仕切らないで。
小百合　グダグダグダグダ、いい加減にしないか！　さあ、行くよ！
静江　命令しないで……何から何まで、勝手にやらないで！
小百合　静江……。
慎太郎　静江さん……。
小百合　今は非常時でしょ……誰が命令するとか、仕切るとか、今はそんなこと言ってる場合じゃないいんじゃない？
静江　……。
小百合　今はみんなが力を合わせるときなんじゃないの？
静江　力を合わせる？　なにそれ？

小百合　……。
静江　あたしはね、あなたのそういう、なんていうか、なんでもわかってる風に言うところが大っ嫌いなの。
小百合　じゃあ、なんで今まで黙ってたんだ、こんな時になって、なんで今更そんなことを言う？
静江　こういう時だから、こういう時だからこそじゃない。
小百合　じゃあ、お前の本性が出たってことだな。
静江　そうよ、これがあたしの本性よ、あたしがどれだけ部活のこと考えて、みんなに気を遣ってたか……。
小百合　ずっとそんな風に思ってたわけ？
静江　そうよ、毎日が苦痛だったわ。祐実は祐実で馬鹿なことばっかり言って、いつまでも幼稚で、甘えてばかりで、自分で考えようとしてなくて、小百合は小百合で、なんでも仕切って、あたしの言うことには必ず反対して、みんなは、あんたの言うことならなんでも聞くし、それなのに、あたしを部長に選んで、あたしに恥をかかせる。葉子だってそう、台本書かせてなんて言っておいて、不登校になるし……。
慎太郎　あの、僕は？
静江　ガキなんだよ。
慎太郎　え？
静江　ガキは嫌いなんだよ。
慎太郎　静江さん……。
小百合　お前のそういうところが、居場所なくしてんじゃねえの？
静江　だから、偉そうに言わないで!!
祐実　もうやめて！

殺伐とした言い争いの中、慎太郎が突然ビリージョエルのストレンジャーを鳴らす。
一瞬静まる室内。

慎太郎　みんな、落ち着きましょう。

間。

祐実　これなんて曲？
慎太郎　ストレンジャー。
祐実　どういう意味？
静江　見知らぬ人。
慎太郎　普通はそう訳すんですけど。
静江　違うの？
慎太郎　この歌では、別の顔。
小百合　別の顔？
祐実　なんか怖いね。
慎太郎　歌の中では、誰でもみんな、自分の中に見知らぬ別の顔を持っているってことです。
祐実　シンタ、すごい。
慎太郎　いえ、山田先生から聞きました。
静江　別の顔こそ、真実なんじゃないの？
慎太郎　え？　そうなんですか？
静江　みんな素顔は隠してるものよ。

慎太郎　でも……どっちが別の顔かなんて、その人にしかわからないですよね。
静江　今日みたいな日に出るんじゃない……本当の顔が。
慎太郎　それってもしかして、静江さんのことですか？
静江　…………。
小百合　２人とも……その話は後にしてくんないかな……調理室行くけど、いい？
静江　……。
小百合　部長、行くよ、静江！
静江　……うん……。
小百合　じゃあ、みんな。
祐実　あたしも行く！　エイリアン、やっつける！

音楽とともに、様々な小道具を持って、身支度し、部屋を飛び出して行く、部員たち。ひとり残される静江。

間をおかず、皆戻ってくる。

慎太郎　静江さん！
静江　どうしたの⁉
小百合　ないの。
静江　なに？　どういうこと？
祐実　誰か助けて！
静江　どうしたの、ねえ！
小百合　ない、何もないの。
静江　え？　何がないの？
小百合　階段も、扉も……ないの……行けないの……どこへも。
静江　何それ！

その場にヘタリ込む生徒たち。階段下へ向かおうとするが、途中で戻ってくる静江。

慎太郎　どうすれば。
静江　黙って、ちょっと黙って……。
祐実　慎太郎、怖い。
慎太郎　ぼ、僕もです。
静江　小百合。
小百合　なに。
静江　あなたなら、どうする。
小百合　え？
静江　あなたなら、こんな時、どうする？
小百合　どうして……。
静江　わからないの……あたし、どうしたらいいか、わからないの。
小百合　……あたしだって、わからないよ。
静江　でも、あなたはいつも、どんな時でも、明るくて、こうしよう、ああしようって……みんなもそれを信じて……。
小百合　何も考えちゃいないんだよ、思いつきで言ってるだけ。
静江　じゃあ、思いついて、お願い、どうしたらいいの、こういう時どうしたらいいの、教えて。
小百合　ええと……いざ考えるとなると、何も思い浮かばないよ。

間。

祐実　……ねえ……お腹空かない？　パン食べよう。いっぱいあるんだ。みんなで、食べよう……静江。
静江　……うん……。
小百合　静江が考えてたことがよくわかったよ。
静江　あなたが部長になれば良かったのよ。
小百合　そんなことないよ。第1、投票で決めて、静江が選ばれたんだから。
静江　だって5人しかいないんだよ、部員。3対2だよ。
小百合　あ、お前、自分に入れただろう。
静江　入れてない。
小百合　入れた。
静江　入れてない。
小百合　入れた。
慎太郎　僕は静江さんに入れました。
小百合　あたしも静江。葉子と祐実は？　これで決まりだな……部長なんてさ、やりたい人がやるのが1番いいんだよ。
静江　頼りなくてすみません。
小百合　そんなことない。
静江　ある。
小百合　ない。
静江　ある……。
祐実　もういいじゃない、そんなこと、食べよう、パン。

みんなにパンを配る祐実。

祐実　なんか、ようやくみんなの役に立てた感じ。
小百合　うまいな……。
静江　祐実……ごめん……みんな、ごめん……こんなあたしに……なんで。
祐実　おいしいよ、静江。

みんな、パンを食べながら、涙ぐむ。

慎太郎　みなさん、ちょっといいですか？
小百合　なんだ？
慎太郎　思い出してください。最初は1階の第1体育館に、小百合さんたちが行こうとしたけど、行けなかった。その後に2階通路からの第2体育館へ行こうとしたけど、行けなくなった。そして、その後は3階へ行けなくなった。そして、窓から見える2体が見えなくなった。そして今度は、階段下の4階がなくなった。そして
小百合　それで？
慎太郎　つまり……言いにくいんですが、下から少しずつ、校舎が消えてしまって、「水が上がってきて……」降りられなくなって……。

静江　……なんでよ！
慎太郎　わかりませんよ、僕だって！
祐実　いやー！
葉子　祐実ちゃん、落ち着いて。
小百合　慎太郎、変なこと言うな。
慎太郎　でも……そうだ、これ！（屋上へ通じる扉へ向かう）
静江　開かないわよ。
慎太郎　やってみましょう、開けば屋上に出られます。

慎太郎が、鉄扉をガチャガチャさせる。

慎太郎　ダメですね。
静江　シンタ、窓！
慎太郎　窓？　ああ、あれ。

みんなが小窓を見上げる。

小百合　（皆の顔を見回して）よし、やってみよう。

慎太郎が部室にある脚立を持って来て、セットする。

小百合　しっかり押さえて。
慎太郎　は、はい。

小百合が小窓に辿り着く。

小百合　シンタ、ナグリ。
慎太郎　ナグリって、あのナグリですか？　どうするんですか？
小百合　割る。
慎太郎　危ないですよ。
静江　ダメよ、小百合。
小百合　あとヘルメット。
慎太郎　危険です。
小百合　うるせー！　さっさと持ってこい!!

ヘルメット、ナグリを渡す。脚立の途中に慎太郎が待機する。

小百合　お前、何やってんだ。
慎太郎　いえ、僕が代わります、小百合さんは、下から道具を渡してください。上からガラスが飛び散りますから、このヘルメットは、小百合さんがかぶってください。
小百合　お前じゃダメだ、あたしがやる！
慎太郎　ダメです!!　僕がやります！
小百合　ガキは黙ってろ！
慎太郎　降りてください、小百合さん！
小百合　うるせえ！
慎太郎　……降りろって言ってんだよ！
小百合　シンタ……。
静江　シンタ……。

祐実　シンタ……。
慎太郎　僕は、慎太郎です。
小百合　わかった、代わろう、慎太郎。
祐実　窓の外って、屋上じゃないよね……いやー。
静江　祐実！　それでも行かなきゃ！
慎太郎　助かるわけじゃないんですよ！
静江　わかってるよ。
小百合　さっさとやって！
慎太郎　……行きますよ！　みんな下がって！

ガラスが破砕する大きな音とともに、暗転。
場面は一転して、災害の救出現場。

葉子の台本の世界が回想として再現される。
窓から救出隊員の大きな声が聞こえる。そこは葉子の家。
慎太郎がそのまま救出隊員となる。同じように、静江が母、小百合が祖母、祐実が妹になる。

隊員　下に誰かいますか！　返事してください！
サユリ　葉子、行きなさい。
葉子　だめ、みんなを置いていけない。
シズエ　ユミを助けて。
葉子　お父さんは？
シズエ　奥の部屋よ。
葉子　手を伸ばして。
シズエ　ユミを……ユミを……。
葉子　返事して！……ユミちゃん……。
隊員　誰かいますか！　返事してください！
葉子　助けてー！
隊員　いたぞ、声が聞こえた。（上に向かって）２階に生存者、屋根の窓から救出する！
シズエ　葉子、逃げて。
葉子　できない。
シズエ　おばあちゃんを連れて、逃げて。
葉子　うん。
サユリ　葉子、おばあちゃんはね、こんなところ登れないよ。葉子、行きなさい！　あなただけでも、生きなさい。
葉子　みんなを置いて逃げられない！　お母さん、おばあちゃん、ユミちゃん、お父さん……どこ？　お父さん……お母さん、あたし……みんなを助ける！

下の階に降りようとする葉子。

隊員　降りちゃダメだ！　そこに居て！
シズエ　ダメ、来ちゃダメ！　下はもうダメ、逃げなさい！
　葉子！
葉子　おかあさん……
サユリ　シズエさん！　握って、私の手を握って……一緒に居て！
シズエ　お母さん……ごめんなさい、ごめんなさい……
葉子　お母さん！　おばあちゃん！
シズエ　……もっと生きたかった、この子たちと一緒に。

サユリ　シズエさん、ありがとう。
シズエ　お母さん……。
隊員　見えますか……ここです……いいですか、手首をしっかりつかんでください。
葉子　みんなを助けてください。
隊員　もう間に合いません……急がないと……流されます！……さあ、手を伸ばして……。
葉子　だめ！
隊員　早く………あなたは、生きるんだ！
葉子　……ごめんなさい……あたし、行くね……忘れない！

屋根の窓に向かって手を伸ばす葉子。（暗転）

静寂が戻り、そこは演劇部室。

慎太郎　葉子さんは助かったんですね。
葉子　あたしだけ逃げたのよ。
小百合　違うよ。
葉子　２階にいたあたしだけが助かった……。
小百合　家は？
葉子　救助されたヘリから下を見たら、もうなかった……。
祐実　ユミちゃんかわいそう、同じ名前で仲良しだったのに……。
葉子　ここだってそう……あたしだけが生き残った……。
小百合　あたしたち、どうなったの……あの後。
慎太郎　多分……。
葉子　（窓を見上げて）あそこから……。（顔を覆う）
静江　あんなところまで水が？
祐実　信じられない……。

あたりを静寂が包み込む。

祐実　寒い。
静江　そうね……大丈夫？
祐実　うん。
静江　シンタ何やってるの？
慎太郎　いや、このネクタイが、うまく結べなくて。
祐実　あたしが結んだげる。
慎太郎　あ、ありがとうございます。
祐実　格好よかったよ……さっき……。
慎太郎　あれが僕の本当の姿です！
小百合　まじかシンタ……足、震えてたんじゃねえの？
慎太郎　バレましたか？　ハハハハハ。
祐実　思ってたことが、やっと言えた。
慎太郎　（首を抑えて）イテテテテ……。
小百合　ここに、残しておこうよ。未来の演劇部員が、これを演じる！
葉子　そうね……あのね……壊されるの。
祐実　何が？
葉子　この校舎、解体が決まったの。
小百合　そう……。

葉子　小百合、静江、祐実、慎太郎……ごめんね、みんなまだ見つかってないの。
静江　そっか……そういうことなのね……。

間。

祐実　ねえ、葉子、聞いていい？
葉子　なに？
祐実　消えちゃったんだよね……。
葉子　うん……。
祐実　あたしのお家も……家族も……葉子、ごめん……。
葉子　いいのよ、祐実ちゃん……あのね。
祐実　やっぱりダメ……静江、先に聞いて……。
静江　うん……弟は、妹は？
葉子　安心して、2人とも元気よ。お父さんも、お母さんも。
静江　……あたしがいない方がうまくいくのかもね。
葉子　違う……あなたは家族の一員よ、みんな大事に思ってる。ほら、あなたが修学旅行で買ってきたクローバーのストラップ、お揃いの。みんながつけてるんだよ。
小百合　うちは？　どう？
葉子　大丈夫。あなたがいなくなって、とても寂しがってるけど。そうそう、犬の美代子が3匹も子ども産んだのよ。そのうちの1匹が小百合って名前。
小百合　あたし、犬になったのね……これでいつでも家族と一緒だね。
慎太郎　僕んところは……小百合さん？
葉子　小百合さん。
静江　小百合……。（小百合に寄り添って）大丈夫？
小百合　弱いね、あたしって。
静江　小百合。
小百合　シンタ、お前の番だよ……。
慎太郎　小百合さん……
小百合　大丈夫だよ。葉子。
葉子　うん……2人の弟さんも、お母さんも元気でいるわ。慎次郎君は、政治家になるって、一生懸命勉強してる。
慎太郎　慎次郎が政治家？　まじかあ……それで、慎三郎は？
葉子　もう中学生よ……制服がちょっと大きいけど。
慎太郎　まさか僕のお下がり？
葉子　そうみたい……。
祐実　葉子……。
葉子　ようやく生まれた女の子がいなくなって、ご両親もお兄ちゃんたちもがっかりしてるけど、あなたは今でも矢下家のアイドルよ。
祐実　よかった……みんな無事なのね。
葉子　ゆうた君。
祐実　え？　ゆうた君どうかしたの!?
葉子　大泣きしたのよ、あなたがいなくなって。
祐実　そうなの……ごめんね、ゆうた君……。
葉子　おばちゃんにお花あげるんだって。
祐実　え？　おばちゃん？
葉子　あなたのことでしょ。

祐実　デヘ……そうだった……。
葉子　それにね、妹ができたのよ。
祐実　え？
葉子　あなたの妹が生まれたの、どうしても女の子を産むんだって。
祐実　お母さん、頑張ったね……よかった……あたしのこと、忘れちゃうね。
葉子　そんなことないよ。名前はね、祐希ちゃん。祐実ちゃんのゆ「祐」に希望の「希」。
祐実　祐希ちゃんか……。
小百合　あ、天海祐希！
葉子　その通り！
静江　葉子。
葉子　なに？
静江　寂しくない？
小百合　家族も、あたしたちも、まとめていなくなったんだから……あたしなら耐えられないね。
葉子　あたし、自分がやらなきゃならないことが、見つかったの……だからもう寂しくない。だから、あたしはここへ来た……みんなのことをこれからの人たちに伝えるために……今日のことを、書き残すために、そのために、私はここへ来た。
小百合　そうか……強いね、葉子。
祐実　葉子、格好いい！
葉子　……みんな、ごめんね。
静江　だめでしょ、泣いちゃ……あなたは強いんだから。
小百合　葉子の「stranger」はどっちなの。
葉子　……うん。
祐実　本当は格好よくて、頼りになるのが、慎太郎。
慎太郎　みんなにパンをくれる優しい祐実さん。
祐実　小百合は？
小百合　いつもは威張ってるけど、本当は寂しがり屋の、stranger……。
慎太郎　マジですか？
小百合　なんだよ！
静江　………。
小百合　（静江をじっと見て）本当は優しい、静江の「stranger」……。
静江　stranger……。（涙ぐんで）この課題、やりたかったね。
慎太郎　ほんとですね、山田先生にお願いして……葉子さん、山田先生は？
葉子　（首を横に振る）2体へ逃げたの……生徒も先生方もみんな……。
慎太郎　2体って……あの、見えなくなった……。
葉子　そう。
祐実　シンタ……元気出して……山田先生、向こうで待ってるよ。（慎太郎に寄り添って）
慎太郎　僕は……シンタじゃありません……慎太郎です……。

がっくりと肩を落とす慎太郎を支える仲間の笑顔には、互いへの信頼感が満ち溢れている。

ビリージョエルの「Honesty」が聞こえている。葉子の中に、失われたすべての人々の記憶が残り続ける。演劇部室で　は、いつもの朝練の風景がそこにある。葉子はそれをしっかり胸に刻み付け……そして葉子は前を向く。

――幕――

贈り物にハンカチはよくないのかもしれない。

原作・木村直香／脚色・太田由風

初演
２０１９年12月27日
横浜市立あざみ野中学校演劇部
横浜市創作劇北部発表会

登場人物
霧島聡子　28歳、雑貨屋さんの店員。
村上花菜　中学3年、歳の離れた姉を慕う優しい心の持ち主。
村上友希　23歳、花菜の姉。しっかり者、ＯＬ。
河田奈々　中学2年、天真爛漫な性格。美愛が大好き。
高橋美愛　中学2年、冷静で常識人。奈々とは親友で、相性が良い。
菊川萌香　中学2年、反抗期の真っ最中。根は素直で優しい。
菊川直美　45歳、キャリアウーマン。離婚したことを萌香に申し訳なく思っている。

緞帳が開き、中割幕の手前センターにベンチ。塾帰りの花奈が上手から足音荒く登場。花菜ベンチの前で急に立ち止まる。

花奈　（客席に向かって大声で）ばーか！……。（間）テストの、ばーか！……はあ、すっきりした。

荷物をベンチに置き、スマホとイヤホンを取り出して、音楽を聴きだす。

音響、リズム感のある曲。

のりのりで音楽を聴いている花奈。すると急にＬＩＮＥの着信音。

音響、「ＬＩＮＥ♪」

花奈　うわっ。ＬＩＮＥ！……あ、さては、お姉ちゃんからのメッセージかな？

有希は上手袖でマイクで話す。

有希（声）　今日、塾の日曜模試だったんでしょ？　どうだったの？

花奈　うーーんとね、あんまりできなかったんだけど、一応完ぺきだったって言っておこう！　ママにばれたら大変だし……。（メール打つ）

有希（声）　どうせ嘘でしょ？　ママにばれたら大変だから、あんまできなくても完璧って言ったでしょ。

花奈　さっすが！　私のお姉ちゃんよくわかってる。徹夜で勉強したはずなのに、あんま点数、とれなかったんだよなあ。でも、ちゃんと勉強したから、って言っておこう。

有希（声）　どうせ、いつもの、試験直前になって12時までやる勉強のことでしょう？　それは、徹夜って言わないし、中3になって、徹夜とか、本当に大丈夫なの？

花奈　あーあ、本当に自慢のお姉ちゃん。以心伝心だね。（立ち上がり）ねえ皆さん、私の姉をご存知？「知ってる」っていう人！……ほとんどいないですね。じゃあ、今日は特別サービスってことで、かいつまんで教えてさしあげましょう。

私の姉、村上有希、まず性別……女です。美人っていうのじゃあないけれど、癒し系？　みたいな顔立ち。でも毒舌で、そのギャップが、またいいんですよね。あ、今、「まさに私！」って思った方、いらっしゃるんじゃないですか？　けれど、うちの姉は、並の人間ではありません。頭脳明晰、あの有名な、Ｔ大を卒業したんです！　あ、東京大学じゃないですよ。そんでもって、今は超一流会社の部長秘書！

妹のこともよく理解してくださる素敵なお姉さんです。

有希（声）　花奈、ところで今家？

花奈　（気づかない）なのに！　一つ残念なのが、彼氏ができないこと！

有希（声）　もうすぐ家につくんだけれども……。

花奈　なんと、彼氏いない歴、

有希(声)　なんでこういうときだけメール見ないの？　さては……。

花奈　あーこれ言っていいのかな？　でもまあサービスって言っちゃおうかなぁ……。

有希が上手一袖から出てくる。メール打ちながら。

有希　くだらないことして勉強を……。(花奈に気づく)

花奈　じゃあ早口で言うね！　姉の彼氏いない歴は、今日でなんと……。

有希　さぼってるんでしょう。

花奈　にじゅうさ……。

有希　やっぱり。(花奈の肩に手を置く)

花奈　うわあっ！(飛び跳ねる)帰ってきたの？

有希　メールしたのに。

花奈　もしかして、仕事でミスして首になって家賃払えなくなって追い出されたの？　でもお姉ちゃんに限ってミスなんか……。

有希　はー……勝手な妄想ご苦労様！　でも、残念、違います。

花奈　じゃあ、なんで？なんで？

有希　実は……聞きたい？

花奈　聞きたい！

有希　(手招き)ゴニョゴニョ。

花奈　え、結婚するの？(驚きの大声で)

有希　しーっ。

花奈　あの、彼氏いない歴イコール年齢のお姉ちゃんが？　黄色い雪でも降るんじゃない？

有希　うるさいわね。

花奈　もしかして、お見合い結婚？けど、それだったら私も分かるはずだよね。

有希　普通に恋愛結婚だからね。

花奈　お相手はどんな人？　お姉ちゃんを幸せにできる人でないと、私許さないよ。

有希　花奈の許可はそこまで重要じゃないけど。心配ありがと。

花奈　何歳の人？　身長は？　交際歴は？

有希　お母さんみたいだよ。身長は高め。年は5歳上の28歳。で……なに？

花奈　5歳上って結構差がない？男性と女性で長生きする比率を考えると、老後独りで生活するのはいくらお姉ちゃんでも……。

有希　続き聞きたいの？　聞きたくないの？

花奈　聞きたい聞きたい！

有希　じゃあ黙ってよ。職業は、同じ会社の上司なの。

花奈　同じ会社の上司？……て、部長じゃん！　28歳で部長は若いね。さては、結構なお金持ちじゃない？

有希　勝手な想像はやめて。確かに部長さんなんだけど、交際歴は、えーと……。

花奈　まさかの、ゼロ？　でも、お姉ちゃんのことだからそれはあり得ない。

贈り物にハンカチはよくないのかもしれない。

有希　……。

花奈　え、ホントにゼロ？

有希　ちょっと違う。

花奈　そんなに美人でもないのに、なぜ？

有希　失礼すぎる！　まあ、私もそう思って。拓哉さん、あ、部長さんね、（花奈にやにや）すごくイケメンで優しいの。仕事できて、明るくて。なんで私って、すごく思って。

花奈　でも、プロポーズされたんでしょ？

有希　うん。１か月前くらいに、前の部長さんが変わって拓哉さんが来て、初対面だったんだけど、２日目の朝、花束を渡されて、「一目ぼれをしました。僕と結婚を前提に、」

花奈　「付き合ってください！」（手でエア花束を差し出す）

有希　って。（受け取る）

花奈　ウワア。それでオーケーしたの？

有希　うん。まあ、評判良くって、なにより……。

２人　イケメンだもんね。（笑い）

有希　付き合ってみたら、性格も趣味もぴったりで！　結婚することにしました。

花奈　シンデレラ・ストーリーだね。あこがれるけど、ちょっと怪しい。

有希　花奈もそう思う？　私もそう思ってね、ちょっと距離を置こうと思って、帰ってきたの。お母さんたちに話さなきゃだしね。

花奈　そうだね。

有希　お母さんが帰るのは何時？

花奈　えーっと、午後だって言ってたから。（有希の時計を覗く）……まだまだ、時間あるよ。

有希　そう？　じゃあ、久しぶりに、買い物でも行こうか？

花奈　どうしたの、急に？　妹孝行ー？

有希　いい加減にしてよ。どうせ勉強しないんでしょ。いつもありがとうってことで、何か買ってあげるわよ。

花奈　何にしようかなー。

有希　あんまり高いのはやめてよね。あ、そうだ、今年の進学祝い、あげてなかったでしょ。ちょっと遅いけど。

花奈　ありがとう！　じゃあね、一緒に行きたいお店があるから、これから行こう？

有希　何屋さん？

花奈　可愛い雑貨屋さんが、ショッピングモールに新しくできて、昨日塾の帰りに見かけたんだよね。いいでしょ？

２人上手はける。それと同時に中割が開いていく。奥はすでにショッピングモールの、雑貨屋さんのセット。ハンカチが机に並べられている。一足先に花奈が上手より登場。下手側に聡子板付き。
音響、ショッピングモールでかかっているような音楽。

聡子　いらっしゃいませ。（そういいながらハンカチやら、他の物を整えている）

花奈　ほら、見てみて、このお店の雑貨。私の趣味ぴったりなの！　可愛いとこも、センスいいとこも、オシャレなとこも……。
有希　はいはい。で、何が欲しいの？
花奈　この前、ショウウィンドウに飾ってあった、淡いラベンダー色のハンカチ、すっごくきれいでね、それこそ「一目ぼれ」しちゃったの。
有希　嫌みに聞こえる。
花奈　えへへ。まあ、見てみてよ。（有希の背中をぐいぐい押す）
有希　へえ、すてきね。刺繍されてるのは、何の花かしら？
花奈　うーん……。
有希　すみません。（聡子に）
聡子　はい、どのようなご用件で。
有希　この、薄紫色のハンカチの、刺繍の花は、なんという花でしょう？
聡子　こちらは、お客様から見て右側から、胡蝶蘭、チューリップ、ガーベラです。
花奈　花言葉……とか、あったりして。
聡子　はい。ご説明しましょうか？
花奈・有希　お願いします。（同時に）
聡子　（笑顔で）胡蝶蘭は、「幸福が飛んでくる」、チューリップは、「博愛」という花言葉を持っています。
花奈　へえ、知らなかったな。
聡子　こちらのハンカチは、４枚限定でお売りしているお花のシリーズですよ。
有希　ガーベラにも、なにか意味合いが？
聡子　はい。黄色いガーベラには、（指す）「究極愛」という意味があります。
花奈　なんか、お姉ちゃんにぴったりな花言葉ばっかり。
聡子　（不思議そうな顔）
花奈　あ、お姉ちゃんって、この人なんですけど、今度結婚するんですよ。
聡子　そうでしたか。ご結婚、おめでとうございます。
有希　ありがとうございます。
聡子　では、お姉さまへのご結婚祝いで？
有希　いえ。今日は、妹の遅めの進学祝で。
花奈　でも、私が結婚のハンカチもらってもなあ。かといって、お金持ってないから、お姉ちゃんに買ってあげるというのも……。
聡子　（黙って考えをめぐらす）
有希　じゃあ、こうしよう。私、２枚買ってあげる。私の結婚祝い用と、花奈の好きなの。そしたら、花奈から私に、このハンカチ、ちょうだい。
花奈　えー、なんかめんどくさくない？
有希　だって、自分で買うより、妹に手渡されたほうが嬉しいもの。
花奈　それもそうかー？
聡子　それでは、別々の袋にお入れしましょうか。
有希　いえ、このハンカチと、この白いハンカチに似合うような袋を下さい。
聡子　こちらのハンカチもお買い上げですか。
有希　こちらもきれいなもので、両方ほしくなっちゃって。

贈り物にハンカチはよくないのかもしれない。

花奈　このピンクのハンカチにも、花言葉はあるんですか？

聡子　ええ、この刺繍の花は……。

花奈　もしかしてキンセンカ？

聡子　よくご存じですね。黄色のキンセンカには、「いつも元気なあなた」という意味があり、こちらのゴールデンイエローのバラの花には、「希望を託して」という意味合いがあります。丁度、お2人にぴったりですよ。

有希　ありがとうございます。あ、でも、贈り物にハンカチって、よくないって言いますよね……。

聡子　ハンカチには、確かに「今後もう会いたくありません」という意味がありますが、この花言葉に、意味があるのですよ。（2人顔を見合わせる）

有希　そうですか。じゃあ、お会計いいですか。

聡子　はい、こちらへどうぞ。

奈々と、美愛が下手より通りかかる。塾の帰り。

奈々　あ、見てみてー！

美愛　早く行こうってば。このあと図書館で勉強しようって言ったそばから。

奈々　でもさ、塾の後　すぐ勉強っていうのも嫌じゃない？　息抜きしようよ。それに、この雑貨屋さん、なんかおしゃれだよ。

美愛　どれー？

2人駆け寄る。見入る。花奈と有希も演技続ける。

聡子　では、こちら、ラッピングいたしました。

2人　ありがとうございました。

花奈　はい、お姉ちゃん。（ハンカチ渡しながら）

有希　ありがと。（去る）

奈々、ハンカチを手に取って見ている。

美愛　もう気がすんだ？

奈々　これ、ちょー可愛い！

美愛　はあ～？

奈々　欲しいなあ。え、待って、ホントに欲しい。えーどうしよう。

美愛　確かに可愛いけど、奈々にはちょっと大人っぽ過ぎるんじゃない？

奈々　そうかなあ。（胸元に当てて）どう？

美愛　ん……ちょっと、赤ちゃんのよだれかけみたい。それをいうなら、（ポーズとって）こうでしょ？

奈々　あーっ、似合う！

美愛　本当？　ありがと。

奈々　私、美愛に買ってあげよう。

美愛　はあ？

奈々　美愛、誕生日明日でしょ。プレゼントは買っておいたんだけど、だんだんしおれてきてて……。

美愛　しおれて……？

奈々　13本のバラを買っといたの、「永遠の友情」って意味なんだってさ。
美愛　ハンカチ、買おう……。
奈々　ほんと？　やっぱ、しおれてちゃ、いやだよね。ハンカチなら枯れないし。
美愛　そうじゃなくてさ。
奈々　店員さん、ちょっといいですか？
聡子　はい、何でしょう？
奈々　親友の誕生日祝いなんですけど、このハンカチ。
聡子　ああ、これは、４枚限定のお花の商品の残りの２枚です。
奈々　お花っていうと、花言葉、とかですかね？
聡子　はい。この右の花は、「友情」の意味を持つ……。
美愛　ライラックの花。
聡子　よくご存じですね。
美愛　いえ、花言葉はとても好きで……。（照れ笑い）
奈々　すごーい、じゃあ、この花の花ことばも、分かるの？
美愛　まあ、一応。
奈々　教えて教えて！
美愛　この青いのは、忘れな草で、「真実の友情」。ピンクの花は、ローダンセ、「終わりなき友情」。ですよね？
聡子　はい。物知りなんですね。
奈々　この花は？
美愛　これは、ジニア。「絆」……。
奈々　私たちにぴったりだね。
美愛　そうだね。

奈々　これ、プレゼントにしていい？
美愛　最初からそのつもりでしょ。
奈々　美愛的には？
美愛　うれしいよ。
奈々　なら決まり。これ、お願いします。
聡子　ラッピングしますね。
奈々　ありがとうございます。あの、お名前、伺ってもいいですか。
聡子　……。
奈々　あっ、そのーー。
美愛　変な意味じゃなくて、お手紙書きたいし、すごく丁寧に教えてくださって、うれしかったから……。でしょ？
奈々　よくわかるね。
聡子　そういうことでしたら、私の名前は、霧島聡子です。
奈々　霧島聡子さん、ですね。ありがとうございます！
聡子　ラッピングもできましたよ。
奈々　わー綺麗ですね。親友も、喜ぶと思います！
美愛　本人の前で言うかなあ。
聡子　またのお越しをお待ちしております。
奈々　ありがとうございました！
美愛　先行くよー？
奈々　あ、ちょっと待って！

奈々、美愛、上手へはける。入れ違いに、下手から、直美、遅れて萌香が登場。萌香は携帯をいじっている。聡子は様

　　子を見ている。

萌香　だから、今の塾でいいって言ってるでしょ？　何回言わせるのよ。

直美　だから今の補習塾じゃ、いい高校に入れないいって。

萌香　それはお母さんの考え。

直美　有名な進学塾に入って、優秀な大学付属の高校に行けば、萌香の将来の道を広げられる。私も萌香と同じくらいの時、勉強したから、今の仕事にも就くことができたのよ。

萌香　ふうん。でも仕事のし過ぎで、お父さんに愛想つかされて離婚でしょ？

直美　……。

萌香　ほら、何も言えないじゃない。

直美　何でママの言うことにいちいち反抗するの？

萌香　だって私の顔を見れば、いつだって勉強しろ、もっといい塾にしなさいって言ってばかりじゃない。

直美　それはあなたのことを思うから……。

萌香　何よ、いつも私の気持ち無視して。お父さんとの離婚だって、私の気持ち聞かなかったくせに。

直美　それは……。

萌香　もういい。私の自由にさせて……。（下手にはける）

直美　萌香待ちなさい……！

　　様子を見ていた聡子、直美のそばによる。

聡子　大丈夫ですか？

直美　すみません、お恥ずかしいところをお見せしてしまって。

聡子　お嬢さんくらいの年頃は、親の言うことに反抗する年頃。いずれお母様の気持ちがわかる日は、必ず来ますから。

直美　初対面の方にこんな話をするのは、おかしいと思われるかもしれませんが、わけあって昨年旦那と離婚しました。あれからです、あんなふうに反抗的になったのは。

聡子　娘さんも傷ついたことでしょう。ただいろんなご事情があったと思います。お母様の気持ちを正直にお話しすることが、1番いいのではないかと思います。

直美　顔を合わせると喧嘩ばかりです。今日だって、新しくショッピングモールに雑貨屋さんがオープンしたから、なにか気に入ったものを買ってあげると言って連れ出したのに、途中で学習塾の話でもめてしまって……。

聡子　そうですか……それなら手紙に思いを書いて伝えたらいかがですか？　そしてもしよかったらこのお店の商品をつけてもらえたら、うれしいです。

直美　ありがとうございます。娘の機嫌が直るような可愛らしいものはありますか。

聡子　拝見したところ、お嬢さんは中学生ですよね。

直美　はい、２年生です。

聡子　では……こちらはいかがでしょう。

直美　まあ可愛らしいハンカチ。特に花の刺繍とハンカチの色が絶妙な色合いですね。

聡子　ありがとうございます。こちらは特別限定商品、残り1点になります。

直美　そうなんですか？　でも、贈り物にハンカチは良くないと聞きますが。

聡子　確かにハンカチには「今後もう会いたくありません」といった意味合いがあります。ですが、こちらの花の刺繍をご覧ください。こちらの黄色い花は。

直美　ヒマワリですね。

聡子　はい。ヒマワリの花言葉は、「いつもあなたを見守っている」です。

直美　いい花言葉ですね。

聡子　次にこの花をご覧ください。

直美　あら、知らない花だわ。

聡子　こちらの花は、ブルースターといいます。ブルースターの花言葉は、「愛し合い、信じあいながら家族として生きていこう」というものです。

直美　まさに、今の私たちに必要な花言葉ですね。

聡子　それに、白いハンカチなので、縁起もいいのです。

直美　白にも、なにか意味があるのですか。

聡子　もちろんです。白には、純粋、優雅、シンプルという意味があり、ココロの美しい女性に例えることもあります。娘さんへの贈り物にぴったりだと思います。

直美　これに決めました。

聡子　かしこまりました。

直美　失礼ですが、お名前を伺ってもよろしいですか？

聡子　……。

直美　お気を悪くされたのならすみません。ただ初対面の私にこんなに親身になって色々と教えていただき、感謝しています。無事仲直りができたら、お手紙をお送りしようと思いまして。

聡子　私の方こそ、お買い上げくださいまして、ありがとうございます。私の名前は、霧島聡子と言います。

直美　霧島聡子さんですね。ありがとうございます。

聡子　ラッピングできました。

直美　まあ、綺麗なラッピングですね。

聡子　お買い上げありがとうございます。娘さんとの仲直り、祈っております。

直美、上手へはける。

音響、C・O。

照明、暗転。

聡子、舞台前方のセンターへ。この間に中割幕閉まる。

音響、地震警報が鳴る。揺れる音、人の声。

アナウンス　只今大きな地震が発生いたしました。現在、係員が施設内の安全確認を行っております。お客様は身の安全を確保し、係員の指示があるまでその場で待機してください。

繰り返します。只今大きな地震が発生いたしました。現在、係員が施設内の安全確認を行っております。お客様は身の安全を確保し、係員の指示があるまでその場で待機してください。

（間）揺れが収まりました。揺れが収まれました。非常口までの安全確認も完了いたしましたので、従業員はお客様の避難誘導を行ってください。お客様はどうか慌てずに、移動してください。繰り返します……。（Ｆ・Ｏ）

聡子　（生声）お客様、お客様、お客様、非常口にご案内します。私の後についてきてください。

お客様、お客様、大丈夫です、大丈夫ですので、慌てずに私についてきてください。

照明、中央1サスをつける。聡子が照らされる。
音響、悲しい感じの曲、静かに流れだす。

聡子　私の店がオープンして2週間が過ぎた秋も深まったある日。とてつもなく大きな地震が、私の住む街を襲いました。その地震によって大勢の人が命を落とし、経済も大きなダメージを受けました。（間）その後、私のお店あてに、3通の手紙が届きました。これからその手紙を、読み上げたいと思います。

聡子、手紙を取り出し、一通目を広げて読みだす。
照明、下手1サスつく。有希が立っている。前を見ている。
感情抑える。

有希　拝啓　霧島聡子様

ご無事なことと祈っております。

あの大震災の日、実は、私の結婚式の日でした。ウェディングドレスは動きづらく、急な揺れでバランスを崩した私を、夫は抱き上げ助けれくれました。あの日も私は、妹の花奈に贈られた、ハンカチを、握りしめていたのです。

そう、霧島さんが勧めてくださった、花の刺繍入りの。

ここで、とても残念な報告をしなければなりません。あの日花奈は、運が悪く、披露宴会場のシャンデリアの下敷きとなって帰らぬ人となってしまいました。

私の大事な妹の花奈や今回の地震でお亡くなりになられた人たちのことを思うと、今でも胸が苦しくなります。

なんとか立ち直ろうと、夫と一緒に毎日努力している次第です。霧島さんも、どうかお元気で。ハンカチの件では、本当にありがとうございました。今となっては、妹とのかけがえのない思い出の品となりました。

村上有希

照明、下手1サス消える。上手1サスがつく。美愛が立っている。前を見ている。感情抑える。

美愛　拝啓　霧島聡子様

先日は、素敵なハンカチをありがとうございました。

あの日から一週間後、大震災がありましたが、霧島さんはご無事だったでしょうか？

私は震災のあった日から、とてもつらい毎日を過ごしています。なぜなら、あの日以来奈々と連絡がとれていないのです。避難場所を探し歩いても、奈々も奈々の家族も見つけることはできません。状況が落ち着いてきた今でも行方がわからないのです。奈々のことだから、絶対、どこかで生きていると願ってはいるのですが。
あの日奈々から贈られたハンカチの花言葉「絆」「友情」に励まされ、奈々の無事を祈っています。奈々、どうか生きていてください。ずっとずっとあなたを待っています。
霧島聡子さんも、どうかご無事でありますように。

高橋美愛

照明、上手1サス消える。下手一サスがつく。萌香が立っている。前を見ている。感情抑える。

萌香　拝啓　霧島聡子様
先日の震災で、崩れ落ちた壁から私を守るために、母が犠牲になりました。母はいまだに意識が戻らず、病院で機械につながれています。このまま脳死判定が出るかもわからない状態です。今日、お医者さんから詳しい話を聞くつもりです。この手紙を書き終えたら、病院へ行きます。
私がこの手紙を書いたのは、母の財布の中にあなたの名前が書かれた領収書を見つけたからです。あの後、母から手紙とハンカチを贈られました。きっとあなたが、母にハンカチを勧めてくださったのですね。母の私に対する気持ちと共に、ハンカチに託した花言葉の意味を、素直に受け止めることができました。いつも母に反抗ばかりしてきた私ですが、母が助けてくれたこの命と、形見のハンカチを大切にしていきます。霧島さん、本当にありがとうございました。

菊川萌香

照明、下手1サス消える。中央1サスのみ。
聡子、最後の手紙を閉じる。

聡子　私に届いたお手紙は以上です。この震災で命を落とされた方はたくさんいらっしゃいます。身近な人の訃報を聞くと、胸が痛くなります。どうか皆さん、早く悲しみから立ち直ってください。祈っております。

音響、悲しい感じの曲、だんだん大きくなっていく。（エンディングのような感じに）
聡子、礼をして何歩か下がる。すると、美術バトンに結びつけられた無数の手紙が降りてくる。透明な糸でつるされ、さも浮いているかのように見せる。
照明、手紙を白く照らす。
聡子手紙に気付き、一つ手紙を取り出す。声1が流れる。

声1　拝啓　霧島聡子様。
あなたに勧められて、ハンカチを贈った私の大切な人が死んでしまった。覚えていますか？　贈り物にハンカチは良くない。「今後もう会いたくありません」という意味合いがある。私、あの時、あなたに言ったじゃないですか……。

贈り物にハンカチはよくないのかもしれない。

聡子、ショックを受けながらも、他の手紙を取る。声２が流れる。

声２　拝啓　霧島聡子様。震災の時、はぐれてしまった私の息子を、非常口まで抱きかかえ、連れてきていただき感謝しています。おかげさまで私たち親子は無事避難することができました。本当にありがとうございました。

聡子、他の手紙を取る。声３が流れる。

声３　ショッピングモールの方々。私はあの震災の日、ショッピングモールを訪れていた者です。地震のショックで気を失っていたのですが、私が無事だったのは、誰かショッピングモールの方が犠牲となって助けてくださったからだと、後で救急隊員の方に伺い、こうしてお手紙をお送りした次第です。本当に感謝しております。この町の復興を心よりお祈りしております。

聡子、手を止め、正面を見て他の手紙を取る。音響、追い打ちをかけるように、声４が流れる。

声４　霧島聡子様。あなたは地震発生時、お客様の安全を第一に考え、自らの命を顧みずに避難誘導をし、逃げ遅れてショーウィンドウの下敷きとなり、帰らぬ人となりました。あなたの死を慎みつつ、あなたの勇敢な行動に対し表彰状を贈ります。

ショッピングモール組合会長

聡子、事態が飲み込めず、一瞬、間が空いてから、手紙を落とす。

聡子　……え？

音響、奇妙な音楽が流れる。（頭がおかしくなるような曲）照明、ホリ・鮮やかな青。中割が開く。平台に、下手側から、直美、奈々、花奈が立っている。

３人　霧島聡子さん……霧島聡子さん……霧島聡子さん……。（優しく）

聡子、ゆっくり後ろを振り向く。呼びかけは続いている。聡子、はっとして前を向く。呼びかけ終わる。聡子、恐怖と驚きで目を見開く。

聡子　私は死んで（いるの）……?!（ストップモーションになる）

照明、ホリのみついている。他はC・O。青い背景に白い無数の手紙、４人のシルエットが映る。
音響、だんだん音を大きく。（緞帳降りるまで流す）
緞帳下がる。

――幕――

イラスト：太田由風　あざみ野中学校演劇部２年生

アイルランドの魔法の風

渡部園美

登場人物
司会・語り部のおばあさん
こども1
こども2
こども3
こども4
こども5
こども6
ニック
ニックの妻
ニックの父
ニックの母
妖精
トム・フィッツパトリック
レプラコーン

ボイリョーンの花たち（3人以上）
＊アイリッシュハープ奏者

＊もともと、ハープのコンサートのために書かれたため、この劇でも生演奏で扱っていますが、音源はCDなどでもかまいません。

参考文献
『アイルランド民話紀行――語り継がれる妖精たち』松島まり乃著　集英社新書
『フェアリーのおくりもの――世界妖精民話集――』T・カイトリー著市場泰男訳編　社会思想社
『悪戯好きの妖精たち』秦寛博著　新紀元社

初演
２０１６年８月20日㈯
横浜市立西本郷中学校演劇部
改訂版初演
２０２０年１月18日㈯
横浜市立洋光台第二中学校演劇部

司会、舞台中央。
アイリッシュハープは舞台下下手側にスタンバイ。

司会　みなさん、こんにちは！　今日は『アイルランドの魔法の風』という物語をお話しします。アイルランドの楽器、アイリッシュハープの音色とともに、お楽しみください。（ハープの方を指して）ところで、この楽器、めずらしいですね。ちょっと音を聞いてみましょう。

ハープ奏者、ハープを奏でる。

司会　きれいな音色ですね。これはアイリッシュハープといって、アイルランドに古くから伝わるハープです。昔、吟遊詩人たちはこのハープを演奏しながら、各地で起きた出来事を伝え歩いていたのです。アイルランドの伝統音楽には欠かせない楽器で、アイルランドの国のシンボルにもなっています。実は、「魔法の響きを持つ楽器」ともいわれています。今日はみなさんに、魔法の音楽とお話を届けにきました。

こども1入ってくる。手にショールを持っている。

こども1　ねえねえ、お話して！
司会　お話？
こども1　いつものお話！

こども1、ショールを司会に渡す。

司会はショールを受け取り、微笑む。
ショールをはおると、語り部のおばあさんになる。

おばあさん　そうね、じゃあ、いつものアイルランドのお話がいいかしら？
こども1　うん！　クレアおばあさんのお話、大好き！　ねえ、みんな！　お話始まるよ！

こども2・3・4・5・6入ってくる。
おばあさんを囲む。

こども2　ねえ、クレアおばあさん。アイルランドのお話がいいな！
こども3　アイルランドって？
おばあさん　アイルランドはイングランドの西側にある島。
こども4　いつもの物語ね！
こども5　怖いやつがいいな！
こども6　やだ、夜寝られなくなるよ。妖精のお話がいい！
おばあさん　わかったよ。アイルランドはね、「妖精が住む国」として知られてるの。
こども2　妖精？
おばあさん　そう。妖精。アイルランドにはいろいろな妖精が住んでいてね……今でも「妖精が渡るから注意！」なんて交通標識まであるんだよ。

こどもたち　（へー／そうなんだ／おもしろい　などの反応）

おばあさん　みんなは妖精のこと知っているかな？

こどもたち　（それぞれに「知ってる！」など）

おばあさん　じゃあ、紹介してもらおうかね。

ハープ演奏　♪Planxty Irwin

こども1　はーい！　私から！

こどもたち、それぞれの妖精の絵を見せながら説明する。

こども1　これはエルフ。羽のはえた花の妖精のイメージはこのエルフが最も近いでしょう。美しい妖精の代表で、人間に幸運をもたらすこともあれば、不幸をもたらす力もあります。

こども2　ノッカーも有名だよ。「ちっちゃい連中」と呼ばれていて、鉱山で働いているんだ。「白雪姫と七人の小人」の小人たちはノッカーがモデルだよ。

こども3　これはゴブリン。ゴブリンは地下や暗い洞窟に住んでいて、人間を脅かしたり、害をもたらすことがあります。こわいんだよ！

こども4　これはホブゴブリン。ゴブリンという名前がついてるけど、これは良い妖精だよ。気に入った人間にはよくお手伝いをしてくれたりするんだ。イギリスでは「ドビー」って呼ばれる家付き妖精のことだよ。

こども5　ここでこわーい妖精も紹介します。「バンシー」です。バンシーは、「死の預言者」で、誰かが死ぬ前になると、泣き叫ぶのです。夜、バンシーが泣く声を聞いたら、身近な人が亡くなる前兆なのです。

こどもたち　（それぞれにこわがる）

こども6　これはこわくないよ。ピクシー。ピクシーは陽気でいたずら好きな妖精。人間にいたずらをすることもあるけど、いろいろ手伝ってくれたり、人間の味方なんだ。

ハープ演奏終了。

こども1　いろんな妖精がいるんだね。

おばあさん　そうだよ。まだまだいろいろな妖精たちが、アイルランドには住んでいるんだよ。

こども2　妖精には会えるのかな？

おばあさん　じゃあ、ここで、コークという土地で妖精に出会った男の話をしようね。

こども3　コーク？

おばあさん　そう。コークという場所だよ。昔から、コークの男は賢いと言われていた。そのコークに住む賢いニックの話だよ。

こども4　やった！

ハープ演奏　♪Butterfly

おばあさん　ニックは妻と、両親の４人で暮らしていた。

ニック、妻、両親登場。

おばあさん　ニックの生活は厳しいものだった。妻はこどもをなかなか授からないし、父はあまりの貧しさに生きる気力を失っていた。そんな中、母は目が見えなくなってしまったんだ。

こども5　悪いことばかり起きるね。

おばあさん　そうなんだよ。不幸は続くものさ。ところがある日、ニックは妖精に出会ったの。

妖精、入ってくる。

こども6　妖精？

おばあさん　そう。大きくも小さくもない妖精だよ。妖精はニックにこう言いました。

妖精　やあ、ニック。ついていないようだな。だがあんたは家から出かける時に俺たちの通り道を避けるように気をつかってくれる。お礼に一つだけ望みをかなえてやろう。

ニック　なんだって？　なんて幸運なんだ！　ありがとう！　だが、願い事は一つでは足りない……。

妖精　願い事は一つが精一杯だ。

ニック　家に帰って考えてきていいかな？

妖精　いいだろう。

おばあさん　こうしてニックは家に帰り、妻に相談しました。

妻　まあ、なんて幸運なの？　私たちのかわいい赤ちゃんをお願いしましょうよ！

ニック　そうしよう。

おばあさん　次にニックは父親のところに行きました。

父　なんて幸運なんだ！　立派な金持ちになることを願いなさい。

ニック　そうしましょう。

おばあさん　最後にニックは母親のところに行きました。

母　なんて幸運なんでしょう！　どうか私の視力が戻ることを願ってくれないかね。

ニック　そうしましょう。

おばあさん　ニックが妖精のところに戻ると、例の妖精が待っていました。

郵便はがき

恐れ入りますが
切手を貼って
お出しください。

101-0064

東京都千代田区猿楽町2-1-16-1F

晩成書房

編集部 行

あなたのことを教えてください!

おところ

〒 □□□-□□□□

☎ (　　)

ふりがな

お名前

男・女

歳

お仕事は…

勤務先・学校名・クラブ・サークル名などを

ご購入ありがとうございました！
図書名をお知らせください。→

こんにちは！ お元気ですか？ ちょっと唐突ですが，この世の中 やっぱり 一人ひとりが もっと自分らしく，個性豊かに，元気に生きたいですね。もっとお互いに ことばとからだで表現し，コミュニケーションし合って，しなやかな人間関係ができればステキですね。…私たち晩成書房では，そんなことを考えながら，子どもたちの全面的な発達を願う演劇教育の本を中心に，シュタイナー教育，障害児教育などの教育書，さらに演劇書，一般書の出版を続けています。また，あなたと，さらに良い出会いを持ちたいと思います。本書についてのご意見・ご感想，あるいは本書に限らず，あなたご自身のお考え，活動のこと，必要を感じられている図書などをお聞かせいただければ幸いです。

●本書は何で知られたのですか？

●あなたからのこのおたより，晩成書房の読者のページ「おのまとぺ」で紹介させて頂くことがあります。（月刊「演劇と教育」巻末です）ペンネームなどご希望の方は，その旨お書きください。

ハープ演奏終了。

妖精　願いごとは決めたかね？

おばあさん　さあ、もしあなただったら、何をお願いするかしら？　ニックはね、こう答えたの。

ニック　私の母が、金のゆりかごに揺られている孫を見ること。

ニックたちは金のゆりかごに眠る赤ん坊を囲んでいる。
母親も目が見えるようになっている。
ニックの願いを実現させ、妖精は去る。
こどもたち、感心している。

おばあさん　コークの男はこんなふうに賢いんだよ。

こども1　ニックはみんなの願いごとをかなえたんだ！

こども2　赤ちゃんが生まれて、

こども3　お金持ちになって

こども4　お母さんの目も見えるようになった！

おばあさん　妖精もこれには感心したそうだよ。ところで、レプラコーンの紹介がまだだね。

こども5　レプラコーン？

おばあさん　だれか紹介してくれたかい？

こどもたち、首をふる。

こども6　レプラコーンも妖精だよね。

おばあさん　そう、有名な妖精だよ。レプラコーンの話、聞きたい？

こどもたち　聞きたーい！

おばあさん　では、レプラコーンの話をしようね。レプラコーンは妖精の靴屋なんだよ。

こども2　靴屋？

こども3　妖精って靴はくの？

おばあさん　そう。靴もはくよ。妖精たちはダンスが大好きだから、一晩中踊りあかしていると靴がすり減ってしまう。だから、その靴を修理する靴屋さんが必要なの。

こどもたち　そうなんだ。

ハープ演奏　♪Planxty George Brabazon

レプラコーン、入ってくる。
舞台中央で靴を修理し始める。

おばあさん　レプラコーンはたくさんの靴を修理するから、お金ももうかるのでしょう。たくさんの宝物やお金を持ったお金持ちの妖精なんだよ。レプラコーンをつかまえれば、宝のありかを教えてもらえる。そこにつれていってもらえば、宝ものを見つけて大金持ちになれる、そんな言い伝えもあるんだよ。

トム、登場。

おばあさん　あるところに、トム・フィッツパトリックという、大変賢い男がいました。村人たちも彼を「賢いトム」と呼んでいました。賢いトムがある日仕事から帰ってくると、庭の片隅からトンテンカン、トンテンカンというリズミカルな音が聞こえてきました。よく見ると、レプラコーンが靴を直しているではないですか。レプラコーンは夢中になって靴を直しています。賢いトムは、レプラコーンを捕まえた人は大金持ちになれることを知っていました。夢中になって靴を直しているレプラコーン。彼はトムに気づきません。

ハープ演奏終了。

おばあさん　賢いトムはうしろから忍びより、レプラコーンを捕まえました。

トム、レプラコーンをつかまえる。

トム　さあ、お前は私の手の中だ。言うことを聞いてもらおうじゃないか。お前が隠しているという宝のありかを教えるんだ。

おばあさん　レプラコーンは驚きはしましたが、慌てませんでした。人間はまばたきをしないといられないのを知っていたからです。まばたきした瞬間に、逃げればいいのです。

レプラコーン　そうだな、教えてやってもいいが……。

おばあさん　レプラコーンはトムがまばたきをするまで、のらりくらりとごまかしています。ところが賢いトムはそのことを知っていました。

トム　お前は俺がまばたきするのを待っているんだろう。だがな、俺はそんな間抜けなことはしない。いくら待っても、まばたきなどしないぞ。さあ、レプラコーン、宝のありかを教えてもらおうじゃないか。

おばあさん　レプラコーンもとうとうあきらめました。

レプラコーン　わかった、わかった。教えてやろう。

おばあさん　レプラコーンはしぶしぶと口を開きます。

レプラコーン　しかたない。そうだな、この丘をこえ、野原をこえ、また丘を越えると野原がある。ボイリョーンの花が一面に咲く野原だ。その野原の真ん中に、背の高いボイリョーンの花がある。その花の根本に、金貨の入ったつぼがある。

トム　では、そこまで案内してもらおう。

おばあさん　賢いトムはそこまで案内させることにしました。レプラコーンは逃げ出そうと隙をうかがいましたが、賢いトムはまだまばたきをしません。

ハープ演奏　♪ The Lark in the Morning

おばあさん　賢いトムとレプラコーンは、丘をこえ、野原をこえ、また丘をこえていきます。

トムとレプラコーン、いったん退場。
ボイリョーンの花たちが登場。
花たちは白い衣装をまとっており、1人だけ背が高い。
花たちは楽しそうに並んでいる。
トムとレプラコーン、入ってくる。

おばあさん　賢いトムとレプラコーンは、とうとうボイリョーンの野原にたどりつきました。野原の真ん中に、ほんの少しだけ背の高いボイリョーンの花がありました。

ハープ演奏終了。

レプラコーン　さあ、このボイリョーンの花の下に金貨のつぼがある。

トム　この花だな。

レプラコーン　そうだ。

レプラコーン消える。

おばあさん　そう言った瞬間に、レプラコーンは賢いトムの手の中から消えていました。トムは早速掘り起こそうとしましたが、地面は固く、道具がなければとても掘り起こすことができません。賢いトムは道具を取りに、家に戻ることにしました。賢いトムは周りを見渡しました。ボイリョーンの花は白いひなぎくのような花です。他の花より背が高いとはいえ、今、この場所を離れたら、どの花だかわからなくなってしまうでしょう。賢いトムはすばらしいことを思いつきました。背の高いボイリョーンの花に、赤い靴下どめを巻きつけたのです。こうすれば、広い野原の中でも、すぐにわかります。

朗読に合わせ、トムは赤い靴下どめを、1番背の高いボイリョーンの花の首に結ぶ。
花は少々不満そうな表情。

トム　これでよし。

ハープ演奏　♪ The Lark in the Morning

おばあさん　賢いトムは丘をこえ、野原をこえ、また丘をこえて、家に戻りました。

トム、退場。
トムが退場してからボイリョーンの花たちも退場。
トム、入ってくる。道具を手に持っている。

おばあさん　そして、道具を取り、急いで引き返します。

トム、退場。
ボイリョーンの花たち、入ってくる。
花たちは全員後ろを向いている。

おばあさん　賢いトムは丘をこえ、野原をこえ、また丘をこえてボイリョーンの野原にたどりつきました。

トム、入ってくる。
ハープ演奏終了。

おばあさん　賢いトムは驚きました。そして、膝をつき、しばらく座り込んでしまったのです。賢いトムが見た景色はどんなものだったのでしょう。

ボイリョーンの花たち、前を向く。
全員、赤い靴下どめを首に巻いている。
花たちはおもしろそうにトムを見ている。
トム、力が抜けて座り込む。

おばあさん　すべてのボイリョーンの花に、赤い靴下どめがまいてあったのです。これでは、もうどの花だったか、賢いトムにもわかりません。

ハープ演奏　♪Fairy Dance Reel

トム、いくつかの花の根元を掘り起こす。
が、宝は見つからず、あきらめる。
トム、トボトボと退場。
ボイリョーンの花たち、笑顔で見送る。

おばあさん　このように、レプラコーンは簡単に宝を渡してはくれないのです。

こども4　レプラコーンは、どうやって全部の花に靴下どめをまいたんだろう。
こども5　魔法を使ったんだよ、きっと。
こども6　妖精の宝ものって、どんなかしら。
おばあさん　さあ、どんなものかねぇ。今でも、アイルランドでは妖精たちの存在が信じられているんだよ。そんな存在が身近にいると思うだけで、毎日のあたり前の生活が、ちょっと楽しくなると思わないかい？

こどもたち、それぞれに同意する。
ハープ演奏終了。

こども1　おばあさんは妖精に会ったことある？
おばあさん　そうだね、妖精は目に見えることはほとんどないんだよ。ニックや賢いトムはほんとうに幸運だったんだ。
こども2　じゃあ、やっぱり会えないの？
こども3　ニックやトムは昔の人さ。昔の人は会えたんだよ、きっと。
こども4　今は会えないのかな……。
おばあさん　じゃあ、最後にこのお話をしようね。竪琴弾きのクレアのお話。これは今の時代のお話。今から少しだけ前の時代のお話よ。

こどもたち喜ぶ。

こども3　このお話、はじめてだね。
こども1　クレアって、おばあさんと同じ名前だ！
おばあさん　そうだよ。クレアはよくある名前なの。「光」という意味があるんだよ。
こども2　私のお母さんもクレアよ。
おばあさん　おお、そうかい。それは嬉しいね。さあ、お話に戻るとしようか。クレアは、竪琴、つまりハープを歌わせるのが大好きなの。
こども5　歌わせる？
おばあさん　アイルランドではね、ハープを演奏することを、ハープを歌わせる、って言うんだよ。
こども5　ふーん。

おばあさん　クレアのハープは少しずつ町の人たちに知られるようになり、そのうちあちこちから演奏を頼まれるようになった。
こども6　どんなところで演奏したの？
おばあさん　そうだね、老人ホーム、学校、教会や劇場でも演奏したの。クレアは誰かが自分の演奏を喜んでくれるのは、本当に幸せだと思ったわ。でもね、誰かのために演奏することが増えてくると、どうしたら気に入ってもらえるか考えすぎるようになってしまったの。
こども2　わかる！　人前で何かするのってちょっとこわい！
おばあさん　そう。クレアもだんだん演奏が怖くなってしまい、ハープを歌わせよう、と楽しんで演奏していたことは忘れてしまったわ。ただひたすら、相手が気に入るように、ミスをしないように、ミスしてもごまかせるように、そんなことばかり考えるようになってしまったのね。疲れきってしまったクレアは、あるとき、ディングル半島の岬を訪れた。ハープといっしょにね。
こども4　ディングル？
おばあさん　そう。アイルランドで1番西側の半島。ディングルは伝統音楽で有名な場所なんだよ。そのディングルの岬にハープを持っていって、西の海を見ながら演奏しよう、と考えたの。西の海の向こうには、ティル・ナ・ノグと言われる永遠の国がある。そんな西の海を見たら、きっと気持ちが晴れるような気がしたのね。その日はお天気は良かったが、風の強い日だったわ。アイルランドは時々とても強い風が吹くからね。クレアはハープを膝に乗せて、演奏を始めたの。大好きな1曲をね。

ハープ演奏　♪ She moved through the fair

おばあさん　クレアはたった1人で演奏しました。観客は誰もおらず、ハープの音を楽しんでいるのは自分だけ。海を見ると、水面がキラキラと光っている。クレアは思ったの。人が作るどんなキラキラしたものも、この輝きにはかなわない、とね。風が吹き付け、少し寒かったけど、クレアは久しぶりに幸せな気持ちを感じていました。すると、どこからか不思議な音が聞こえてきた。それはパイプオルガンのような、きれいなクリスタルのグラスを鳴らしたような、この世のものとは思えない美しい音だった。

ハープ演奏終了。あえて曲の途中で切る。

おばあさん　クレアは演奏をやめ、あたりを見渡しました。でも、遠くに小さなゲストハウスが見えるだけで、近くに人がいるわけでもありません。音はずっとなり続きました。

こども5　不思議……。

おばあさん　そう、それは不思議な音だった。そして、ふと気がついたの。音を奏でているのはクレアのハープだ、と。ハープの弦には手をふれていませんでした。だけど、ハープは歌っているのです。強く吹く風が、ハープを鳴らして、いや、歌わせていたの。みんな、ひとりでに音を奏でるハープは聞いたことがあるでしょう？

こども6　うん！　ジャックと豆の木！

こども2　ハリーポッターにも出てきた！

おばあさん　そう。ひとりでに音楽を奏でるハープは、昔話にも出てくるわよね。クレアは強い風が吹き込んで起きた自然現象だと思いながらも、自分のハープが指を触れずに歌いだしたことにわくわくしたわ。そして、すばらしいことを思いついたの。

こども5　すばらしいこと？

おばあさん　風の演奏と共演しよう！　と思ったのよ。クレアは大好きな曲をもう1度演奏し始めました。

ハープ演奏　♪ She moved through the fair

おばあさん　すると、さらに不思議なことが起きたのです。風が鳴らしている音は、クレアの演奏を全く邪魔しないのです。合わせたわけでもない、偶然鳴る音だったら不協和音のようになってもおかしくないのに、風の音はハープのどの音にも美しく響き合うのです。クレアはぞくぞくしながら思いました。「風の妖精からの贈り物だわ。」1曲弾き終えても、風はまだ音を奏でています。その音はクレアに拍手を贈るかのような響きでした。風とハープを奏でたクレア。悩みはいつの間にか消え、喜びで満たされていました。

ハープ演奏終了。

こども1　風の妖精、いるのね。

おばあさん　そう。風の妖精。風は人々の心に喜びと新しい命をもたらすの。クレアも、風の妖精に新しい命を吹き込まれ、今でも心から楽しんでハープを歌わせ続けているわ。

こども2　妖精って、いろいろなところにいるね！

おばあさん　そう。心をひらいていれば、きっと見つけられる。そんな風に過ごしていると、いつも宝探しをしているようで、小さなことにもわくわくできて、毎日がちょっぴり楽しくなるわ。さあ、これで今日のお話はおしまい。

こども3　おもしろかった！

こども4　もっと聞きたいな。

こども5　ねえ、明日もお話してくれる？

おばあさん　ええ。いつでもここにいるからね。

こども6　クレアのハープ、聞いてみたかったな。

おばあさん　そう？　じゃあ、特別に1曲プレゼントしましょうか。

こども4　え？

おばあさん　ちょっと待っててね。

おばあさん、一旦退場。
ハープを持って現れる。

こどもたち、驚きつつ大喜び。
おばあさん、ハープを膝に乗せ、演奏の準備をする。

おばあさん　これが風の妖精と一緒に奏でた曲よ。

おばあさん、♪She moved through the fair を弾き始める。

こども1　竪琴弾きのクレアって……。

おばあさん、にっこり微笑む。
こどもたち、お互いに顔を見合わせて嬉しそうな様子。
舞台下のハープ奏者もクレアに合わせて演奏する。
音が重なり合って妖精の音楽が蘇り、幕。

Make《メイク》 Someone《サムワン》 Smile《スマイル》 ～わらしべ長者より～

大柿未来

登場人物

あみ　主人公。

えま　主人公の友だち。しっかりしている。

謎の人物　あみに幸せは何か考えさせる。

子ども1　主人公と公園で出会う。（アメ）

親1　子ども1の親。

子ども2　主人公とコンビニで出会う。（花）

親2　子ども2の親。

鈴木さん　主人公に遊歩道で会う。花を受け取り、家族に渡す。

鈴木さん（家族）　鈴木さんが遊歩道で主人公にもらった花を受け取る。

初演

２０１６年2月27日

平塚市立山城中学校

（旭南公民館まつりにて）

第一場

通学路。
主人公たち、下校中。

あみ 今回のテスト、どうだった？
えま 聞いて！ 数学、前回よりも点数上がってた！
あみ そっか。すごいなー……。私は逆だよ。

あみ、少し黙り込む。

えま え、あみ。そんな真剣に悩むほど悪かったの？
あみ ……。
えま ちょっと……あみ！……大丈夫？

あみ、我に返る。

あみ あ、ごめん。ちょっと考え事してて……。
えま なになに？ 悩み事だったら相談にのるよ？
あみ んー……悩み事っていうか……最近思っていることなんだけどね。
えま うん、うん。
あみ 大人はさ、私たち子どもに幸せになってほしいってよく言うじゃん？ で、そのために勉強とか部活とか頑張れっていうじゃない？
えま うん。ときどきウザくなるよね。
あみ （少し笑って）うん。うちもそれでたまに親とケンカしちゃうんだけどさ……。
えま あみの悩みってそれ？
あみ （首を横に振って）ちがう、ちがう。それをきっかけに少し考えてみたの。
えま なにを？
あみ 幸せって何なんだろうって。

えま、ストップモーション。

あみ 人は幸せになるために頑張るけど、幸せって具体的に何なんだろう。

謎の人物、登場。

謎の人物 中学生なのに渋いこと考えてるね。
あみ ……！ え、誰？ってか、何？
謎の人物 あー……ごめん、ごめん。びっくりしたよね。
あみ あなたは？
謎の人物 私はね、あなたに幸せを伝えに来たの。
あみ 幸せ……。答えってあるの？
謎の人物 （元気に）ないよ！ だから見つけてみて！
あみ どうやって？
謎の人物 んー……とねー……。このあと、あなたが最初につかんだもの。

あみ　え？
謎の人物　それが幸せを教えてくれるよ。
あみ　……。
謎の人物　じゃ、頑張ってね。

謎の人物、退場。

あみ　どういうこと？

えま、ストップモーション解除。

えま　ちょっと、なにぼーっとしてるの。
あみ　え。
えま　このあと、遊びに行こうって話してたんだけど、行ける？
あみ　え、あ、うん。もちろん。

あみ、歩き出そうとして転ぶ。

えま　大丈夫？　ケガしてない？
あみ　（立ち上がりながら）大丈夫。（手の中の石を見て）……石……？
えま　きれいだねー。

えま、ストップモーション。

あみ　この石が、私に幸せを教えてくれるの？

あみ、えま、退場。

第二場

公園。
親子1、登場。公園で遊んでいる。

えま　どこか行くっていっても……結局公園になるんだよね。
あみ　ねー。他に行くところもないしねー。

あみ、石を見つめる。

えま　それ、持ってきたの？
あみ　持ってきたっていうか……ポケットに入ってた。
えま　ふーん。

石を眺める2人。子ども1、石に気づいてあみに近づく。

子ども1　……。（静かにあみの背中をたたく）
あみ　えっ……びっくりしたー。どうしたの？
子ども1　きれいな石持ってるね。
あみ　でしょ？　そう思う？

子ども1　うん！……それ、ちょうだい。

あみ　……いいよ、あげる。中学生が持ってても仕方ないし。

えま　そういうこと言わない。

あみ、子ども1に石を渡す。

子ども1　（笑顔で）ありがとう。（親1のところに走っていく）ママ、見て！　あのお姉ちゃんにもらった。

親1　良かったね。ちゃんとお礼言えた？（あみたちの方を見て）ありがとうございます。（はっと気づいて、カバンを探す）これ、あのお姉ちゃんにあげたら？（アメを子どもに渡す）

子ども1、アメを受け取りあみたちの元へ。

子ども1　（アメを渡しながら）はい！

あみ　いいの？

子ども1　うん！　とってもおいしいんだよ、そのアメ。

あみ　そっか。……ありがとう！（親1の方を見て）ありがとうございます。

子ども1　じゃーね！（親1の元へ走っていく）

親子1、退場。2人とも親子1を見送る。

えま　石がアメに変わったね。

あみ　（アメを見つめて）そうだね。

えま　（あみに対して）どうしたの？

あみ　……なんでもない。あー……なんか、のど渇いちゃった。

えま　どこかに自販機あったっけ？

あみ　コンビニの方が近い気がする。

えま　じゃ、移動しようか。

あみ、えま、退場。

第三場

コンビニ前。

親子2、登場。何やらもめている。あみ、えま、登場。あみは店内へ。

えまは、店外であみを待っている。

あみ　（コンビニから出て）お待たせー。

えま　何買ったの？

あみ　お茶にしたよ。（買ってきたお茶を飲む）

えま　これから、どうしようか。

子ども2が叫ぶ。2人とも声がする方を振り向く。

子ども2　アメが欲しい！

親２　だから、ないんだってば。あげられません。
子ども２　嫌だ！　ないなら買って！
親２　我慢してください。

しばらく言い合う親子２。

えま　（２人の様子を見ながら）ママって大変だね。あみが買い物してるときから続いてるんだよね。
あみ　そうなんだ……。
えま　……そういえば、あみ、アメ持ってなかったっけ？
あみ　あ！　公園でもらったやつが……。（ポケットを探して）あった！
えま　あげたら？
あみ　（親子２に近づきながら）あのー……すいません。

親子２、あみに気づいて警戒したように相手を見る。

あみ　（アメを差し出して）もし良かったら、これ、もらってください。
子ども２　わーい！（アメを受け取ろうとする）
親２　（子ども２を止めて）ちょっと待って。（あみに対して）本当に良いんですか？
あみ　はい。どうぞ。（親２にアメを渡す）
親２　すいません、ありがとうございます。（子ども２にアメを渡す）
子ども２　お姉ちゃん、ありがとう！（笑顔で）
あみ　どういたしまして。

子ども２、立ち去ろうとするあみを引き留める。

あみ　ん？
子ども２　（手に持っていた花を差し出して）これ、あげる。
あみ　（受け取って）いいの？（親２の方を見る）
親２　（子ども２を見ながら）お礼のつもりみたいです。
あみ　……お礼か。ありがとう。
子ども２　どういたしまして。

親子２、２人に手を振りながら退場。２人も手を振り返す。

えま　お礼ができるなんて、素晴らしいね。
あみ　（お花を見て）かわいいね。
えま　今度はアメがお花か。……そんな昔話があったような……。
あみ　そういうお話なんてあったっけ……？　それよりも、次どこ行く？
えま　どうしようか……？
あみ　私の家来る？
えま　いいの？
あみ　いいよー。
えま　じゃ、お言葉に甘えて……。
あみ　そうと決まれば出発！

あみ、えま、退場。

第三場

遊歩道。
鈴木さん、登場。ぼんやりしている。そこにあみとえま、登場。

あみ あ、鈴木さんだ。
えま 鈴木さん？
あみ うん。ご近所さん。結構お世話になってる人なんだけど……なんか、元気ないね。

えま、鈴木さんをよく見る。

あみ ちょっと声かけてくるね！（鈴木に走り寄る）鈴木さん！ こんにちは。
鈴木さん あぁ、あみちゃんか。こんにちは。
あみ ……何かあったんですか。
鈴木さん いや……何で？
あみ 何だか元気がないみたいだから。
鈴木さん （しばらく考えて）……あみちゃんは鋭いね。
あみ やっぱり何かあったんですか？
鈴木さん んー……家族（関係が決まったらセリフを変更します）が入院しちゃってね。

驚くあみを見て、鈴木さん少しほほえむ。

鈴木さん いや、たいしたことはないんだよ。でも、毎日一緒に暮らしている人が数日間いないのか、と思うとちょっと寂しくてね。

2人、しばらく沈黙。

鈴木さん 大人が子どもに相談する内容じゃないよね。ごめんね。（鈴木さん立ち去ろうとする）
あみ ちょっと待ってください。お見舞い……行きたいんですが、今日はもう難しいから……これ、渡してもらって良いですか？（花を渡す）
鈴木さん ……。（花を受け取って）ありがとう。
あみ あと、近いうちにお見舞いに行きます、と伝えてください。
鈴木さん うん、わかった。必ず伝えるよ。
あみ ありがとうございます。

鈴木さん、退場。あみ、鈴木さんを見送ってからえまのところに行く。

あみ ごめんね、お待たせ。
えま いえいえ。鈴木さん、大丈夫だった？

あみ　うん。家族が入院してるんだって。だから、お花渡した。本当はお見舞いに行きたいんだけどね。
えま　そっか……。花を渡したということは……今度も何かに変わったの？
あみ　ううん。今度は何にも変わってない。私、今、何も持ってないよ。
えま　……昔話のようにお金持ちにはならないか……。

あみ、えまのがっかりした様子を見て笑う。そのままストップモーション。

第四場

病室。
鈴木さん（家族）、登場。座っている。鈴木さん、登場。家族に近づく。

家族　おかえり。
鈴木さん　ただいま。
家族　外の空気、吸えた？
鈴木さん　うん。すぐそこの遊歩道であみちゃんに会ったよ。
家族　あぁ。最近会ってないなぁ。元気だった？
鈴木さん　うん。あみちゃん、鋭くてさ。「何かあったんですか」だって。
家族　私のこと、話したの？
鈴木さん　話した。そしたらお花くれてさ。今度お見舞いに来るってさ。
家族　かわいいお花ね。これ見てたら少し元気になった気がする。
鈴木さん　ね。ほんとにかわいいよね。
家族　うん。早く元気になって退院しなくちゃね。
鈴木さん　でも早く退院しちゃうと、あみちゃんがお見舞いに来られないよ？

鈴木さん（家族）、笑う。それを見て鈴木さんも笑う。鈴木さんたち、退場。

第五場

あみの部屋。
あみが１人で部屋で寛いでいる。

あみ　あー……疲れた。今日は何だかいろいろあったなぁ。
謎の人物　あみー、お疲れ様。幸せが何か、見つけられた？
あみ　うわぁぁぁぁ。びっくりした！

謎の人物も驚く。

謎の人物　私はあみの叫び声にびっくりしたよ！

あみ ……ごめん。で、幸せに関してだけど……やっぱり難しいよ。よくわからない。
謎の人物 んー……じゃぁさ、今日、私と出会ってからの行動を振り返ってみようよ！ まず、私と別れてから……。
あみ あのあと転んで、石を拾ったんだ。
謎の人物 うんうん。で、それを公園に持って行った！
あみ そこで、石がアメに変わって……。
謎の人物 そうそう。今度はコンビニに行って！
あみ 今度はアメがお花に変わった……。
謎の人物 その調子！ その後に通った遊歩道で……。
あみ 花を鈴木さんに渡したよ？ で、私は今何も持ってない……。
謎の人物 そうだね。でも、幸せって目に見えるものなのかな？
あみ ……。
謎の人物 今日のことをよーく思い返してみて！

あみ、目を閉じて今日のできごとを思い返す。

あみ （ゆっくり目を開けて）……そういえば、私と物の交換をした人全員、笑顔だったな。
謎の人物 そうだね。お別れするとき、みんな笑顔で手を振っていたよね。

あみ、ゆっくり頷く。

あみ あ、でも鈴木さんは？
謎の人物 大丈夫！ あのあと病室で、あみの話しながら笑ってたよ。
あみ そっかー……。……あ、私、幸せってわかったかも。
謎の人物 本当に？ ぜひ、教えてよ！
あみ えっとね……誰かのために何かをして、相手を笑顔にできること！
謎の人物 なるほどね……。うん……。いいんじゃないかな？ それがあみにとっての幸せで。
あみ うん。ありがとう！

終わり

闘うグリム童話

大柿未来

登場人物
お父さん
子ども
お母さん（おばあちゃん）
赤ずきんちゃん
ヘンゼル
グレーテル
オオカミ
魔女
盗人（ぬすびと）

初演
２０１９年2月23日
平塚市立山城中学校
（旭南公民館まつりにて）

第一場

舞台上、新聞を読んでいるお父さん。子どもは1人で遊んでいる。そこにお母さんが慌ただしく入ってくる。

子ども　あ、お母さん！　ご本読んでー。（お母さんに抱き着く）
お母さん　読んであげたいのは山々なんだけど、お母さん今忙しいのよね……。……あ、お父さんに読んでもらったら？
子ども　えー……。（お母さんにしがみついたまま、お父さんを見る）
お父さん　（新聞から顔を上げて）いいぞ。何でも好きな本、読んであげるぞ！
子ども　……うーん……。
お母さん　ほら、お父さんもそう言っているし、お願いしましょ。お母さんもなるべく早く、おうちのこと終わらせるようにするからね？（子どもをお父さんの方に連れていく）
お父さん　何の本が良いんだ？　赤ずきんちゃんか？

2人のやり取りを見つつ、お母さん退場。

子ども　それはもう何回も読んでもらったしなぁ……。
お父さん　それじゃぁ、ブレーメンの音楽隊は？
子ども　それも飽きちゃった……
お父さん　白雪姫は？（子どもの浮かない顔を見て）じゃぁ、ヘンゼルとグレーテル！（子どもは相変わらず浮かない顔）……。……わかった！　特別にお父さんが物語を作ってあげよう！
子ども　お父さんが作るの？
お父さん　あぁ。……昔、外国のあるところに赤い頭巾を被った可愛い女の子がいました。（言いながらお父さんと子どもは舞台下手側へ）

赤ずきん入場。

赤ずきん　さて、今日も悪者退治に出かけましょう。お母さんから攻撃用のバスケットや回復用のパンももらったし、防具の頭巾もあるし、準備ＯＫ！
子ども　えーっ？
お父さん　しーっ！
赤ずきん　でも、どこで悪者に会うかわからないし……1人じゃ不安だわ……。……、（舞台上手側を見て）あら？

ヘンゼルとグレーテル入場。グレーテルは泣いている。ヘンゼルは困った顔で妹の手を引いている。

グレーテル　えーん……。お父さん、お母さん、どこに行っちゃったの？　お腹空いたよー。怖いよー。
ヘンゼル　泣くな、グレーテル。お兄ちゃんがいるじゃないか。……しかし困ったな。まさか道しるべに撒いておいたパンくずを鳥に食べられてしまうとは。
赤ずきん　こんにちは。
ヘンゼル　……？
赤ずきん　妹さん？　泣いているみたいだけど、どうしたの？　お腹が空いているの？　もし良かったら、パン、いかが？
ヘンゼル　（泣いているグレーテルを見て）……あ、ありがとう……ございます。（受け取ろうとする）
グレーテル　（兄の手を叩き）知らない人から、物をもらったらいけないんだよ！
ヘンゼル　えぇ？　俺たち、思いっきりお菓子の家勝手に食べるんだけど……。
グレーテル　……？
赤ずきん　（咳払いして）ちょっといいかしら。……そうね、タダであげるのも何だし……取引しない？
ヘンゼル　取引？
赤ずきん　そう。取引。私、これから悪者退治に行くの。一緒に来てくれるなら、このパンを分けてあげる。
ヘンゼル　悪者退治って……そんな危険なこと……。
グレーテル　危険なこと？　何言ってるの、お兄ちゃん？
ヘンゼル　へ？
グレーテル　そんな面白そうなこと、乗らない手はないわ？　同行させてもらうわ！　私はグレーテル。あなたは？
赤ずきん　話が早くてありがたいわ。私はそうね……赤ずきんちゃん、と呼んでちょうだい。
グレーテル　赤ずきんちゃん……。よろしくね。こっちは私のお兄ちゃんでヘンゼル。さっきは私が泣いてたけど、本当は私の方が強いのよ！
ヘンゼル　そんなことないだろ？
グレーテル　何言ってるのよ！　さっさと魔女に捕まっちゃったくせに。
ヘンゼル　ぐぅの音も出ません。
赤ずきん　……まぁ、話はついたってことでいいかしら？　パンを食べたら出発するわよ。

童話組ストップモーション。

第二場

お父さん　そんなわけで3人は悪者退治に出発したんだ。
子ども　なんか……うん、まぁいいや。続きは？
お父さん　まぁ、慌てるな。旅に出た3人は森に入る手前で最初の悪者に出会うんだ。
赤ずきん　さぁ、森に入っていくわよ。どこから悪者が来るかわからないからね、気を引き締めていきましょう。

盗人入場。ヘンゼルにぶつかり、ヘンゼルが転ぶ。

ヘンゼル　うわっ！

グレーテル　お兄ちゃん？（盗人に向かって）ちょっと待ちなさいよ！
盗人　（振り返って）なんだよ？
グレーテル　ぶつかっておいてその態度はないでしょ？
盗人　うるせー、俺は急いでるんだよ？

グレーテルと盗人がにらみ合う。

赤ずきん　……ちょっと待って、あなた……もしかして……？
盗人　（赤ずきんの視線から逃げるように）な、なんだよ？
赤ずきん　（盗人を覗き込みながら）やっぱり！　あなた、盗人ね？
盗人　……ちっ。ばれちゃー、しかたない。俺はブレーメンの音楽隊とかで有名な盗人さ。
グレーテル　盗人って……有名……かしら？
盗人　なに？
グレーテル　っていうかお兄ちゃん？　こんくらいのことで伸びてないで早く立ち上がって！（言いながらヘンゼルを立ち上がらせる）
ヘンゼル　うぅ〜ん……。（と言ってまた倒れる）
グレーテル　もう……ちょっと？（ヘンゼルを叩いたりする）

盗人、静かに退場している。

赤ずきん　（周囲を見渡して）あ！　逃げられた？（荷物を見て）あ！　残りのパンも盗まれてる？
グレーテル　え？……ごめんなさい、うちの兄のせいで……。
赤ずきん　……仕方ないわね。森で回復用の薬草を探しながら、先に進むしかないわね。……あの盗人にもまた会うかもしれない。勝負はそこまで持ち越しね……。

童話組ストップモーション。父子動き出す。

子ども　えー？　最初の悪者なのに戦わないの？
お父さん　ヘンゼルが相手にやられたじゃないか。
子ども　そういうこと？

第三場

童話組動き出す。森の中を探索中。

グレーテル　赤ずきんちゃん、これは？
赤ずきん　それも使えそうね。
グレーテル　お兄ちゃんも探してよ！
ヘンゼル　探してるよぉ……。でも、なかなか……どれが使えるのか……。

3人で薬草を探している間に魔女入場。

魔女　ここで何しているのかしら？
ヘンゼル　わぁーーー？　ごめんなさい、ごめんなさい、僕たち何も悪いことは……？
グレーテル　お兄ちゃん、落ち着いて！
赤ずきん　すいません、ちょっと探し物をしていまして……。……？　あなた……。
魔女　何かしら？
赤ずきん　いえ……なんでも……。

後ろからオオカミ入場。

オオカミ　おい、魔女さんよー、こんなところに赤ずきんたちがいるなんて話、本当……。（ここで赤ずきんたちに気づく）
赤ずきん　やっぱり。ヘンゼル、グレーテル、気をつけて！　こいつらは私が探していた悪者よ！

ヘンゼル、グレーテル、赤ずきんのもとへ。

魔女　ばれてしまっては仕方ないわね。
オオカミ　なんだよ、不意打ちを狙ったのに……。
赤ずきん　あなたたちのせいで、物語の主人公たちは迷惑をかけられているの。もうあなたたちの好きにさせない。ここで決着をつけるわ！
オオカミ　おぅおぅ、何言ってんだ。お前らのせいで悲惨な思いをしているのは俺たちの方だ。こっちだってお前らの好きにはさせたくない。受けて立とうじゃないか。

5人、臨戦態勢へ。しばらく戦ううちに、オオカミと魔女が形勢不利になる。

赤ずきん　そろそろ降参したらどう？
オオカミ　そういうわけにはいかねーよ。
グレーテル　強がるわりには息も絶え絶えだけど……？
魔女　お前の兄さんなんか伸びちまってるじゃないか。
ヘンゼル　……。（倒れている。戦闘不能）
グレーテル　お兄ちゃん？

盗人入場。

盗人　おーい、赤ずきんたちは見つけられたかー？って、遅かったか……。
赤ずきん　あ、あのときの盗人？
グレーテル　パンを返しなさい？
魔女　パン？……お前もたまには役に立つじゃないか。そのパンを渡しな。
盗人　え、嫌だよ。っていうか2人とも瀕死の状態じゃねーか。……俺様の出番ってわけだな。よし、ここは俺に任せて2人は逃げろ。
オオカミ　うるせー、ごちゃごちゃ言ってないで、さっさとパンをよこせ。それで万事解決なんだよ。（盗人からパ

ンを奪う)

盗人　あ……あぁー。

魔女、オオカミ、パンを食べて回復する。

魔女　あー、生き返った。
オオカミ　立ち直ったところでもう一度勝負だ！
盗人　俺も戦えるの？　やった！
魔女　あぁ。戦えるさ。でも、足手まといにはなるんじゃないよ？

悪者組、臨戦態勢へ。

赤ずきん　今度はこっちが不利な状態ね……。グレーテル、さっきの薬草を使ってヘンゼルを回復させて！
グレーテル　わかった！（薬草をヘンゼルにあげる）
ヘンゼル　……ありがとう。（立ち上がる）
魔女　おやおや、兄さんは立っているのもやっとじゃないか。まぁ、いい。
オオカミ　こっちが有利なうちにまとめて片づけてやる！

6人、もう一度戦う。しばらくしたら、父子動き出す。

子ども　ちょっと待って！

童話組ストップモーション。

子ども　お父さん、このお話の最後考えてる？
お父さん　もちろん。このあと主人公組が勝って終わるんだ。

童話組お父さんの方に寄って行く。

オオカミ　まーた、主人公の勝ちかよ？
魔女　そんなつまらない物語、聞きたくもないね。
盗人　そうだ、そうだ。なんで俺たちばっかり悲惨な目に遭わなきゃいけないんだ？
グレーテル　主人公側が勝つなんて当たり前でしょ？　おとぎ話なんだから。
ヘンゼル　そうだよ。悪者が倒されて、主人公がハッピーエンド。それがおとぎ話の鉄板だろ？
子ども　でも、それじゃぁ、いつまで経っても悪者と主人公は仲が悪いままだよ？
お父さん　へ？
子ども　せっかくお父さんが物語を考えてくれているんだもん。いつもじゃ聞けないお話の最後が聞きたい。
お父さん　普通じゃない……物語の最後ぉ～……？

童話組と子ども、キラキラした目でお父さんに詰め寄る。

お父さん　そんなこと言われてもなぁ～……。

童話組、主人公が勝ちでいいかどうか、悩むお父さんの後ろでワイワイ言い合いを始める。

お父さん　そうだなぁ〜……。……あ！

第四場

おばあちゃん入場。

おばあちゃん　お前たちは、まだそんなことで言い合いをしていたのかい？

赤ずきん　おばあちゃん？

子ども　お母さん？

おばあちゃん　そう、私は赤ずきんのおばあちゃん。赤ずきんのお母さんじゃなくて、おばあちゃん。ね、そうよね、お父さん？

お父さん　いや、あの……話の流れ的に……。

おばあちゃん　（お母さんとして、お父さんを見て）このお礼は高いからね？

お父さん　……はい。

おばあちゃん　（意味ありげな笑顔をお父さんに向けてから）さて、物語に戻りましょう？

童話組、三場最後の立ち位置に戻る。全員、おばあちゃんの登場に驚いている。

赤ずきん　おばあちゃん？　どうして、こんなところに……。

ヘンゼル　おばあちゃん？　この人……赤ずきんのおばあちゃんなのか？

グレーテル　お兄ちゃん、どうしてそんなに驚いてるの？

ヘンゼル　グレーテル……知らないのか？　この人はグリム王国の女王様なんだぞ？

グレーテル　女王様？

魔女　そうさ……。

オオカミ　女王直々に登場とはな……。

盗人　飛んで火にる夏の虫って……こういうことか？

オオカミ　あぁ……手間が省けて助かったぜ。

魔女　今まで私たちがどんなに悲惨な目に遭っても知らん顔してきたんだ。私たちはあんたも恨んでるんだよ？

赤ずきん　おばあちゃんに手出しはさせないわ！（おばあちゃんの盾になる）

グレーテル　赤ずきんちゃん？

赤ずきんの体が飛び、その場に倒れる。

赤ずきん　何を……？（魔女たちを睨む）

魔女　私は何もしていないわ。

オオカミ　俺だって……。

盗人　俺も……。

赤ずきん　じゃぁ、誰が……。

おばあちゃん　私よ。

全員、驚いておばあちゃんを見る。

赤ずきん　おばあちゃん……なんで……。
おばあちゃん　赤ずきん、お前が悪者を退治しようとする気持ちはわかる。私だって物語の中で悪役と呼ばれる者たちに迷惑をかけられているからね。でも、だからと言って、一方的に退治すれば良いというものではないんだよ？
グレーテル　でも、そのまま放置していたら問題は解決しないじゃない。
ヘンゼル　お、おい。女王様に向かって失礼だぞ……。
おばあちゃん　（ヘンゼルを制して）そうね。グレーテルの言うとおりだわ。でも考えてみて？　あなたたちが退治しようとしたとき、この3人はどうしたかしら？
グレーテル　……。
おばあちゃん　では、本人たちに聞いてみましょう？
魔女　……。
オオカミ　……俺は……物語の中では結構悲惨な目に遭ってるから……腹に石詰められて沈められたりな……。だから、赤ずきんが悪者退治の旅に出てるって聞いて、これ以上ひどい目に遭うくらいなら、逆にこっちが倒してやろうって……。
おばあちゃん　そうね。赤ずきんたちに応戦しようとしてたわね。
魔女　私も……。物語の中の悪者の最後って悲惨すぎるでしょう？　だから、私も……1人で立ち向かっても、いつもやられてしまうから、オオカミや盗人と手を組めばって……応戦しようと思ったわね。
おばあちゃん　赤ずきんたち、今の話を聞いてどう思った？　あなたたちが退治するって言って、問題は解決したように感じたかしら？
赤ずきん　……。
ヘンゼル　……解決はしていませんね……。むしろどちらも戦う気になっていて……。
グレーテル　でも、結局私たちが勝てば解決するんじゃないの？　私たちが勝って悪者が完全にいなくなれば、戦いはもう起こらないでしょ？
おばあちゃん　そうかもしれないわね。でも、それで良いのかしら？
赤ずきん　どういうこと……？
おばあちゃん　私たちは子どもたちに喜んでもらうために作られた物語のキャラクター。子どもたちが喜ぶのは主人公が悪者を退治するお話。違うかしら？
魔女　じゃぁ、私たちはずっと耐えろってことですか？
おばあちゃん　そうね……でも、最近は悪者たちの最後を悲惨すぎないものにするために、物語が書き換えられているものもあるのよ？
オオカミ　そうなのか？
おばあちゃん　そうよ。それにね、あなたたちがどんなにひどい目に遭っても、物語が終わってから私が国の魔法使いに命じて回復してもらってるから……。

赤ずきん　え？　おばあちゃんが回復を命令？

おばあちゃん　そうよ。……だからね、赤ずきん。あなたが退治したとしても、きっと私が回復させてたと思う。

赤ずきん　私がやろうとしていたことは無駄だったのね……。

おばあちゃん　大ごとになる前に、あなたにこの話をすることができて良かった。もし悪者退治が成功していたら、国の魔法使いを総動員しても大変な仕事だったでしょうね。

赤ずきん　おばあちゃんはこの国に悪者がいることに対して何も思わないの？

おばあちゃん　イタズラが過ぎてしまっては困ってしまうわね。そのときにはそれ相応の罰を受けてもらうわよ？
(悪者たちを見る)

悪者たち、おばあちゃんから目をそらし、少し小さくなる。

おばあちゃん　でも、悪者であっても、このグリム王国の大切な国民であることには変わらないわ。

赤ずきん　……。

おばあちゃん　さ、みんなさっきの戦いのせいでずいぶん弱っているんじゃない？　私のおうちにいらっしゃいな。回復用のパンもあるし、お菓子もあるわよ？

ヘンゼル　それは助かります。実は僕、立ってるだけでもやっとな感じで……。

おばあちゃん　あらあら。魔女やオオカミさん、それから盗人さんもいらっしゃい。

赤ずきん　おばあちゃん？　それはさすがに危険なんじゃ……。

おばあちゃん　大丈夫。物語の外で私に危害を加えようとしたら、護衛が黙っていないわ。今だって、どこかでひっそり監視しているはずよ？……さぁ、とにかく行きましょう？

童話組、おばあちゃんに促されて退場。

第五場

お父さん　このあと、赤ずきんたちはおばあちゃんの家でおいしいパンやお菓子を食べて、楽しくすごしましたとさ。おしまい。

子ども　いつもと違うお話って言ったけど、最後はなんだか難しかったー。

お父さん　なにー？　もー、あまりワガママ言わないでくれよー……。

子ども　でも、面白かった。特に戦うところ。ヘンゼル弱かったねー。

お父さん　そんなこと言うけど、ヘンゼルは賢いんだぞ？

子ども　そうだっけ？　覚えてないや。

お父さん　じゃぁ、本当のヘンゼルとグレーテル読むか？
子ども　読むー！
お父さん　よーし……。

お父さんと子ども、絵本を読み始める。そこにお母さん入場。

子ども　ううん。さっきまで、お父さんが作ったお話聞いてたの。
お母さん　ヘンゼルとグレーテル読んでもらってるの？
子ども　あ、お母さん！
お母さん　はぁー！　やっと、おうちのこと終わったー。
お母さん　そう。面白かった？
子ども　戦うところはね、おもしろかったんだけど……最後はちょっと難しかったかなぁ……。
お母さん　そっかー……ところで、お父さん。お父さんが作ったお話のことなんだけど……。
お父さん　あ……。よーし、今日の夕ご飯は、外においしいもの食べに行こうか。お父さん奮発するからな！　なんでも好きなもの言っていいぞ？
お母さん　そう思って、夕ご飯の支度はしてなかったのよね。（意味ありげな笑顔をお父さんに向ける）……何が食べたいかなぁ……。お寿司、焼き肉……おしゃれなレストランで食事もいいわね……。
お父さん　さ、とにかく支度して。
子ども　はーい！

３人、夕飯の話をしながら仲良く退場。

――幕――

うむい　～サンゴからのメッセージ～

kanbun

登場人物

さんご
陽太郎
しんじ
駿輝
さんご母
トミ
マサ
セツ
マサ母
トミ父
兵士

トモ
トモ兄
トモ妹
トモ弟

沖縄市立美里中学校、2019年６月30日、初演。

【第1場】人間になりたいさんご

波音にあわせて、さんごはゆれる。
道あけにあわせて、さんごの周りを楽しく踊る。（幻想的）
波音にあわせて、歌う、

さんご
♪道はあけるよ　あすにはあけるよ
こどもには言葉を　つたえるよろこびを
わたしは、オルガンを　ひくよ
口ずさむよ　夜があける前に
きょうも歌おう　歩こう♪

さんご　はいたい、ぐすーよ、ちゅーうがなびら、わたしの名前は、さんご。わたしは、この広ーい海の中のかわいいサンゴ。どのサンゴよりも、立派な枝をもっているわ。そして歌が大好きなの。

さんご　サンゴって言っても、わたしは普通のサンゴとはちがうの。私のお母さんは、不思議な力を持つサンゴ。そのおかげでわたしは人間の言葉が分かるし、話せるようになったんだよ。

さんご　でも、わたしのおかあさんは、人間が大きらい。欲のかたまりし。ゴミも捨てるし、戦争もしたし。そして、海を埋め立てもするんだって。でも私、人間のことなんにもわからない。わからないのに嫌いとか言えないし、むしろ興味あるの、どっちかといえば、もっと知りたい。

さんご　みなさん、こんにちは、……こんにちは。あーうれしい、人間とはなしできた。うれしいな。人間って大変なんでしょ。学校にいかなければならい。6時間も勉強をしないといけない。トラブルつづきの人間関係、受験して高校にいく、そして仕事する。大変じゃない。みんなもサンゴになったらいいの。

さんご　でも、人間っていいな。人間のこともっと知りたい。わたし、人間になりたい！

雷、暗転。

【第2場】人間になったさんごと出会い

陽太郎　俺、陽太郎。俺の親は、明るく、元気で積極的な子になってほしいと、願って陽太郎と名付けた。だけど、俺、明るくもなければ、元気もない。今、中3で、野球部、ピッチャーをやっていた。大会では完全燃焼して、次は受験に向けてがんばろうと思っていたけれど、気力も、やる気もでない。どうしたらいいんだろう？　友達と遊んでいても気づいたら、ぼーっとしている。家にいてホットするけれど、気づいたら、ぼーっとしている。
しんじ　はい、今週は体育祭だから、がんばってダンス覚えようぜ。あっ、陽太郎だ。おーい、一緒におどらない？
陽太郎　いいや。
しんじ　そっか、じゃーミュージックスタート。

2名でダンスをおどっていると、ボールが転がってくる。
駿輝がボールをとり、バスケ。しんじを誘う。
2人でバスケットをする。
ボールが飛んでいく。

さんご　あれは、人間ね。なんか、楽しそう。何しているのかな？

駿輝、ボールが飛んでいく。探しにいく。

さんご　あっ、なんという偶然。私のところにボールが来るなんて。ありがとう。神様。人間と話す前に、大切な「塩分チャージ」。私、ときどき、食べているけど、気にしないでね。いってきまーす。(ボールを拾って) 人間ですよね。人間さん、ボールどうぞ。
しんじ　え、誰だ。こいつ。
駿輝　変なやつ。
さんご　よければ、お水飲みます？　どうぞ。
3人　ありがとう！　ごっくん「しょっぱーい」。
駿輝　やっぱり、変なやつだった〜水〜。

さんご　あれ、人間って、親切だときいていたけれど。このボールはどうしよう。

しんじは、さんごがボールをもっているのに気づく。

しんじ　ボール拾ってくれたんだね。ありがとう。
さんご　(ボールをわたす) はい。
しんじ　ありがとう。(うなずく)
さんご　あなたは、人間よね。
しんじ　さっきから、気になっていたけれど、「人間」ってなんか変だよ。俺たちは、もちろん人間だけど、人間が人間にむかって、人間かって。
さんご　そうなんだ。
しんじ　君、変わっているって言われるでしょ。天然か。
さんご　そうわたしは、天然物よ。いうならば、天然記念物にもなるはず。
しんじ　やっぱ、面白い。おれは、しんじ。中学生で15歳。将来は、大物になるさ、ビックスターになるんだ。君は。
さんご　わたしは、さんご。出身は、北部の海で。とってもきれいな場所なんだよ。将来は、いっぱ〜い子孫を残すの。年は、あんまり数えたことないけれと、13……。

アナウンス、天の声。

さんご母 (声)　さんご。あんた自分がサンゴっていることわすれないで。わたしは、あなたに人間っていうのが、愚かな生き物って気づいてほしくて、３日間だけ人間にしているんですよ。

さんご　そっか。変なこと言ってたね。私たち同級生だ。よろしく。この近くに住んでます。
しんじ　えーじゃー時間ある？　なんか、友達帰ってしまったし。どこか案内しようか。
さんご　そうね。私、もっと人間のこと知りたい。私、沖縄のこと、知りたい！

雷、光。

しんじ　あの光は何？
さんご　行ってみようかな。
2人　（わーーーーー）
しんじ　ここはどこ？
さんご　私たち、あの光の中に入ったんだ。
しんじ　ここはどこなんだよ！
さんご　ちょっとまってよ。１９２０年の沖縄！　タイムスリップしたんだ、私たち！
しんじ　１９２０年……どういうこと？
さんご　あっちに人がいるみてみよう！
しんじ　なにしてるんだろう？
さんご　近くまで行ってみよう。あなたも来るの！（陽太郎も引っ張っていく）

暗転。

【第３場】戦前の沖縄

トミ　ぼうしくまーは、苦労するね。
マサ　苦労って、トミさんは、しょっちゅう遊んでいるのに、苦労しているの？
トミ　あっさ、私の苦労がわからないの。こんなにもやつれているでしょ。明日は勘定よ。はぁ、難儀、忙しいさー。
セツ　それは歌の話でしょ。私たちの帽子会社のやせてい る男の人は、「こんなに帽子をあんだのか？　僕は嘉手納まで自転車でもって行くの大変あだ」っているも笑うさ。トミ、あんた原料葉をあそこにほったらかしにしたでしょ。ここの木、見た、メジロが原料葉で巣を作っていたよ。あんたの原料葉でしょ。
トミ　セツ、そんなこと言わないで。あんたは手が器用だから私の苦労がわからないでしょ。見て。私の指。こんなずんぐりむっくりで編んだらこうなるよ。この前「ペケ」をつけられたさ。そして、マサあんたは、きれい。とってもきれい。
マサ　きれいだったら、どうかしたんですか。
トミ　想う人もきっと多いわね。私の父は、「おまえは、いつまでこの家にいるんだ。家も狭いのに」「お前を妻にする男はいないよ」って、昨日父にそう言われて。
セツ　言われてどうしたの？

トミ　泣いたよ。
マサ　それはあんまりよ。
セツ　泣かないで、トミ。あっあたまができたから。回してくれない？　あんたが回したら、よく曲がるでしょ。
マサ　そうよ、そうよ、私のもやってください。ネーサン。
セツ　わーこんなに立派に回って。
マサ　誰にもまねできないわ。
セツ　見事ね。
トミ　はい。これでいいの？
マサ　ありがとうございます。
セツ　ありがとう、あんたのおかげで編みやすくなっている。
マサ　そうだ、ネーサン、那覇からの歌本はまだ来ないのかしら。
トミ　本当ね。まだ来ないのかしら。
セツ　本当ね。エミネーサンのお兄さんが買ってくるってことだけど、まだ那覇に来ていないね。あと2〜3日で来るでしょう。
マサ　ネーサンたちは、那覇に行ったことある。
トミ　あるよ。
マサ　私も行ってみたい。あそこは見る物もたくさんあるでしょ。ねえ。首里のところでは、帽子を洞窟で編むという話は本当なの？　そこで編んだらゴミもないでしょ。そうしたら、良いという話。
セツ　そうなの？
マサ　そうだって、私、お母さんに聞いたわ。

マサ母　（声のみ）マサー。マサーはいるの？
マサ　あら、ちょっと家に戻るね。
トミ　あそこのお母さんは那覇にいたから本当だろうね。
トミ父　（声のみ）トミートミーおいで。
トミ　あら、ちょっと家に帰るね。やな親父が呼んでいるから。
セツ　（『帽子くまー』沖縄民謡）
♪あたまぐゎーや　ちゅくてぃ
ぬちさぐや　しらん
かなしうみさとぅに
ならいぶさぬ　さー　ならいぶさぬ
てぃん　とぅみてぃ　くぃらば
わが　とぅじに　なゆみ
さんご　こんにちは。わたしたちも手伝っていいですか？
セツ　いいよ。この仕事は、大変だからさあ。

さんごたち、手伝う。

トミ　妻にはならん。妻にはならん。
セツ　何で、どうしたの？
トミ　たけ、おとうが、お前はうふやーの長男の嫁になるという話まとめてきたって。
セツ　うふやー、あの家は大きいよ。あっちは財産がたくさんあるから良かったんじゃないか。
トミ　よくないよ。おとうが準備がいっぱいあるから。帽子編むのはやめてって言われたよ。

マサ　ネーサン。
セツ　また、あんたはなんで。
マサ　ネーサン、私、紡績に行かされる。
トミ　紡績。
セツ　いつよ。
トミ　盆のあとすぐって。えっ、そしたら、私たち3名で予定していた金武の綱引きには。
セツ　一緒に行けないね。紡績って、どこ？
マサ　大阪。
セツ　私は大阪で女中をさせられたけれど、言葉がわからなくて……「オタマとっておいで」「ちゃわんとっておいで」って、ナビゲーのことといっているなんてわからなかったさ。
3人　私たちが楽しみにしていた金武の綱引きには一緒に行けないね。

3人、肩を抱き合う。

さんご　こうやって、娘たちの運命は、決められた時代なんだね。
しんじ　ぼくたち、2019年から来たんだ。
マサ　あんたはどこの人ね。
しんじ　沖縄市だよ。
トミ　タシマね。
さんご　あーーーあの光だ。
しんじ　君たちもおいでよ。
トミ　金武の綱引きに行けるのか？

わーーーー。

しんじ　ここは？　2019年に戻ったか？
兵士　危ない、どけ！（倒れ、死亡）
さんご　危ないよ。もしかして、ここは1945年激戦地のオキナワ。

【第4場】激戦地

トモ　お兄ちゃん、なんで正月でもないのに豚をつぶしているの？
トモ兄　もうすぐ戦が来るんだってよ。アメリカと日本の。
トモ　戦って何？　アメリカってどこなの？　あれ？
トモ兄　あれは、渡嘉敷島だ。今度、戦が来たら、命がなくなるかもしれないからな、生きている間の食料として豚をつぶしてアンダンスー作っている。
トモ　「警戒警報」が聞こえたら、ランプに黒い布をかけて、家の中を暗くするんだよね。そして解除になったら、この布をとっていいんだよ。上手でしょ。
トモ兄　練習しておけよ。

トモは、練習は繰り返す。

♪警戒警報

トモ　おにいちゃん！
トモ兄　ににに、逃げるぞ。

兄は、荷物を持つ。
兄は、妹の手をとり、大きな袋をもって、逃げ惑う。兄は何度も転ぶが妹を守る。爆弾の音がすると、妹の壁になり守る。そして壕を見つけて入る。

トモ兄　誰かいる。誰だ？
しんじ　そっちこそ誰？

妹は、無視している。

セツ　ちょっと待って！　あんた、足けがしているよ。私は、セツ。怖がらなくていいさ。トミ、消毒するから、水もってきて？
しんじ　俺、しんじ。
マサ　私、マサ。
トミ　あ、私はトミ。どこか、水ないかな？
さんご　わたしの水。使って！　私はさんご。よろしくね。
しんじ　あっ、俺のを使ったほうが……いいよ。絶対！
トミ　ありがとう。じゃーこれは、セツにあげよ。これは、わたしが飲もう！　ごっくん「しょっぱーい」。
トモ兄　大丈夫か？　君たちは、あまり見ない顔だけど、どこからきた？
しんじ　実は、俺たち、２０１９年の沖縄から来たんだ。
トモ妹　嘘つき。
トモ兄　オキナワはどうなっているの？　あるのか？
しんじ　あるとも、平和だよ。来週には学校で体育祭があるんだ。踊ってみるよ。

踊り。

トモ兄　（涙）平和なんだな。君をみたら、わかるよ。
しんじ　君も絶対に、死ぬなよ。
セツ　私たちは、１９２０年のうちなーさ。パナマ帽を作っているさ。
トミ　これ、ぺけつけられたやつ。
トモ兄　なんでわざわざこの時代に。生きるか死ぬかの時代に。
さんご　２０１９年のうちなーんちゅ。今を生きるのに精いっぱいの人たち。でも、もっともっと考えることあるよ。もっともっと、みんなで話することあるよ。でも、あなたたち、絶対に生きてよ。
トモ弟　でも、十・十空襲のときは、命を亡くしたと思ったね。だってお兄ちゃん、僕たちの手をとり、大きな袋を担いで走ってさ。お兄ちゃん、何回も転ぶんだもん。
トモ妹　でも、私にケガさせないようにって、何回もかばってくれたのわかるよ。
しんじ　やるじゃん。
トモ兄　そんなことないって。こっちだって真剣なんだ。

トモ弟　早くお父さん、お母さん来ないかな？　お父さんに高い高いしてもらうんだ。お母さんに、髪といてもらうんだー。
トモ妹　しー誰か来たみたい。
しんじ　日本軍だ。（よく見て）「あんたは兵隊じゃないよね」。
トモ兄　「私は師範学校生です」、「私のお父さんは師範学校の校長先生で、天皇陛下の写真を持ってやんばるに行きました」。
やまと　となりの壕には、日本軍が入ってきて、住民はみな追い出されました。私も入っていいですか？

水をあげている。

トモ妹　（師範学校生のかばんをあけて）ね、おにいさん。これなに？　何かかたいよ。
やまと　えーさわるな。これはさわらないでよ。自分は、最後はこれでやるからね。あんたたち捕まっても殺されないからね。捕虜にされなさいよ。お水ありがとう。
トモ兄　あの硬いのは、手りゅう弾だ。

どーん。奥の方で。自爆。

トモ妹　お兄ちゃん……。

暗転。

セツたち　あっ、あの光だ。
トモ兄　私たち、過去へ戻るときがきたみたい。
しんじ　君たち、戻るの？
セツ　もちろんさ。あんたたちみていたら、私たちも自分たちの力で道をきりひらいてみるよ。あんたたちもがんばりなさい。

しんじたち、トモ兄弟の所へ。

しんじ　君たちも僕たちの時代に一緒にいく？
トモ妹　行こうよ、お兄ちゃん。
トモ兄　それは、できない。
陽太郎　なんでだよ。俺たちと一緒に帰れば、生きられるのに。しかも、お前の父さんも母さん、もう帰ってこないこと知っているだろ。お前たちは、絶対生きてほしい。
トモ兄　僕たちには、役目があるんだ。生き延びて、戦争という同じ過ちを犯さないように次の世代に伝えていかなければ。
陽太郎　何言っているだよ。死ぬかもしれないのに。（涙）
さんご　ばいばい。
しんじ　ばいばい。

【第４場】夢見つける陽太郎

しんじ　タイムスリップ中、陽太郎としんじは、同じ夢をみていた。

暗転。

陽太郎　俺、久しぶりにこんな夢みた。小さいころは、野球選手になるんだ。なんて言っても、周りは応援してくれた。最近では「現実みろよ」なんて言われる。でもさ、夢大きく持ったっていいじゃん。一生一度の人生。夢叶えるために努力することを俺はしたい！

【第５場】（サンゴからのメッセージ）

しんじ　さんご、さんご？
さんご　わたしは、ここよ。もうサンゴに戻るときがきたみたい。
しんじ　さんごって、君は、海のサンゴなのか？
さんご　そうなの、３日間だけ、お母さんに人間にしてもらえたの。
しんじ　俺、さんごのお母さんにあってみたいよ。
さんご　でも、わたしには力がないわ。しかも、お母さんは、人間が嫌いなの。

雷、光。さんご母。

さんご　おかあさん、
さんご母　さんご、どうして人間と一緒なの？
さんご　私、人間になってみて、人間大好きだよ。
さんご母　さんご！　何言っているの！　人間なんておろかだって。なんてね、私も小さなときあなたと同じように人間になりたいと思ったの？
さんご　おかあさんも。
さんご母　そうよ。でも、おばあちゃんにとめられたの。今回、私もあなたを通して人間、沖縄をみることができたわ。さんご、しんじに出会えてよかったね。祖先のおじーおばあーから受け継がれる風習、言葉、感情。沖縄は戦も乗り越えた。さんごも人間も「ものいわぬ少年少女になってはならない」。時代がかわる中、うちなーぐちから日本語へ。自分の思いを伝える言葉がかわっても、未来へ進むこの道をとめてはならない。

暗転からスポットライト。

しんじ　２０１９年の夏。僕は、不思議な出逢いをし、不思議な体験をした。さんご、さんご？
さんご　わたし、ここよ。もう、帰るときがきたよ。でも、人間って、やっぱりすごいね。楽しいこといっぱいだけど、かなしいことも多い。ほら、わたし１００年以上も生きているから、オキナワの歴史は大抵見てきたわ。私が住んでいるところは、いま少しずつ土砂が流れている。今までは、人間によってきれいな海は守られていたけれど、今回は、人間によって住む場所を奪われている。人間って何？って思ったけれど、しんじと出会って、やっぱり人間好き。だって、人間は夢をもっているでしょ。未来を考えているでしょ。

陽太郎　しんじ、さんご！……君たちにあえておれは、変われた。……いろんな時代に連れていってくれた。今までの俺は、甘えていた。言い訳ばっかり。俺は俺。自分の思ったことは言うし、言い合える仲間も見つけていきたい。しんじ、また、明日な。なんかいいとこ邪魔しちゃったな。ごめんな。

しんじ　なんだよ、あいつ。さんご、また会えるかな？

さんご　きっと会える。だって、道をきりひらくでしょ。

しんじ　俺も人間だから、もっと人間らしくする。未来のこと考えたり、多くのこと話したりさ。運命は、変えられないかもしれないけれど、この時代は、うちなーんちゅ一人一人が、しっかり未来のこと考えたし、話し合いも、提案もいっぱいやったって誇れる時代にしたい。ありがとう。さんご。

一列。

２０１９年夏、僕たちにできること。

今を一生懸命生きて、考えることが豊かな未来へつながる。

考えることも、努力することもたくさんあるよ。

それぞれの道をきりひらくこと。

その道をあるきつづけること。

そして、未来へつなぐこと。

僕たちの未来のとびらをひらくとき。

『とびら』作詞・大城貞俊／作曲・マイケル照屋

♪とびらを開こう　仲間と共に
とびらを開こう　あなたと共に
過去のとびらが　今をつくる
今のとびらが　未来をつくる
恐れないで　勇気を持って
両手をつないで　語り合おう
恐れないで　勇気を持って
笑顔を交わし　歩いていこう

三方礼。

――幕――

カラフルピース

原案・湊谷寧音／脚本・板垣珠美

登場人物
キャスト
薫《すみれ》　中学3年・美術部部長
亜香音《あかね》　中学3年・美術部副部長
香住《かすみ》　中学3年・美術部
柳先生　美術部顧問
なずな　中学2年・美術部
果鈴《かりん》　中学2年・美術部
瑞希《みずき》　中学2年・美術部
愛生《あおい》　中学3年・合唱部

厚木市立睦合中学校、2019年５月19日、初演。

第一場　ばらばら美術部

むつみ中、第2美術室。放課後。美術部の活動中。
部屋の中では、2年生が、それぞれが真ん中にある静物を写生する活動に取り組んでいる。
前方に部長の薫と副部長の亜香音。険悪なムードで声を荒げている。

亜香音　だから！　部長なんでしょ！

薫　はいはい、部長です！　でも、仕方ないでしょ！　部活でやることは私が決めてるんじゃないんだから！　部活でやることは私が決めてるんじゃないんだから！

亜香音　でも、部員が思ってることを柳先生に言うのも、部長の役目でしょ。

薫　言えなかったって言ったでしょ！　だから、みんなは副部長である私に言ってきたんだから。

亜香音　へえ、それで亜香音はみんなを代表して私に意見しに来たってこと？

薫　待ってよ！　部員が思っていることってさっきから言ってるけど、私は何も聞いていないんだよ。

亜香音　意見してるわけじゃ。

薫　あのさ、副部長なら、なんで一緒に部長に言いに行こうって言ってくれなかったの？　なんで、ミーティングしてみんなの思いを共有しようって言ってくれなかったの？　これじゃ、私1人悪者でしょ。

亜香音　悪者だなんて！

薫　思ってるよ。あなたも、部員のみんなも!!　私が気づいていないとでも思ってんの!?　本当はなりたかったんでしょ、あなたが部長に！　なのに、先輩や柳先生が私を部長に選んだから面白くないんでしょ。で、後輩、味方につけて、かげで私に文句言って！

亜香音　そんなこと！　私はただ、後輩が持っている不満は考えないとまずいんじゃないかって、でもって、その不満はもしかしたら、今年まだ新入生の入部希望者がいないことにもつながっているんじゃないのって思って……。

薫　なんでそうなるの？　だいたい今だって私は柳先生がやれっていうことを伝えただけでしょ。体育大会のスローガン作成！　それだって今まではやっていたことなのに、いきなり後輩たちの「ホントはやりたくなぁーい」ってことを表にだして、あなたもそれを支持して。それこそ、あなた副部長なんでしょ！　この美術部をどうしたいのよ！　ああ、もう部長なんてやめたくなったわけじゃないのに！　そうよ、あなたやれば？

亜香音　何言ってんの!?

柳先生、入ってくる。

柳先生　どうしたの？　声が廊下に響いてるよ。けんか？

亜香音　ってわけじゃ。

薫　（涙をぬぐい）大丈夫です。柳先生、なにか？

柳先生　（後ろのみんなにも声をかける感じで、プリントをかざして）そうそう、ねえみんな、今年はみんな、何かしらのコンテストに応募するよ。ここに、一覧があるから、どのコンテストに応募するつもりなのか書いてね。今週中！

なずな　えー、私、コンクールとかコンテストとかって苦手ぇ。それって絶対ですか？

柳先生　そうね。絶対にしよう。だって、ただ好きなものを描くだけだったら部である必要はないでしょ。1人では出来ないことをみんなでやったり、目標を持つことで力を伸ばしたり、美術部だからできることにトライしよう。入賞が目的ではなく、自分の力を伸ばすことを目標にして。

瑞希　面倒くさい……。

柳先生　やる前から言わない。ここに美術部ありって実績だって必要でしょ。2年生、あなたたち、わかってるの？今年新入生が入ってこなければ、来年はこの部活は新入生の募集停止、後輩がないままに廃部になる運命なんだよ。もう少し、美術部としての活動をアピールするよう頑張りなさい。あ、部長、

薫　はい。

柳先生　今月の予定表を渡すから、一緒に来て。

薫　……はい。

柳先生、薫、教室を出ていく。
亜香音、自分の席を作って、描こうとするが……。

なずな　副部長ぉ、本当ですか？

亜香音　え？

なずな　新入生がはいらなかったらって話。

亜香音　……生徒会の規約ではそうなってる……。

果鈴　じゃあ、このままだと美術部、なくなるかもしれないってってこと？

瑞希　やばいじゃないですか。

亜香音　そうだね。だから柳先生も美術部が学校に貢献していることをアピールしたいんじゃないの。

果鈴　（プリントをみながら）でも私、自分がうまくないことわかっているから、コンテストとかやだな。

亜香音　ちょっと待って。今日はその話じゃないよね。薫との話もここでの活動内容についてでしょ。

瑞希　でも、結局は同じなんだと思います。

果鈴　下手な自分が作品を作るとしたら、もっと集中できる時間が欲しいと思う……。

なずな　なのにイベント毎の、看板！　スローガン！　そしてコンテスト！　もっと楽できる部だと思ったのにぃ。

瑞希　スローガンや看板描いたって、みんな作品としてみてくれているわけじゃないし。柳先生が言う通りのことをやろうとしたら時間足りませんよね。

果鈴　結局、部長は柳先生の言うがまま、私たちのやりたいことなんか関係なしで、学校のイベントのたびに協力という言葉の下で、やりたくもない仕事がまわってくる。それって、やっぱり苦しい。

亜香音　うん、わかってる。だから、薫にも伝えたでしょ。でも、薫だって立場があるし、美術部のことだって考えてるから柳先生に強く言えないところもあるんだと思うよ。
香住　……それ、薫がそう言ったの？
亜香音　え？
香住　今、亜香音は思うって言った。それ、薫の本心は聞いてないいってことじゃないの？
亜香音　でも、薫は柳先生が言うと、なんでも引き受けてきて……。
香住　何でも？
なずな　じゃないんですか？
香住　この中で誰も薫と話してないと思うけど、違う？　薫の気持ちも、自分たちの気持ちも思い込みで口にしていない？　亜香音？
亜香音　そんなつもりはないけど。きいても薫、あまり話してくれないし……。
瑞希　そうそう、それに、薫先輩って、まじめな感じで、そんなに気安く話せないですよ。
なずな　わかる。で、なにか言われると、困った顔して黙ったりするから話しにくい。あーあ、亜香音先輩が部長だったらよかったなぁ。
瑞希　だよね。
果鈴　でも、部長は前の先輩たちと柳先生が決めるんでしょ。
瑞希　だからさ、柳先生の言うこと聞く薫先輩が部長だってことなんじゃない。
香住　それも。
2年生たち　え？
香住　憶測でしょ。だれも確認してないことを本当のことみたいに言うと、本当のことは見えてこないと思うよ。
亜香音　香住……。
果鈴　（他の2年生に）あ、ね、でもさ、だからさっきは驚いたよね。いつもと違って、あんなふうに大声で怒鳴る部長、初めて見たもんね。
瑞希　うん、うん。泣くかと思ったら、強気で言い返したから、ちょっとびっくりだったよね。
亜香音　あんたたち……。

薫、戻ってくる。

薫　はい、4月の予定表。5月は体育大会のスローガンつくり、あと6月の公民館祭の展覧会に向けての作品作りの計画が入っているから、
果鈴　部長。展覧会って、（プリントを指して）コンテストの他にですか？　その作品出さなきゃいけませんか？
薫　うん……。地域の人が楽しみにしているから是非って。評判良いって言われた。あ、作品は去年のでもいいって言われたから。とりあえず、各自、油絵1枚と得意な作品を考えておいて。立体造形でもいいって。

チャイムがなる。

薫　じゃあ、今日はここまで。片づけをして、各自解散。
みんな　（それぞれに、薫は見ないで）はぁーい。

それぞれ帰っていく。その後ろ姿を見ながら。

亜香音　ねえ、薫。さっきの話だけど、部員のみんなは……。
薫　亜香音、そのことだけど、私は代表してしゃべる亜香音からでなく、みんなから直接聞きたい。
亜香音　いいけど。でも、薫だって、きちんと話してくれないと。
薫　うん。私、なりたいですって手を挙げて部長になったわけじゃないけど、このままじゃ、美術部って何？ってことになって、新入生も入らないし、部活潰れちゃいそうで先輩に申し訳ないし。
亜香音　申し訳ないが先？
薫　え？
亜香音　私だってこの先の美術部が心配。だけど、私だって描きたいものより行事の協力優先っておかしいって思うし、もっと美術部の在り方を考えないとって思う。
薫　うん。気持ちは分かった。他のみんなの気持ちをきいてから考えよう。またね。

薫、帰り支度を終えて、出ていく。
それを見送る亜香音と香住。
暗転。

第二場　それぞれの美術部

明かりが入ると、下手前の方で薫が1人でスローガンを描いている。そこは廊下。
その後ろは部室の中で、オムニバスのように語り合いがある。なずなはいない。
上手、瑞希が亜香音に語るように。

瑞希　私、ぶっちゃけ美術って名前の部に入りたかったわけじゃないんです。
亜香音　じゃあ、何で入部したの？
瑞希　私が描きたいのは、好きなアニメの絵やイラスト。
亜香音　ああ、瑞希ちゃん、イラスト的なの、上手だもんね。
瑞希　だから、美術部だからって、イベントの看板描いてとか、スローガン描いてとかって、私的にはありえない。なんで、そんなことしなくちゃなんないのって思う。（薫のところへ行って、覗き込むように）なのに、そんな仕事を引き受けて、1人でやろうとしている部長って、……ちょっと迷惑。
亜香音　迷惑？
瑞希　だって、あんなふうに廊下で1人頑張られると、やっていない私たちが悪者みたいじゃないですか。
亜香音　悪者？
瑞希　そうですよ。別に、絶対やらないってわけじゃないのに、この前、副部長と喧嘩みたいになって、その後、「やりたくない人はやらなくていいから」なんて言って。

亜香音　瑞希ちゃんは、薫と一緒に体育大会のスローガンを描く気があるの？

瑞希　……だって、私、……美術部がなくなるのはちょっといやだし……。

瑞希、薫のところへ行き、筆をもって、はしっこの方から塗り始める。

薫　瑞希ちゃん？

瑞希　先輩、1人でやるのはあてつけがましいですよ。手伝います。でも、その代り私油絵苦手なんで、公民館祭り、油絵出さないでいいですか？

薫　……柳先生にきいてみるね。……手伝い、ありがと。

亜香音、2人にやや歩み寄るが、その後ろから果鈴が亜香音に背を向けて話し始める。

果鈴　私、絵を描くのは好きなんです。でも、小学校の時、写生大会があって、担任の先生が私の絵を見て「個性的な絵ね。」って言ったんです。初めは褒め言葉かなって思っていたんですけどでも、違った。放課後の教室で、隣の担任の先生と私の絵を見て笑ってた。

亜香音　（振り返って、果鈴に）それ、別にあなたの絵を見て笑ったわけじゃないかもしれないでしょ。

果鈴　かもしれない。でも先生は「個性的しか褒め言葉がなかったのよ。」って言ったんです。

亜香音　それは……。

果鈴　……それ以来、授業で絵を描くことが怖くなって……。でも美術部なら、部活なら、好きな絵を評価関係なしに描けるかなって思って。

亜香音　そうだね。

果鈴　でも、そんなことは無いんですね。私、知っています。他のみんなが私の絵をなんて言っているか。

亜香音　……。

果鈴　「よくあんな絵描いて絵が好きとか言うよね」って。ああ、別に言われても仕方ないこともわかっているからそれはいいんです。でも……、作品をコンテストに出展しろとか言われると……。

亜香音　うん、そうだね。わかるよ。

果鈴　本当ですか？

亜香音　え？

果鈴　あ、だって先輩の絵はこの部で1番上手だし……。

亜香音　そんなこと。

果鈴　私、とにかく自分の絵を外に出したくないんです。でも、できればこの美術部で絵を描いていたいんです。私、美術部なくなると困るんで、とりあえず、部長手伝ってきます。

果鈴、薫のところへ行き、一言かけて筆を執り、瑞希と一緒に端の方を描き始める。

その様子を見る亜香音。

亜香音　何だっていうの。みんな、あんなに薫に対する不満を言ってきて、私はそれを薫に伝えてあげたのに。私は何のために……。

香住　そう。亜香音は何のために薫と言い争ったの？

亜香音　香住……。

香住　下級生の不満を薫に伝える。それで？

亜香音　それでって……。

香住　不満をそのまま伝えたって、解決にならないって、実はあなただってわかっていたんじゃないの？

亜香音　私は……。

香住　私はいつもここでみんなを見ている。私は、誰かと一緒に何かをすることが苦手で。

亜香音　……。

香住　でも、みんながぶつかり合ったり協力し合ったりしている様子は、私にとってはまぶしいくらいの素敵な風景なの。だから、ちょっとだけ、その風景を客観的にみることができる。

亜香音　客観的……。

香住　そう。だから見えるの、亜香音、あなたの気持ちが。

亜香音　私の気持ち？

香住　あなたは薫が部長であること不満を持っている。絵だって自分の方が上手いし、部に対する熱意だって薫よりあると思っていて、自分が部長ならもっと部は良くなるって思っていない？　亜香音もろくに活動していない後輩にいら立ってたよね。だから、何かあるなら話を聞くよって優しくいうけど、でも、私は、その優しさの裏に怒っている亜香音が見えた。

亜香音　ひどい。

果鈴　ごめんね。きついこと言ってるの、わかってる。でも、薫も亜香音もどこかで本音が出せていない気がして……。

亜香音　それって、私が悪いってこと？

香住　そういう事じゃなくて……。なんか、今の美術部はバラバラで変な感じがする。だったら、それをどうするか、もっと、部長と副部長で話をしたらってこと。

香住、ゆっくりと薫のところへ行き、手伝いを始める。
1人残される亜香音。

亜香音　何⁉　何なの？

暗転。

第三場　少しずつ歩み寄る

明かりが入ると、美術室でそれぞれが活動している。
そこに、亜香音と薫の姿はない。

なずな　ねえ、副部長、このごろ休んでるよね。

瑞希　うん、あれだよね、スローガンつくり、私たちが手伝ったあたりからだよね。
なずな　その話聞いた時、マジかって思った。だって、みんなあんなにそういう仕事やだって言ってたでしょ。
瑞希　まね。でもさ、美術部つぶしたいわけじゃないし……。部長と副部長が仲悪いって評判たったら新入生、絶対入ってこないよね。美術部つぶれたらって思ったら、ね。
果鈴　う……ん。私たち、ちょっとわがままだったかな？
なずな　あのスローガンだけど、部長が「やりたくないなら、そう言って」って、それで「自分が引き受けたから、自分がとにかくやるから」って言ってさ。私なんか「じゃあそれで」ってやらないで帰ったけど、みんなは描いたんでしょ。
瑞希　だってさ、廊下で1人で描いている部長みてたら、なんか悪いなって気持ちになって。
果鈴　あの新入生が入らないとって話もさ、ちょっと気になって。やっぱ、学校の手伝いもしてますってアピールも必要かなとかも思って。
なずな　ふーん……。でさ、その時、副部長には、みんなしてきついこと言ったんでしょ。
瑞希　きついこと言ったつもりはないけど……、たまたま、そんな感じになっちゃって

薫が入ってくる。

薫　みんな、後で見てね。体育委員があのスローガンを飾ってくれたから、後で見てね。校長先生が、「きれいにかけてる」って、「美術部にお礼を言ってくれ」って。みんな、手伝ってくれてありがとう。
果鈴　はーい、はいはい、部長、副部長今日もお休みですか？
薫　う……ん。

そこへ、亜香音が入ってくる。挨拶もせずに、準備をして絵を描き始める。

薫　亜香音。あいさつくらいしようよ。
亜香音　（誰とも目をあわさず）こんにちは。
薫　ねえ、亜香音、ちょっと話さない？
亜香音　別に、わたしには話すことは無いんですけど。
薫　でも、前の話も終わってないし。
亜香音　あれ、もういいです。だって、別に後輩の不満を聞く必要もないみたいだし。
果鈴　（立ち上がって、亜香音に）先輩、すみませんでした！
亜香音　何？
果鈴　だって、私たちが先輩に愚痴って、それを真面目に聞いてくださったからこそ部長ともめたんだし。なのに、私たち、先輩を裏切って結局スローガン描いたし。
亜香音　へえ、不満ではなく、愚痴だったんだ。そのうえ、裏切られたんだ、私。
香住　亜香音、その言い方、だめだと思うよ。

亜香音　なんかさ、香住、その言い方上から目線でむかつくんだけど。
香住　ごめん。でも、後輩たちも亜香音が休んでいた時に本当に心配してたんだから。
亜香音　そう……。でも、私なんて誰かに言えない愚痴を伝える役ってだけで、特に信頼されているわけでもないし別に心配してくれなくてもって思うよ。
薫　亜香音、それすねているようにしか聞こえない。
亜香音　あ、そう。そう思うならそう思ってくれてもいいよ。
薫　あのさ、スローガン描いている時思った。後輩は手伝ってくれたけど、何だろう、会話がないんだよね。亜香音が聞いていた本音が聞こえてこない。私じゃだめなのかなって……。
亜香音　……。
薫　私も考えたんだ。先輩から受け継いだものってなんだろうとか、ただ好きな絵を描く場所が部活ではないいんじゃないかとか……。
亜香音　知らないよ！　今さらそんなこと言われたって！　私だってこの部活をいい加減に選んだんじゃないし活動だって、一生懸命にやってきた。だから、後輩が不満があるって言ってきたとき、愚痴を言ってるなんて思わずに相談してくれたと思って嬉しかったたし、ちゃんと話を聞こうと思った。
香住　ねえ、薫。今日の部活、ミーティングにしたら？
薫　そうだね。この際、みんなの気持ちをちゃんと伝えあおうよ。私もきちんと知りたいし。
亜香音　……意味ないと思う。
薫　え？
亜香音　聞いてどうするの？　この前（下級生を指さし）言ったよね。絵を出したくないとか、好きな絵だけ描いていたいとか。でも、（薫に）それを聞いたからってなにか変るの？　変えられるの？（香住に）本音を出し合えばって言ったけど、本音なんか言い合ったらぎすぎすするだけじゃないの？
薫　そんなこと。
亜香音　私が聞いた後輩の本音は、自分の好きなことをしたい。他のことなんかしたくない。学校のイベントの手伝いはめんどくさい。私の本音は、好き勝手に描くなら家でこもって描いてればってことと柳先生の御用聞きみたいな手伝いはしたくないってこと。以上！
薫　亜香音……。
亜香音　気持ちは解決なんてしないよ。本音なんて、わがままの形を変えたものでしかないでしょ。これからミーティングするなら私は出ない。帰る。

亜香音、部を出ていく。

薫　亜香音！（後を追う）
なずな　亜香音先輩、すごい。なんかたまってたって感じ。
瑞希　（なずなに）ばか。空気読みなよ。亜香音先輩が怒ってる相手って私たちでしょ。

なずな　え、そうなの？
果鈴　なんかさ、亜香音先輩が聞いてくれるからつい言っちゃたことがもとで部長ともめたでしょ。
なずな　あ、あの言い合いはなかなか見ものだったよね。
瑞希　何他人事みたいに言ってんの。
なずな　でも、私はやりたくないって言っただけで。
果鈴　そうだよ。でも、あんなふうに言い合いになるなんて思わなかったし、その後、部長を手伝って、亜香音先輩が孤立するような恰好（かっこ）になったでしょ。
なずな　ああ、その時私休んでたからな。参加したかったよ、それ。
瑞希　あんた、その能天気な発言、やばいから。
なずな　なんかディスられてる気がするんですけど。
瑞希　あ、それは分かるんだ。
なずな　ひどーい、（果鈴に）いじめられた。
果鈴　よしよし、って、いや、それあんたがいけないよ。
なずな　（香住に）せんぱーい。
香住　あなたたち、その調子で亜香音にイベントの手伝いなんかやりたくないって言ったの？
後輩たち　え？
香住　亜香音も気の毒に。誰よりもこの部活を大事に思っているのに。だいたい美術部は毎年廃部の危機を抱えてる。去年も先輩がいなくて、私たち2年が3人だったからね。入部希望者がいなければ廃部って言われてた。（後輩たち、顔を見合わせる）
香住　だから、あなたたちが入部してきたときには、誰よりも亜香音が喜んで、あなたたちを大切にしようって言ってたんだよ。今年また、まだ入部希望者がいないことも心配していて、何が悪いんだろうって1人で考えて、悩んで。なのに、そのあなたたちは、そんな軽い気持ちで亜香音に愚痴ったんだ。
果鈴　香住先輩……。私たち、どうすればいいですか？
香住　あなたたちも考えて。絵を描くことは個人作業だけど、柳先生も言ってたでしょ。部活は個人が好きなことをするだけの場じゃないってこと。

愛生、覗くようにして入ってくる。足を引きずっている。

愛生　香住ちゃん……。亜香音ちゃん、なにかあった？
香住　愛生ちゃん、どうしたの？　合唱部は？
愛生　ちょっと休憩。さっき、廊下を走っていく亜香音ちゃんと追いかける薫ちゃんを見たから、どうしたのかなって。
香住　うん、ちょっとね。
愛生　体育委員会が体育祭スローガンはってた。きれいに描けてたけど、亜香音ちゃんは描かなかったの？
後輩たち　え？
愛生　（後輩たちの怪訝そうな表情に気づいて）あ、ほら、亜香音ちゃんが入ると、必ずバックに何かの絵が描かれて、よく見ないとわからないけど必ずエールの言葉が書き添えられているの。でも、それがなかったから。
なずな　え？　エール？

愛生　うん、私、ほら（足を指す）、小さいとき事故に遭って、ちょっと足がね……。だから体育大会とか駅伝大会とかって苦手なんだけど、亜香音ちゃんがスローガンを指して言ったの。バックの絵の中に隠れているものがあるから探してって。

果鈴　隠れているものってなんですか？

愛生　小さくだけど、絵の中にそれとなくなんだけど、「みんなでね」とか「あなたは大事なピース」とか書かれているの。バックの木の絵の幹のところとかに。

瑞希　ピース？

香住　かけら、部品のこと。ほら、ジグソーパズルでも言うでしょ、ピース。

なずな　ああ、平和って意味じゃなかったんだ。

愛生　うん、見つけたよって言ったら、亜香音ちゃん嬉しそうに、愛生も大事なピースなんだからできることをできる分だけ頑張ろうって言ってくれた。だから、私、団体競技とかにも出たし、見ているだけだった体育大会に参加できたの。

果鈴　私、去年、スローガンなんて字だけ書けばいいのにって、亜香音先輩、わざわざなんか描いてるってそれだけしか気づかないで、メンドクサイことやってるって思ってた。

瑞希　私も一緒に描いてたけど、バックにそんなメッセージが入ってるなんて気づかなかった。

愛生　私ね、ここの美術部の描く看板はあったかいなって、好きだなって思って、美術部が描いているってすごいんだなって思っていたの。

果鈴　私たち、……やっぱり、ちょっとわがままだった？

なずな　ええー、でもさ、そんなの言ってくれないとわかんないよね。

瑞希　まあ、ね。1人で頑張られても、（なずなに）ねえ？

愛生　香住ちゃんは後輩たちに亜香音ちゃんたちのやってること伝えてないの？

香住　え？

愛生　このごろ、亜香音ちゃん、薫ちゃんとうまくいっていないって悩んでるけど、香住ちゃんは？

香住　私は……。

なずな　そういえば、先輩、けっこうきついことピンポイントで言うけど、部活について特に言いませんよね。

果鈴　（後ろからなずなをはたいて）ばか！　仮にも先輩に何言ってんのよ！

香住　仮にも……か。

愛生　まあ、香住ちゃんはクラスでもみんなにかかわるってあまりしないもんね。とりあえず、亜香音ちゃん、戻ってきたら、私が心配してるって伝えて。

香住　わかった。

薫、1人で帰ってくる。

香住　薫……。

薫　（香住に）……うん。（愛生に気づいて）あれ、愛生ちゃん。

愛生　薫ちゃん、ひとり？
薫　うん。愛生ちゃん、どうしたの？
愛生　亜香音ちゃんを追いかけてく薫ちゃんをみたから……。今年、スローガンが字だけだったのも気になったし。
薫　ああ、ちょっと亜香音、すねてて。でも大丈夫。亜香音はここが好きだから、戻ってくるよ。そうだ。スローガン。今年は亜香音がいなかったから絵は入れなかったんだけど、いつものあれ、入っているよ。探してみて。
愛生　ええ、どこに？
薫　宝探しはさ、探すのが楽しいでしょ。内緒だよ。
香住　愛生ちゃん、合唱部は？
愛生　ああ、いけない。休憩長すぎだね。戻るわ。
薫　心配してくれてありがと。
愛生　ううん。またね。薫ちゃん、宝探し、してみるね。

愛生、出ていく。

なずな　亜香音先輩、帰っちゃったんですか？
薫　うん、今日はね。
果鈴　私たちのせいですか？　やっぱ……。
薫　違うよ。きっかけだったかもしれないけど、本当は、もっと話し合わなければいけなかったのにそれをしてこなかった私たち3年のせい。
香住　私たちって、私も入ってる？
薫　もちろん。だって、美術部を後輩に託すための姿勢、全然考えてこなかったでしょ。亜香音もいれて、もう1度考えよう。
香住　……。
薫　（2年生に）さあ、ほら、作品作りに取り組もう。コンテストの応募は夏休み後半だけど、まずは公民館祭りの作品をがんばらないとね。
みんな　（それぞれに）はぁ～い。

暗転。

第四場　仲間への一歩が出る

瑞希と果鈴が描く支度をしている。
そこへ、なずなが飛び込んでくる。

なずな　わかった！　見つけた！
果鈴　どうしたの？　何を見つけたの？
なずな　だ・か・ら！　宝物！
瑞希　宝物？
なずな　そう！　スローガンにあるって部長が言ってたでしょ。
瑞希　（果鈴と顔を見合わせてくすっと笑う）見つけたんだ、やっと。
なずな　え？
果鈴　私たち、とっくに見つけてたよ。

瑞希　部長が言った後すぐ、探しに行ったもの。（果鈴に）ね。
果鈴　そうだよ。
なずな　なんだぁ。ずるいよ。２人だけで。
果鈴　（瑞希に）だって、ねぇ。
瑞希　なずなってば、なにかあると、すぐ部活休むでしょ。探しに行った時もお休みだったし、その後も来たり来なかったりで。
果鈴　私ね、ちょっと反省したんだ。部長も副部長も、ややらなくちゃいけないことも含めて一生懸命やろうとしてるんだなって思ったら、やっぱり、やりたいことばかりやって、スローガンや看板を、ただただやりたくないって言っているのは、小さい子がだだこねているのと同じかなってね。
瑞希　うん、やりたくないとかできないじゃなくて、どうやればって考えるべきだって、私も考えた。
なずな　（ちょっとすねて）何それ。なんか、私だけおいていかれた感じ。
果鈴　そんなことないって。
瑞希　そうだよ。ほら宿題だって、やりたくなくてもやらなきゃいけないことはあるじゃない。それ、やるよね。
なずな　スローガンや看板は、美術部の宿題？
瑞希　ま、そんなものだよね。ね、見つけた宝物、よくわかったね。
なずな　うん、クラスの男子があれなんだ？って聞いてきて。
瑞希　なずな、あなたが見つけたわけじゃないの？
なずな　あ、やば。ばれた。
果鈴　（笑いながら瑞希に）まあ、なずなですから。
瑞希　うん、なずなだよね。
なずな　なにそれぇ。
瑞希　で？
なずな　あ、そうそう、何それって一緒に見に行ったら、スローガンに日があたっていて、黒い字の中に青の入った黒い絵具でエールの言葉があった！
瑞希　でも、ちゃんと見つけられたんだ。えらいえらい。
なずな　（胸をそらせて）エッヘン。
果鈴　なんて書いてあった？
なずな　「ここへ来て」「一緒が大事」、そして「あなたは大事な」
３人　「ピース！！」
果鈴　日陰だったりすると、黒だから見えないけど、日が当たると違う黒の色で描かれたメッセージが浮かび上がる。
瑞希　部長も考えたよね。やっぱ、美術部部長だけあるよね。
果鈴　あ、でも、アイデアは柳先生がヒントをくれたらしいよ。私、部長に見つけたことを言ったら、部長が１人じゃどうしたらいいかわからなかったって言ってた。
瑞希　柳先生ってさ、この場所にはいなくても、いつもちゃんと気にかけてくれているって感じだよね。
なずな　えーー、２人ともあんなに絵を描くこと以外はいやって言って、やれっていう柳先生のことぼろくそ言ってたのに。

瑞希 だから、私たちはちょっと。

2人 反省しましたぁぁぁぁ。

なずな ずるーい。2人だけで。

瑞希 なずなだって、スローガンの宝もの見つけて、思ったことあったでしょ。

なずな ま、ね。教えてくれた男子が「お前ら、面白いことやってんな」って言って、結構、その話題でクラスが盛り上がったから、ちょっと気分良かった。

果鈴 それさ、一緒に描いてたら、もっと気分いいよね。

瑞希 （果鈴に）私たちって、ちょっと損した感じだよね。そして（なずなに）あの週、部長の言葉を真に受けて休んだなずなは、もっともっと。

2人 損してる！

なずな わぁぁ、なんかディスられてる？　私。

瑞希 とにかく、やることやりもしないで休んで文句言っているのはだめだってことだね。

果鈴 なずなも休まず、まず来ることからしないと。

なずな そうか、そうだよね。私、内申書を考えたら部活入っていた方がいいよってお母さんに言われて、特に目的もなく美術部入って、楽にいるだけでいいかって思ってたけど、なんかさ、ちょっと悔しい気がする。

果鈴 悔しいんだ。

なずな うん、だから私……。

瑞希 ん？

なずな 私もちょっと嬉しい思いをしたいので、仲間に入ります！　休まず部活参加して、少しだけど頑張ります！

果鈴 （瑞希に）少しだけだって。

瑞希 ま、なずなだからね。

なずな 何それ。

3人、笑いあう。そこへ香住が来る。

香住 2年生、楽しそうだね。

なずな はい！　私たち、ちょっと心を入れ替えて頑張ることにしたので。

香住 へ……え。

そこへ、愛生が心配そうに顔をのぞかせる。

愛生 香住ちゃん。

香住 愛生ちゃん？　どうしたの？

愛生 亜香音ちゃん、部活やめるってほんと？

2年生たち え⁉︎

愛生 今、先生と薫とで話してる。

香住 なんで⁉︎

愛生 私が聞きたい。あんなに一生懸命だったのに。だれも亜香音ちゃんを止めなかったの？

果鈴 私たち……。

瑞希 行かなきゃ

なずな　え？
果鈴　だって、私たちのせいでもあるんだし
瑞希　なずなは先輩、このままやめてもいいって思うの？
なずな　思うわけないでしょ。
果鈴　だから！　止めよう！
なずな　あ、そうか、そうだよね。
瑞希　（香住に）私たち、行ってきます。（愛生に）先輩たち、どこですか？
愛生　あ、ああ、ふれあいルームに。
果鈴　行こう!!
２人　うん！

2年生、駆け出す。
それを見送る、愛生と香住。
愛生、香住に近づいて。

愛生　香住ちゃんは？　何もしないの？
香住　あ……。
愛生　香住ちゃん、動かないと伝わらないこともあると思う。言葉にしないと伝わらないことも、ね。
香住　私……。
愛生　私、香住ちゃんがここを好きなこと知ってるし、亜香音ちゃんのことだって大事に思っているんでしょ。
香住　……私……、私も行ってこなくちゃ……。
愛生　うん、亜香音ちゃんを止めて。部員みんなで。
香住　うん。

部屋を出ていこうとして、振り返る。

香住　愛生ちゃん。
愛生　え？
香住　有難う。動けなかった私の背中を押してくれて。
愛生　何言ってるの。友達でしょ。それに、美術部に背中を押してもらっているのは私だもの。ほら、早く行って。
香住　うん。

急いで出ていく香住。見送る愛生。
暗転。

第五場　そして仲間に

美術室へ入ってくる薫と亜香音。

亜香音　そうだよ。私、部長になりたかったし、薫よりうまくやれると思ってた。でも、それは錯覚だってわかった。
薫　亜香音……。
亜香音　私は美術部が好きだった。つぶしたくなかった。だから去年新入生が3人入ってすごくうれしかった。
薫　うん。
亜香音　でも、なんていうか後輩は熱がなくて、イベント

の何かを作るよって言っても、適当にって感じがして……。
薫　私もそれは感じてた。
亜香音　だから、聞いたんだ、なんでやらないのって。
薫　……。
亜香音　そうしたら、もっと自分の絵を描きたいって、学校のイベントに協力することで時間が足りないって。実際ね、油絵とか大きなキャンバスの絵は家で描くなんてできなかったりするでしょ。
薫　そうだね。描く場所の確保って結構大事。
亜香音　だから、例えば看板は使い回しを可能なように作ったり、公民館祭りの取り組みはもっと長い目で見て年間の作品からで良しとして、必ず油絵でなくて自分の作品から出すとかできるんじゃないかと思って……。
薫　言ってくれれば……。
亜香音　言おうとしたよ。でも、初めの、後輩が言っているって言葉で薫はいきなり「やることは自分が決めているんじゃないから」って言った。
薫　あ……。
亜香音　そんな言い方されたら、私ももっと後輩の言うことも聞いてよって言うしかない感じになって。
薫　ごめん、私……。亜香音、意味ないって亜香音は言ったけど、やっぱり話し合って、お互いの思いを知ることって大事だと思う。今亜香音の言葉を聞いて、なおさらにさ。ね、戻るでしょ、部活。
亜香音　でも……。私、あんな切れ方しちゃったし……。
薫　ああ、それは大丈夫だと思うよ。驚いたけど、2年生たち、反省してたし問題ないって。
亜香音　でも……。
薫　？　何？
亜香音　恥ずかしいよね、どんな顔してって思うし。
薫　あははは。
亜香音　やだ、笑わないでよ。
薫　なんかさ、かわいい。
亜香音　は？
薫　亜香音っていつも何かに怒っているイメージだったから。
亜香音　それは薫の方でしょ。いつも真面目な顔して怖いって後輩が言ってたよ。
薫　私たち、去年まではよくこんなふうに笑って話してたよね。スローガンのバックに言葉を隠そうって先輩が言った時も、面白いってのりのりで描くことができたよね。
亜香音　そうだったよね。
薫　私、焦ってたかも。
亜香音　？
薫　前は先輩についてただ面白がって描いていればよかったけど、部長になったら、それだけじゃだめなんだってことがわかって……。とにかくやらなきゃってことだけで動いていたかも。
亜香音　私も……。本当は……、やっぱり、なんで薫が部長にって思ったから、ろくに協力しなくて……。

2年生が、息を切らせて戻っててくる。

瑞希　先輩！　いたぁ!!

なずな　ぐるっと学校中、まわっちゃった。ここで待ってればよかったね。

瑞希　そういうこと言わない！

果鈴　亜香音先輩！　やめないでください！

瑞希　私たち、わがままだったりしましたけど、美術部好きだし、先輩のことも。

なずな　（前に飛び出すように）大好きなんですぅ!!

瑞希　（なずなの頭をはたいて）もお！　あんたは、すぐおいしい所を持っていこうとして！

果鈴　先輩にばっかり頼ったりしないで、私たちももっときちんとやりますから。

瑞希　やめないでください、先輩！

後ろから香住が来る。

香住　亜香音、私も他人事みたいにして、亜香音と薫に任せっぱなしのことが多かったこと反省してる。だから、やめるのは……。

薫　（亜香音を見て）ね、言ったでしょ。

亜香音　（涙ぐみながら）もう、やだ。みんなして……。

2年生たち　（口々に）先輩！　やめないでください！

薫　（2年生たちに）ああ、ほら、みんな。亜香音はやめないから。

みんな　え？　本当ですか？

薫　今、柳先生と話してきたの。みんなと理解し合おうとしていないのに、やめるのは絶対に認めないって言われて。

果鈴　よかった。

なずな　（瑞希に）先生、言う時に言うんだね。

瑞希　あんた、エラそう。何様って言われるよ。

亜香音　私……、私、あんな切れ方してごめんなさい。1人で考えてたら、色々煮詰まっちゃって……。

薫　それは、私も同じだって。

後方から。

柳先生　ほらね。話し合うって大切でしょ。

みんな振り向く。
柳先生、鉢植えとプリントを持っている。

柳先生　はい部長、（鉢植えを出して）これ、忘れていったでしょ。みんな、6月のデッサン課題は花です。

なずな　えーー、花って苦手。

瑞希　（頭をはたいて）あんたは、また！

果鈴　きれいな花ですね。

薫　ゼラニウムなんだって。

香住　ゼラニウム……。

柳先生　そう。赤いこの花の花言葉は「信頼」、そして「あなたがいて幸せ」。
香住　「信頼」。
亜香音　「あなたがいて幸せ」。
柳先生　そう。あなたたちにピッタリでしょ。
果鈴　ああ、そういうことか……。
柳先生　そして、デッサンが終わったら、花壇に植えましょう。
瑞希　え？　植えるんですか？
柳先生　そうよ。そして根付かせましょう、「信頼」と「幸せ」。
なずな　なんか、かっこいい。
薫　スローガンも看板も、ただ描いているわけじゃないって伝えなかった自分もダメでした。２年生たち、ごめんね。
亜香音　（薫に）それは自分もでした。ごめんなさい。
なずな　やばっ。先輩に謝られてばっか。
果鈴　知ろうとしない、先輩たちの話を聞こうとしない自分たちもいけなかったです。すみませんでした。
瑞希　（なずなの頭を下げさせて）ほら、あんたも。先輩、すみませんでした。
なずな　でした。
柳先生　みんなして謝罪合戦だね。ねえ、大事なのはこれから何をしていくかでしょ。美術部として、または部員一人一人としてやるべきことはやれるのかな？
なずな　もちろんです！　やります！

果鈴　ええ？　なずなが１番心配なんですけど。
瑞希　ほんと。
なずな　ひどい。見ててよ、明日から生まれ変わった私を！
果鈴　ふーん、見させてもらいますか。
亜香音　（薫に）いい後輩たちだよね。
薫　うん。私たちも頑張らなくちゃね。
柳先生　おおっと、忘れるとこでした。香住さん。
香住　はい？
柳先生　入賞通知。
みんな　ええ？
柳先生　４月に募集した中学生絵画コンクールの水彩画部門で入賞です。
亜香音　すごい！
薫　水彩画って、いつも香住が描いている？
柳先生　そうよ。作品名は「放課後、跳ねる光たち」。
薫　跳ねる光？
香住　……私、２年生には言ったけど、本当はぶつかり合う様子ですら、つながっている感じがしてうらやましかったの。その様子を、光に託して描いた絵。
なずな　私たち、光なんだ。
香住　そう、色々な色をして飛び跳ねている、まぶしいくらいの光。
果鈴　私も光ですか？
香住　うん、好きな絵に真剣に向かう姿は、まぶしいくらいの光。
薫　いろいろな色してるの？

香住　うん。

亜香音　私、自分の色はピンクだったらいいな。

薫　名前があかねなのに？

柳先生　そう、みんなが1枚の絵の中の大事な部分を担って絵が完成している。素敵な絵よ。

なずな　応募の前に見たかったな、その絵。

柳先生　戻ってきたら、ゆっくり見て。

薫　私たち、ホントにそんな部活になれるといいね。

亜香音　みんなが輝いて、そして、一人一人が大事なピースで1枚の絵になる……。

果鈴　素敵。

瑞希　なれるかな。

香住　なっていると思うよ、もう。

薫　では、まず、本日は新たな課題としての花のデッサン。週末には公民館への出品作品の確認をするからそのつもりでね。

みんな　はーい

柳先生　おお、2年生、いい返事。作品も期待してるから、頑張ってね。

柳先生が出ていき、それぞれが席に着き、絵を描き始める。

薫と亜香音、顔を見合わせて微笑みながら、自分たちも加わる。

明るい美術部の活動風景。

――幕――

おかみちゃん！

橘　里多＋横浜市立日吉台西中学校演劇部

登場人物
おかみちゃん　旅館「立花」の女将。名前は佳乃《よしの》。東京でOLをしていたが母である先代の女将のあとを継いだ。
かすみ　中居頭。アラフォー。旅館「立花」の創業当時から働いている。
まゆみ　仲居。33歳。
あやめ　中居。
かんな　中居。少しおかみちゃんに厳しい。
れん　番頭のトップ。30代。
ゆず　仲居。
さら　仲居。
板さん　立花の板前。先代のおかみさんから勤めている
弟子　板さんの腕にほれこんで弟子になった。20代。
ささみん　従業員。
森田　謎のカメラマン。
山田　謎の客。
内藤雄一　70代。かつて新婚当時一度この旅館に泊まったことがある。
内藤百合子　70代。病気を患っている。

横浜市立日吉台西中学校、2018年12月28日、神奈川県創作劇発表会、初演。

【第1場】

旅館「立花」。中庭に大きな桜。（桜は客席にある）
下手前に玄関がある。
上手奥、下手奥に平台が置いてある。
上手奥は葵の間、下手奥は茜の間。
どちらも2階なので、部屋に続く階段が上手下手にある。
上手袖の向こうに紅葉の間がある設定。
中央はロビー。ソファーと机が置いてある。
中割り幕を閉めておく。
オープニング。
ぞうきんがけや番頭さんの水まきなど軽快な音楽に合わせて演技。
そのうちに従業員が集まり、おかみちゃんを呼ぶ。

全員　おかみちゃん！
おかみちゃん　は〜い！
かすみ　はじめるわよ。
おかみちゃん　あ、はい！

ロビーに従業員が集合し、今月の決算が始まる。

おかみちゃん　（真剣に）それでは始めてください。

番頭さんがそろばんをパチパチしだす。
周りで興味津々に見ている。

れん　光熱費、○万○○○円な〜り。
全員　な〜り。
れん　クリーニング代、○万○○○円な〜り。
全員　な〜り。
れん　仕入れ、○万○○○円な〜り。
全員　な〜り。
れん　締めまして……。
全員　締めまして……？
れん　残金４５８３円です。

全員がっくりするが、おかみちゃんだけ大喜びする。

おかみちゃん　え？　黒字⁇　やった！
かすみ　おかみちゃん、ちがうでしょ。
さら　私たちの給料は？
おかみちゃん　給料？　あっ、給料……。

全員、ため息。

おかみちゃん　予約は？
さら　ありません。
まゆみ　正直、もうだめなんじゃない、この旅館。
れん　そうそう。先代のおかみさんのときからまあ業績はいいほうではなかったけどさ。

かすみ　おかみちゃんがついでからはさらに右肩下がり。
さら　そうそう借金も増える一方。
おかみちゃん　……すみません。
まゆみ　みんな、そんなこといわないであげてよ。
板さん　東京でＯＬしてたのに、おかみさんが亡くなってからはそれを全部捨ててこの旅館ついだんだからさ。
まゆみ　そうだよ。がんばってるよ。
おかみちゃん　ありがとう。まゆみさん。がんばってるからそろそろおかみちゃんじゃなくておかみさんって呼んでください。

　全員、吹き出す。

板さん　むりでしょ〜！
おかみちゃん　がんばってるのに！
かんな　まだまだおかみちゃん、だよ〜。
まゆみ　だよねー。
さら　それにしてもなんとかこの旅館、盛り上げないとね！
あやめ　そうだ。これからはネットの時代。ＨＰつくったら。
かすみ　だれができるの？

　みんな、無理無理と首を振る。

れん　作るにしてもなんかキャッチコピーみたいなものいるんじゃない？
板さん　キャッチコピー……。
おかみちゃん　美人女将とか……。

　みんな、無視する。

かすみ　この旅館、鯛が崎温泉でも外れにあるし。
板さん　いいとこっていえば。
全員　…………？（言葉に詰まる）
まゆみ　あ、ほら近くに湧き水があるじゃない。
板さん　わざわざうちの裏山に登ってまで行く人が??
まゆみ　確かに。
かすみ　あとは……中庭の桜？　ほら、だいぶん咲いてきたし。

　きれいねーと桜を眺める。

あやめ　中庭にこんな大きな桜あるの珍しいかも。
板さん　おかみさんも大切にしてたし。
かんな　でも桜なんてそこらへんにも咲いてるし。
さら　川沿いの桜並木のほうが見栄えがするよね。
…………。

　ほかにいいところを探せないみんな。

おかみちゃん　おかあさん、なんでこんな何にもないところに旅館建てたんだろう。

全員　はあ～。

みんながやる気をなくしたところに、ゆずが走ってくる。

ゆず　みなさん！

全員　どうしたのゆずさん。

ゆず　ファックスが来てます。

板さん　ファックス？　借金の請求？

ゆず　ちがいますよ。るるべが鯛が崎温泉特集をやるんだって

おかみちゃん　え？　るるべって旅行ガイドサイトの大手の⁇

かすみ　鯛が崎温泉特集？

ゆず　そのコーナーに、なんと旅館ランキングがあるんだって！

全員　え～‼

あやめ　じゃあ、記者の人が来るって事⁇

ゆず　そうらしい。

板さん　それはどんな人？

ゆず　（ファックスを見て）……わからない。

板さん　なんだよそれ。

ゆず　それがきまりなんだって。身分を隠してお忍びでくるんだって。

おかみちゃん　それじゃあ。

あやめ　男女も不明。

さら　年齢も不明。

板さん　何人で来るかも不明……。

ゆず　終わった。

おかみちゃん以外が倒れ込む。

おかみちゃん　大丈夫よ！

ゆず　何を根拠に。

おかみちゃん　番頭さん！　予約は。

さら　だからさっき言っただろ。そんなもん入ってたら苦労しない……。

おかみちゃん　ほら！

かんな　あ！

おかみちゃん　ということはこれから来るお客が記者だっていうこと！

全員の顔が明るくなる。

かすみ　おかみちゃん、冴えてる！

さら　その客にサービスしまくって。

板さん　ランキングがあがって。

かすみ　給料もあがる！

全員　いえ～い。

おかみちゃん　ようし、がんばるぞ！

全員　えいえいお～！

【第2場】

下手から客がやって来る。
カメラを抱えている。

全員　キタ〜〜〜!!
森田　今日、お部屋あいてますか。
全員　えっ。
森田　あの〜。

仲居たちが慌ててたすきをほどき、接客の準備をする。

おかみちゃん　（緊張して）よ、よ、ようこそ旅館立花へ。お、お、おかみの佳乃です。
かすみ　おかみちゃん、おかみちゃん、しっかりして。
おかみちゃん　だって……。

中居、ロビーに案内して客を座らせる。

かすみ　宿帳をお願いいたします。

客、書きだす。

全員　東京!!（やっぱり！と見合わせる）
森田　なにか？
全員　いえいえいえいえ。
ゆず　いえ。お気になさらず。森田様でいらっしゃいますね。
かすみ　おかみちゃん、お部屋はどうしよう。
おかみちゃん　あ、ああああああか。（パニック状態）
まゆみ　茜の間！　茜の間にしなよ！
番頭　そうだね。あそこなら景色も悪くないし。
まゆみ　それでは森田様、茜の間にご案内します。こちらは当旅館のスイートルームとなっております。
ささみん　（急にソファーの裏から出てくる）うそつけ。

全員、必死になってささみんをとめる。

かんな　いえいえ。どうぞごゆっくり。
まゆみ　いいえ〜。
森田　いいんですか。とびこみできたのにすみません。

2階へつづく階段へ案内する。（下手側）
全員、森田に礼をする。ロビーに集合する。

かすみ　間違いないわ。
ゆず　東京からだもんね。
あやめ　手にカメラ持ってたわ。絶対そうだ。

下手の玄関から手にPCを持った客がやって来る。

あやめ　どうぞこちらへ。宿帳をお願いいたします。
れん　なぜ今日に限ってお客が？
全員　えっ。
山田　すみませ～ん。予約はしていないんですが、今日お部屋ってあいてますか？

客、書き出す。

全員　東京!!？
山田　え、なにか。
全員　いえいえいえいえいえ。
あやめ　いえいえ。どうぞごゆっくり。山田様でございますね。
かすみ　おかみちゃん、お部屋はどうしよう。
おかみちゃん　あ、ああああああお。（パニック状態）
れん　あ、葵の間！　葵の間がいい！　そこならほら、茜の間と同じくらいの眺めだし。
あやめ　そうね。
あやめ　葵の間にご案内いたします。こちらは特別室になっております。
ささみん　（また急にどこからともなく）うそつけ。
全員　しーーーーーっ!!
山田　いいの？　なんか悪いね。ハハ。

2階へつづく階段へ案内する。（上手側）

かすみ　ちょっとちょっとどうしよう。
さら　どっちが本物??
雄一　すみませ～ん。
全員　また??

老夫婦がやってくる。

雄一　あの～お部屋は空いていますか。２人お願いしたいんだが。
かすみ　あ、もちろんです。こちらへどうぞ。
百合子　素敵な旅館ね。
さら　ありがとうございます。宿帳をお願いいたします。

客、書きだすが誰も関心ない。

おかみちゃん　ご夫婦ですか。
雄一　はい。
百合子　あ、いいえ。
雄一　あ、いやいや。大丈夫です。
全員　？
さら　それでは紅葉の間にご案内いたします。こちらです。

上手にはける。

板さん　あの老夫婦は違うとして。
れん　２択だな。
かすみ　まゆみさんが茜の間の様子見にいったから。
おかみちゃん　（宿帳を確認しながら）ねえ、あのお客様、ご夫婦だよね……？
かすみ　うん……。

【第３場】

茜の間。下手明かり。
森田は写真を撮りまくっている。

まゆみ　お客様～お茶をお持ちしました。
森田　カシャカシャカシャ……あ、すいません。この旅館はいつ頃建てられたんですか？
まゆみ　30年ほど前ですかね。
森田　へえ～。いまの女将って何代目なんですか？
まゆみ　２代目です。
森田　……あなた、おいくつですか？（まゆみにカメラをむける）
まゆみ　私は……33歳……です……。
森田　えーっ？　結構お若く見えますけどね～。
まゆみ　本当ですか？
森田　えーじゃあ彼氏とかいるんですか～？
まゆみ　いませんよぉ～。（カメラに向かって様々なポーズを決める）
森田　いないんですか～モテそうですけどね～。
まゆみ　そんなことないですよー！

調子に乗ったまゆみが森田を突き飛ばし、森田のお茶を飲み干す。

まゆみ　はぁーっ。
森田　あれっ……それ……わたしのお茶……。
まゆみ　あーーすみません！　すぐ新しいのをお持ちします！　失礼しました!!

ロビーでは、どっちだろうみたいな話をしている。
まゆみがあわてて帰ってくる。

まゆみ　おかみちゃん!!　やっぱり茜の間があやしいんじゃない？　ずーっと写真撮ってたのよ。私かわいいって言われちゃったー！
かすみ　そういうのお世辞っていうのよ。
れん　やっぱり写真撮ってるとなるとな。
おかみちゃん　葵の間はどうかしら。

葵の間。
上手、明かり。
山田はパソコンで何やら作業をしている。

かんな　お客様。お茶をお持ちしました。（パソコンの中を覗こうとする）
山田　は？
かんな　いえいえ。なんでもございません。
山田　……。（お茶を飲む）……30点。
かんな　え？　え!?　何が30点なんですか？
山田　熱くもななければぬるくもない。うまくもなければまずくもない。だから30点。
かんな　え？
山田　ロビー15点、ざぶとんのふかふか度20点。
かんな　えええええ〜？

かんな、あわててロビーに帰ってくる。
前明かり。

かんな　おかみちゃん!!　やっぱり葵の間があやしいんじゃない？
おかみちゃん　なんで？
かんな　なんか点数つけられた。
まゆみ　え？　何点？
かんな　お茶30点。
まゆみ　あんたのいれたお茶がおいしくないからよ。（とけんかが始まる）
おかみちゃん　やっぱり葵の間かな。
板さん　点数つけてたとなるとね。
おかみちゃん　もう〜どっちなの〜!!??
かすみ　ようし、わたし葵の間サービスしてくる！
れん　おれ茜の間行ってくる！
板さん　おかみ、料理はどうしようか。
おかみちゃん　高い食材を仕入れる余裕はないし……。
かんな　アジを鯛って言って出すとか。
板さん　詐欺じゃない？
まゆみ　小エビをすりつぶして伊勢海老ですって出すとか。
板さん　伊勢海老をすりつぶす板前がいるか。
かんな　アサリをすりつぶしてアワビですって……。
板さん　同じことを言わせるな。
おかみちゃん　いくらを黒くして、キャビアですって。
板さん　ふざけんな。
まゆみ　飲ませちゃえば料理の味も分からなくない？
板さん　俺の料理の味が悪いって言うのか！
まゆみ　（しれっとそっぽを向く）
おかみちゃん　じゃあ、ここは板さんの腕でカバーってことで。
板さん　……はい。
かんな　あとは中居さんたちのトークとかサービスで美味しくする。
おかみちゃん　なるほど。
かんな　中居チーム、がんばります！

おかみ以外はける。

【第４場】

上手から百合子がやって来る。

百合子　すみません。
おかみちゃん　あ、はい。
百合子　お手洗いはどちらでしょうか。
おかみちゃん　あ、お手洗いはお部屋についてございます。
百合子　あら、そうなの？
おかみちゃん　お茶もご用意しましょうか。ご主人と一緒にどうぞ。
百合子　ご主人って？
おかみちゃん　え？
百合子　あ、あの殿方の事？　いやだわ。ただのお友達なのよ。古い友人で。
おかみちゃん　そうなんですか？
雄一　あ、こんなところに。すみません。
おかみちゃん　あ、とんでもないです。いまお部屋にお連れしようと。
雄一　百合子さん、こっちですよ。
百合子　どうも恐れ入ります

不思議そうに見送るおかみちゃん。

【第5場】

葵の間。上手、明かり。

かすみ　それでは！　仲居のサービス、はじめちゃいま～す。
あやめ・弟子　ま～す。いぇ～い。
かすみ　これからお酒を美味しくする魔法をかけまぁ～す。
あやめ・弟子　かけまーす。
かすみ　せーの。
3人　萌え萌えきゅーん。萌え萌えきゅーん。（3人盛り上がる）
山田　ふざけるなーー!!

茜の間。
下手、明かり。

れん　（マイクで前説）皆さま、本日は旅館立花にお越しくださいまして誠にありがとうございます。本日歌いますのは、板前と、仲居のまゆみさんです。それでは歌っていただきましょう。「三年目の浮気」。

♪板前とまゆみが「三年目の浮気」をノリノリでデュエットする。

森田　やめてーー。

ロビーに明かり。

おかみちゃんとかすみが話している。

おかみちゃん　山田様、どうだった？

かすみ　もう完璧よぉ〜！　山田様、たくさん飲んでらしたわよ！

おかみちゃん　よかった！　さすがかすみさん、頼りになる！

かすみ　でしょ！

下手、階段から板さんとれんがやって来る。

かすみ　どうだった⁉　森田様は？

板さん　もう俺、完璧。

おかみちゃん　そんなに？　じゃあ大丈夫ね！

下手、階段から森田が降りてくる。

森田　ちょっと責任者は誰？（怒ってやってくる）

おかみちゃん　はい。わたくしです。

森田　ちょっと、どうなってんのよここの旅館は！　なんなのおたくの板前！　歌へたくそすぎ！

おかみちゃん　……申し訳ございません！（板さんをにらむ）

上手階段から山田が降りてくる。

山田　おかみはどこだ。おかみは。

おかみちゃん　はい！　どうなさいましたか。

山田　おかしいだろ！　萌え萌えきゅーんとか！

おかみちゃん　ちょっとかすみさん！

かすみ　え？　あれおかしいな。

おかみちゃん　ああ、大変申し訳ありません。（ひたすらあやまる）

森田　ほんっとにへたくそな歌ね！

全員　申し訳ございません！

山田　落ち着いて酒も飲めないじゃないか。

全員　申し訳ございません！

森田　鼓膜が破れるかと思ったわ。

全員　申し訳ございませんでした！

森田・山田　ふん！（それぞれはける）

【第6場】

葵の間。

上手、奥のみ明。

あやめ　失礼します。床敷きに参りました。失礼します。

中居ふとんをもってくる。

あやめ　（布団を敷きつつ、パソコンの画面を見て驚く）これって……。

あやめ、ロビーに急ぐ。
ロビーに明かり。

あやめ　おかみちゃん！
おかみちゃん　あ、あやめさん。どうしよう。お客様お怒りに。
あやめ　それより。しっぽつかんだわよ！
おかみちゃん　えっ。
あやめ　葵の間が記者だった！　パソコンに原稿が書いてあった！
板さん　あいつか。
れん　あんたが怒らせちゃったからもうだめだ。
かすみ　なによ。あんただって怒らせたじゃない。
おかみちゃん　ちょっとやめてよ。

みんな、わあわあいう。
その様子を山田が階段から見ている。

山田　きづいちまったか。
従業員　えっ。
山田　おれはるるべの記者だ。もうわかっちまったんだな。いいか、この旅館が生きるも死ぬも俺のさじ加減一つだ。悪く書かれたくなかったら明日のチェックアウトまでせいぜいサービスするんだな。おい、ビールもってこい。

（ロビーのソファーにどっかり座る）
あやめ　あ、はい。ただいま。
山田　つまみももってこいよ。

隅に集合するれん、板さん、おかみちゃん。

れん　どうしよう。おかみちゃん。
おかみちゃん　どうしようって……でももう記者って分かったんだからおもてなしするしかないんじゃない。
板さん　そうだな。
山田　おい。
3人　はいっ！
山田　肩揉めよ。
3人　はいっ！

仲居たちが次々につまみや酒を持ってくる。

おかみちゃん　おつぎいたします。
山田　わーっはっはっはっ。（高笑い）

【第7場】

照明、下手明かり。
森田が夜桜を眺めている。

おかみちゃん　あ、森田様。お騒がせして申し訳ありませ
ん。あと先ほども、大変申し訳ございませんでした……。
森田　大丈夫です。さっき仲居さんたちが一生懸命謝って
くれましたから。それにしてもきれいですね。この桜。撮
らしていただいてもいいですか。
おかみちゃん　もちろんです。
森田　ありがとうございます。
おかみちゃん　この桜は、先代の女将……私の母が大切に
してきたものなんです。
森田　そうなんですね。……私、川沿いの桜並木から歩い
てきて、ふとこの桜が目に入ったんですよ。
おかみちゃん　この桜が？
森田　この桜に導かれてっていったら大げさかもしれない
けど、それでこの旅館に来たんです。
おかみちゃん　そうなんですね。ありがとうございます。
森田　私、植物を撮ってるカメラマンなんですけど、ファ
インダーをのぞくと植物のいろんな表情を見つけること
があるんです。
おかみちゃん　植物に表情が？
森田　はい。この桜は私には笑っているように見えます。
おかみちゃん　えっ。桜が笑ってる⁇
森田　やっぱり変ですかね。
おかみちゃん　（かぶりをふって）そんなことないです。
森田　桜並木の桜はよく言えば行儀がいいんですが、この
桜はカメラを向ける度に表情が違って……生き生きして
います。

おかみちゃん　そういえば、先代のおかみが、いつでも笑
顔を大切に、と言っていたのを思い出しました。
森田　素敵なおかみさんですね。
おかみちゃん　笑顔を……大切に……。

照明、上手が明るくなる。
ロビーで従業員がぐったりしている。

【第８場】

あやめ　もうくたくたよ。
まゆみ　夜通しのんだわよ、あの人。
おかみちゃん　はあ。やっとさっき寝たし。

板さんが上手から走って来る。

板さん　大変だ！

前明かり。

おかみちゃん　なに？　どうしたの。
板さん　水が出ない。
全員　は？
板さん　いま。番頭が原因を調べている。
おかみちゃん　水が出ないってどういうこと。

板さん　とにかく旅館中の水道から水が出ないんだよ。
全員　え？
板さん　水が出なきゃ料理が出来ない。

　弟子が下手から走って来る。

おかみちゃん　洗面所は？
弟子　だめです。
おかみちゃん　お風呂は？
弟子　シャワーも出ません。
板さん　調理場も出ない。米が炊けない。

　れんが下手から走って来る。

れん　おかみちゃん！　給水ポンプが壊れてる。
おかみちゃん　直るの？
れん　いますぐは無理だ。
弟子　朝ごはんまでにはまにあいません。どうしますか。
おかみちゃん　ミネラルウォーター買ってくる！
あやめ　スーパーも開いてないし、こんなとこコンビニもないじゃん。無理よ！

　短い沈黙。

おかみちゃん　とにかく、旅館中の蛇口チェックしてみて！
全員　はい！

　旅館中の蛇口を探しまわる従業員たちを舞台上で表現する。
　ストップモーション。
　照明は中央のみで、おかみちゃんがへたりこむ。

おかみちゃん　どうしようどうしよう。

　上手から百合子がやって来る。

百合子　どうかしたんですか。
おかみちゃん　（涙をふいて）内藤さま……。お恥ずかしい話なんですが、水が出なくて。
百合子　お水が？
おかみちゃん　旅館中の蛇口から水が出ないんです。お食事の支度もできません。こちらの落ち度です。申し訳ございません。（泣く）
百合子　あら、泣くことないじゃない。
おかみちゃん　だって……。
百合子　お水なら裏山の湧き水があるじゃない。
おかみちゃん　湧き水……？………。
全員　（ストップモーションのまま）……湧き水‼‼

　全明かり。
♪「天国と地獄」が流れる。

従業員が騒ぎながらも舞台の端から端まで並び、バケツリレーが始まる。
板さんとおかみちゃんはその様子を平台に乗って応援する。
従業員が水をこぼしたり、ケンカしたり、音楽に負けないくらいの演技で。

山田　水が出ねえんだけど！
おかみちゃん　申し訳ございません。大変申し訳ございません。（ひたすら頭を下げる）
板さん　もうタンクいっぱいだぞー！
おかみちゃん　（バケツリレーをやっている方向に向かって）もういっぱいだってー！
かんな　（隣に向かって）もういっぱいだってー！

「もういっぱいだって！」と伝言ゲームが始まる。

ささみん　もっといっぱいだってー！

ささみんのところから「もっといっぱいだってー！」に変わり、伝言ゲームが続いていき、水がどんどん運ばれる。

板さん　もういっぱいだって言っただろ‼
全員　ええーっ。

音楽の終わりと同時にバケツリレーが終わる。

ロビーで従業員ぐったり。
板さんと弟子が水をもってやってくる。
２階の客室には食事が提供されている。

板さん　おつかれさん。はい。（と水を渡す。するといっきに飲み干すおかみちゃん）
おかみちゃん　なんて……おいしいの。これ、美味しいです。
板さん　俺も驚いた。この水、うまい。

茜の間と葵の間で食事をとる森田と山田。
従業員はストップモーション。

山田　この米美味い。１００点。
森田　こんなお吸い物初めて。なんておいしいの。

茜の間と葵の間の照明が消える。
従業員が水を飲み干す。

かすみ　このお水を使ったお酒があるよね。
れん　八重桜。あれはうまい。そんでもってバカ高い。庶民には手が出ない。
おかみちゃん　八重桜……。
板さん　よし。一息ついたし仕事仕事。
従業員　はあ～い。

みんな散らばる。
おかみちゃんだけ舞台に残る。

【第9場】

雄一がやってくる。
中央明かり。

おかみちゃん　あ、内藤さま。さきほどはありがとうございました。
雄一　さきほど、とは。
おかみちゃん　じつは朝方水が出ないトラブルがありまして、そうしましたら奥様が湧き水のことを教えて下さって。
雄一　裏の湧き水の事を？　百合子が？
おかみちゃん　はい。
雄一　そうですか……。
おかみちゃん　あのつかぬことを伺うのですが、百合子様とはご夫婦です……よね？
雄一　もちろん。なぜ。
おかみちゃん　すみません失礼なことを。実はご本人が雄一様を古くからの友人だとおっしゃっていて。
雄一　百合子がそんなことを。
おかみちゃん　はい。
雄一　でも百合子にとってはそれは本当なんです。
おかみちゃん　……どういうことですか。
雄一　百合子は10年ほど前は元気だったんですが、だんだん物忘れが激しくなってきて。
おかみちゃん　それって……。
雄一　はい。最近は子どもの事も……私の事さえも良く分からないようで……古い友人と思っているようです。この旅館は新婚当時、旅行で1度来たことがあるんです。そのときに当時のおかみさんが裏山に案内してくださって。湧き水とその湧き水でつくったおいしいお酒をごちそうしてくださったんです。百合子はそれを覚えていたんですね。
おかみちゃん　母が……。
雄一　おかみさんの娘さんなんですか？　おかみさんは引退なさったんですか。
おかみちゃん　2年前に他界しました。
雄一　それはそれは………本当に素晴らしいおかみさんでした。お金もなく結婚式も挙げてない話をするとお祝いの席を用意してくださって。三三九度をしてくださったんです。
おかみちゃん　三三九度を？
雄一　私たちはこの旅館で夫婦になったようなものです。だからここにくれば何か思い出してくれるのではないかと思って百合子をつれてきたんです。
おかみちゃん　そうだったんですね……。

下手、いつの間にか従業員が集まっている。

照明が切り替わる。
下手、明かり。

かすみ　そんなことが……。
板さん　おかみさんらしいね。
おかみちゃん　うん。で、みんなにお願いがあるの。
従業員　お願い？

【第10場】

結婚式。
中割りが開く。
青空と桜のホリゾント。
従業員が整列し、拍手で出迎える。
おかみちゃんがロビーにエスコートする。
ロビーのソファーに百合子と雄一が腰かける。

百合子　どうしてわたしがあなたと結婚するの？
おかみちゃん　（しゃがみこんで）百合子さん、それは雄一さんが世界で1番百合子さんを愛しているからですよ。

三三九度の準備がしてある。

おかみちゃん　どうぞお飲みください。

雄一が三三九度をうける。

雄一　この酒は……あのときと同じ酒だ。
かすみ　おかみちゃん、銘柄をどうやってあてたの？
おかみちゃん　きっとこれだろうと思ったの。
雄一　名前は……。
おかみちゃん　八重桜、です。
板さん　八重桜!?　そんな高価なもの！
おかみちゃん　いいの。きっとその時母も同じことを考えたんだと思うの。これでなきゃ……これでなきゃだめなの！
中居　おかみちゃん……。

【第11場】

上手、階段から山田がおりてくる。

山田　おい、その酒俺にも飲ませろよ。
かんな　なんですか、いったい。
山田　どけ。（かんなを倒す）
かんな　きゃっ。（倒れる）
山田　そんないい酒があるなら、なんで俺に出さないんだ。お前ら俺が誰だかわかってんだろう？　ちゃんともてなせよ。それになんだ？　おままごとか？　さっさとやめろ。なんだよ、ランキングさげられちゃうぞ。ほら早くしろよ。

板さんが一歩出ようとしたのをおかみちゃんが制して。

おかみちゃん　お客様、当旅館はどのお客様にも笑顔になっていただけるように従業員一同精いっぱいおもてなしさせていただいております。そしていまこちらのお客様の笑顔をわたくしどもは大切にしたいと考えております。申し訳ないのですが席をはずしてはいただけないでしょうか。

山田　出て行けって言うのか、おい誰に向かってものをいっているんだ。

にらみ合うおかみちゃんと山田。
かすみが沈黙を破る。

かすみ　お客様、おかみが別の席を用意いたしておりますのでどうぞそちらに。

板さん、弟子、れんの3人が山田を取り押さえる。
抵抗する山田。

山田　離せ‼

山田の力に負けて3人が吹っ飛ばされる。

山田　はい、ありがとうございました!
全員　は?
山田　いや、暴れてすいませんねえ。
板さん　ど、どういうことです?
山田　実は項目の中に、「クレーム客に対してどのような行動をとるか」というのがありまして。
れん　そうだったんですか。
まゆみ　それって私たちを試してたってこと?
山田　すみません。(頭を下げる)本当に、申し訳ない。
全員　そんな〜。
板さん　それにしてはやりすぎじゃないですか?
山田　いやーすいませんね。つい調子のっちゃって。ほんと、申し訳ない。
さら　(安心したように)なーんだ。よかった。
山田　それにしても、先ほどのおかみの対応、素晴らしかったですよ。
おかみちゃん　ありがとうございます。
あやめ　ということは……?
山田　まあなんとも言えませんが、星3つくらいですかね。
板さん　いやそこは5つでしょ。
山田　だって変なサービスがありましたもん。
あやめ　誰だよー提案したのー。
まゆみ　あやめさんでしょ!

緊張が解けてなごやかな空気が広がる。

山田　本当に、素敵な旅館ですね。
全員　ありがとうございます!!

百合子が思い出したように話し出す。

雄一　百合子……!
百合子　雄一さん、この桜、結婚した時も咲いてましたよね。とってもきれいね。

雄一と百合子、見つめあう。
下手の階段から森田が降りてくる。

森田　あのー。
おかみちゃん　はい。どうなさいました?
森田　突然ですみませんが、もしよかったらお写真をお撮りしましょうか?
雄一　いいんですか?
百合子　あら。嬉しいわ。
雄一　旅館の皆さんと撮らせていただいてもよろしいですか?
おかみちゃん　もちろんです!

ソファーの周りに集まり、百合子と雄一を囲むように並ぶ。
舞台に背をむけるように森田がしゃがむ。

森田　それではいきまーす。オロナミーン。
全員　C~!!（写真を撮る）

撮った写真を確認する森田。
優しい音楽が流れる。

森田　あ、桜が、笑ってる。
山田　え?　桜が笑ってるって……?
森田　ほら。（カメラの画面を山田に見せる。ゆずとあやめがそれを見に来る）
山田　ほんとだ。桜が笑ってる。
あやめ　ほんとだ。笑ってる。
弟子　笑ってる。
板さん　おかみさんはきっとこの桜があったからここに旅館を建てたんだな。
おかみちゃん　きっと、そう。
かすみ　だから、おかみちゃんの名前、佳乃、なんだもんね。
おかみちゃん　え?
かすみ　おかみさんはね、この桜みたいに、みんなの心の支えになるようにって、このソメイヨシノから取って、佳乃って名前、つけたんだよ。
おかみちゃん　……初めて知った。
全員　え?
板さん　知らなかったの?
おかみちゃん　お母さん、そんなこと何にも……。
板さん　おかみさんらしいな。

おかみちゃん　そうだね。（みんな笑う）
山田　「桜も笑う旅館」
おかみちゃん　え？
山田　旅館立花の特集の見出し、これでどうですか？
れん　あ！　キャッチコピーそれだ！「桜も笑う旅館、立花！」
百合子　あ。あんなところにうぐいす。いい景色ねえ。
おかみちゃん　……お母さん……。

みんなが笑っている。
うららかな春のひととき。
暗くなるのを惜しむようにゆっくり暗転。

【第12場】

チェックアウトの時間。
中居や客、それぞれ忙しく動いている。

おかみちゃん　本当に、ありがとうございました。
山田　じゃあ、特集楽しみにしてください。
おかみちゃん　よろしく頼みますよ。
山田　そうだ、今日の朝ごはん美味しかったですよ。
板さん・弟子　ありがとうございます‼

桜を撮っている森田。

おかみちゃんが森田のそばへ行く。

おかみちゃん　森田様、ありがとうございました。
森田　また桜の季節に伺いますね。
おかみちゃん　本当ですか！　お待ちしております。
森田　この桜、しっかり守ってくださいね。
おかみちゃん　はい。
さら　それではお荷物です。
森田　ありがとうございます。（玄関へ向かう）

老夫婦ゆっくりとした動作で、桜をながめつつ。

雄一　ほんとうによくしていただいて……。
おかみちゃん　またいらしてください。
百合子　さようなら。おかみさん。
おかみちゃん　はい……あっおかみさんって……私？

♪オープニングと同じ曲がかかる。
みんな笑う。
笑顔に包まれながらおかみが2人を玄関へ連れていく。

山田　（森田に）カメラマンさんなんですよね？　ここの旅館の写真って、撮りましたか？
森田　撮りましたけど？
山田　（名刺を取り出し）私、こういう者なんですけど、次の特集でそのお写真、使わせていただけますか？

森田　るるべの方なんですか⁉　是非お願いします。ありがとうございます！

客が玄関に揃う。

おかみちゃん　ありがとうございました。

従業員、礼。

客一同　お世話になりました。
森田　お写真、後ほどお渡ししますね。
雄一　ありがとうございます。

客が下手にはける。

緊張から解き放たれ伸びをする従業員。

わいわいした後中央に並ぶ。

おかみちゃん　この度は、旅館「立花」にようこそお越しくださいました。おかみの佳乃です。ようこそ。
全員　いらっしゃいませ。（礼）

優しい光に包まれて、幕。

作者あとがき

仲居さんの人数が多く、個性を出すのに苦労しました。上演の際は、それぞれの役柄を深く考え、自分なりの工夫をしていただきたいです。

3場の「30点」やお料理のくだり、5場のメイド喫茶やカラオケなどは、思いっきり楽しみながら演じてください。

8場、水が出ないトラブルのところは、緊迫感を持って演じていただければと思います。バケツリレーは会場をまきこんでお客さんと一緒に楽しんでください。

私たち日吉台西中学校演劇部では、場面前半はテンポよく、後半はおかみちゃんが決断を下すまでの間はしっかりととり、会場全体を緊張感でいっぱいにしました。

「着物を着たい」という私の思いから、この作品は生まれました。私の脚本作りを常々支えてくれた部員は笑いをとるシーンを照れながらも懸命に演じてくれました。着物の着付けに一肌脱いでいただいた方々、大道具をいつも魔法のように作ってくださった校長先生、そして何より、右も左も分らなかった私に数えきれないほどの助言と激励の言葉をかけ、ここまで導いてくださった顧問の先生。その他にも書き尽くせないほどたくさんの方のお力添えをいただいて完成した作品です。

着物を集めるのは簡単ではありませんが、カラフルで華やかな舞台が生まれます。みなさまに愛されるような作品になれば幸いです。

ヒロインシンドローム
女傑症候群

田島光葉

登場人物

タエコ　今回の主人公。優等生タイプ。
サオリ　タエコの親友。女傑症候群にかかる女子。症状は病み。
エリカ　女傑症候群にかかる女子。症状はSNS依存。
ヒラノ　英雄症候群にかかる男子。症状はしゃしゃる。
アヤナ　女傑症候群にかかる女子。症状はかまちょ。
マサヤ　英雄症候群にかかる男子。症状は反抗・暴力。
イクタ　英雄症候群にかかる男子。症状はぼっち。
ルサンチマン（複数）　英雄症候群・女傑症候群の原因。黒ずくめの人。
医者　英雄症候群・女傑症候群の治療をしている。
看護師　医者をサポートしている。白衣の天使。
キャスター　テレビニュースに出ている人。（映像）

初演

２０１９年７月25日㈭
横浜市立万騎が原中学校演劇部

プロローグ　大流行

幕開け、シルエット。タエコたちが丸椅子をもって登場。
バラバラに座る。
砂嵐の音が流れ、スクリーンにニュースが流れる。

キャスター　続いては特集です。今、10代の若者の間で大流行している病気があります。女傑症候群《ヒロインシンドローム》または、英雄症候群《ヒーローシンドローム》と呼ばれるものです。この病の恐ろしいところは、その感染力の高さと人によって現れる症状が異なり、特効薬が見つかっていないというところです。例えば現れる症状としては、急激な落ち込み、体調がすぐれないといったものから、暴力的になって周囲を傷つけてしまったり、自分自身を傷つけてしまったりといったものがあります。この病にかかった若者は、隔離され、治療を受けていますが、まだ完治したものはいないとのことです。この病の原因ははっきりとは分かっていませんが、現段階で最も可能性が高いものとして考えられているのはルサンチマンと呼ばれるものだそうです。原因も治療法も見つかっていない女傑症候群・英雄症候群。その原因と考えられているルサンチマンとはいったいどのようなものなのでしょうか。日本の若者はいったいどうなってしまうのでしょうか。ＣＭの後、詳しく見ていきましょう。

ＣＭ音。ニュースが止まる。タエコにスポットが当たる。

タエコ　女傑……症候群……？　ルサンチマン……？　こんなの本当にあるの？

症状一　ＳＮＳ依存

舞台全体が明るくなる。丸椅子にそれぞれ座っている。タエコとサオリは比較的近い場所で座っている。

タエコ　女傑症候群って本当にあるのかな。
サオリ　テレビでもそのニュースばかりだし、あるんだよ。でも、人によってどんな症状が出るかわからないんだよね。怖い。
タエコ　大丈夫だよ。女傑症候群になんてかからないって。
サオリ　そうかな。
タエコ　それよりさ、あの子、エリカだっけ？　なんか様子変じゃない？
サオリ　え？　あぁ、あの子、携帯好きだよね。いっつもいじっているし。
タエコ　表情も暗いし、なんか心配だから声、かけてくるね。
サオリ　本当にタエコって優しいよね。
タエコ　そんなことないよ。ただ、困っている人見ると、ほっておけないだけ。

サオリ 私にはできない。本当、優しいよね。

タエコ、エリカのそばへ行く。エリカは疲弊したような顔で携帯を見つめている。

タエコ エリカ、大丈夫？　顔色、悪いけど。
エリカ 別に、何でもないよ。
タエコ 私でよかったら、話聞くよ？
エリカ 私、今、忙しいんだよね。
タエコ 何でそんなに忙しいの？
エリカ 毎日、インスタ更新しなくちゃいけないし、ツイッターも確認しなくちゃいけないし、友達からのラインはすぐに返さなくちゃいけないし。
タエコ そっか。それは大変そうだね。
エリカ でしょ？（ラインの音）あぁ、またこの子か。えっと……送信。……よかった既読ついた。

ルサンチマンが手錠をもってエリカに近づく。ルサンチマン、エリカに手錠をかけて、反対を自分の手にかける。エリカは気にしていない。

タエコ え……何……？
エリカ 何が？
タエコ いや……それ……。
エリカ （ラインの音）……それな……送信。…………。

他のルサンチマンが同じようにエリカに近づく。同じように手錠を使って自分とエリカをつなげる。エリカ、やはり気にもしていない。

エリカ ……何で既読つかないの？　未読無視？　何で？
タエコ エリカ、大丈夫？
エリカ ……既読ついたけど、返事ない……何なの？

他のルサンチマン、また同じようにエリカに近づき、手錠でつながる。

エリカ ……何かした？…………送信。……返信して……送信。……無視しないで、送信。

エリカのセリフに合わせて、ルサンチマンが増えていく。エリカを囲み始める。タエコ、焦り始める。

タエコ 何なの、これ。
サオリ どうしたの？
タエコ 見えないの？　エリカが変な人に囲まれてるじゃん！
サオリ え？　何のこと？　誰もいないじゃん。
タエコ サオリ、見えないの？…………もしかして。これがルサンチマンとかいうやつ……？　何とかしなくちゃ。
ヒラノ あいつはかかったんだ。
タエコ え？　何に？

ヒラノ　女傑症候群に。
サオリ　本当にあったんだ……！
タエコ　……どうしよう。エリカ！
タエコ　エリカ！　逃げて！　エリカ！
エリカ　送信、送信、送信、送信……。
タエコ　送信、送信、送信、送信、送信、送信……。
タエコ　エリカ！……どうすればエリカを助けられるの……。
サオリ　無理だよ。治療法も見つかっていない病気なんだよ！
タエコ　そんな……。
ヒラノ　これを使え！

ヒラノ、タエコに剣を投げる。タエコは驚きつつも受け取る。

タエコ　これは……？
ヒラノ　女傑症候群を治すには、ルサンチマンをあいつから引き離すしかないんだ。

ヒラノ、サオリにも剣を渡す。サオリ、当たり前のように受け取る。

サオリ　分かった！　タエコ、一緒に戦おう！
タエコ　サオリ……。（うなずく）

タエコ、サオリ、ヒラノの３人でルサンチマンをエリカから引き離すように切る。
ルサンチマンは雑魚キャラのように粘ることなく、あっけなくやられながら退場。

ヒラノ　全部、やっつけたみたいだな。

タエコとサオリ、エリカに駆け寄る。

タエコ　エリカ！　大丈夫?!
エリカ　返さなきゃ……返信しなくちゃ……。
タエコ　エリカ、しっかりして！
エリカ　だって……返事が来なくなっちゃう！
サオリ　用があれば、連絡は来るよ。
エリカ　それじゃダメなの！　私だけが知らないことがあるかもしれない。誰からも連絡がないなんて、そんなの耐えられない！
サオリ　エリカ……。
タエコ　エリカ、私はあなたの目の前にいる。スマホの中じゃない。目の前にいる私を無視しないで。
エリカ　目の前……？
タエコ　そうだよ。私たちは今、目の前で話ができる。今、目の前で起きていること、目の前で話せることを大切にしていこうよ。

なんだか、良いこと言っている風の音楽と照明。

エリカ　……私、不安だったの。
サオリ　不安？
エリカ　常に誰かと繋がっていないと不安だった。だからスマホが手放せなかったの。
ヒラノ　その不安がルサンチマンを呼んだんだ。
エリカ　ルサンチマンってまさか……？
サオリ　そうだよ。エリカ、女傑症候群だったの……。
エリカ　そんな……私……。（泣き出す）
タエコ　大丈夫。エリカにくっついてたルサンチマンは全部、やっつけたから。安心して。
エリカ　タエコ……ありがとう。

感動風の音楽。エリカとタエコ、抱き合う。
ヒラノ、サオリは良かったと言わんばかりに見つめている。

症状二　しゃしゃる

何事もなかったように、エリカとサオリは2人で話し始める。
ヒラノは中二病ちっくに剣を振っている。

タエコ　さっきは、ありがとう。
ヒラノ　何が？
タエコ　あなたがいてくれたから、エリカを助けることができた。
ヒラノ　お前こそすごいよ。
タエコ　困っている人、ほっておけなくて。私、タエコ、よろしく。
ヒラノ　俺は、ヒラノ。ルサンチマンと戦っている。
タエコ　どうして？
ヒラノ　俺がみんなのリーダーだからな。みんなを守らなくてはいけないんだ。
タエコ　そうなんだ。そもそもルサンチマンって何？
ヒラノ　知らないのか？　ルサンチマンは、黒いやつらだ、理由は分からないが、人に攻撃してくるんだ。あいつらは危険だ。あいつらがいると女傑症候群になるんだ。俺でも、苦戦することがあるんだ。何回危ない目にあったか分からない。ただ、俺は今のところ負けてないけどね。
タエコ　ヒラノは強いんだね。

なんだか良い雰囲気。それを壊すような感じでサオリとエリカの悲鳴。
それに合わせるようにルサンチマンが登場。何をするわけでもなく、サオリやエリカの周りにいる。

タエコ　サオリ!?　エリカ!?
ヒラノ　どけ！

ヒラノ、しゃしゃってルサンチマンを勇者風に切る。
ルサンチマンはあっけなくやられる。

タエコ　すごい。あっという間に。
ヒラノ　これぐらいできて当たり前だ。
サオリ　ありがとう。
エリカ　かっこよかった。
ヒラノ　いや、別に……。お前らもできるようになるべきだ。
タエコ　そうだね。私たちも一緒に戦うよ。
サオリ　いつまでもヒラノに頼ってなんていられない。
エリカ　私もがんばる。
ヒラノ　分かった。俺がリーダーになる。周りの奴にも声をかけて、一緒に戦うんだ。
サオリ　周りにも声をかけるの？
エリカ　私たちだけでも良いんじゃない？
ヒラノ　そういうわけにはいかないだろ。君らは女子なんだし。
タエコ　え……？　女子とか男子とか関係なくない？
ヒラノ　いやいや、俺だけが大変になるじゃん。
タエコ　だから、一緒に戦うんでしょ。
ヒラノ　そんなに言うなら、もういいよ。俺が頑張ればいいんだろ。

3人、腑に落ちていない感じで固まる。
ヒラノ、偉そうにその場から離れて座る。
ルサンチマンがやってくる。3人へ向かってくる。

ヒラノ　おい、来たぞ。
サオリ　いきなり?!
エリカ　どうしよう。どうすれば良いの？
ヒラノ　頑張るんだろ？　自分たちでどうにかしろよ。
タエコ　そんなこと言わないでよ。一緒に戦うんでしょ。
ヒラノ　仕方ないから、教えてやるよ。ルサンチマンに向かって剣を振り下ろせば良い。ただそれだけ。
サオリ　それだけって言われても……どうすれば良いのか。
ヒラノ　そんなのも出来ないのかよ。
エリカ　どんどん来るよ……どうしよう。

ルサンチマン、エリカ・サオリに向かっていく。

タエコ　サオリ！　エリカ！

タエコはタエコで、別の場所でルサンチマンを切っている。

ヒラノ　仕方ねぇな。やっぱり俺だけが大変なんじゃん。

ヒラノ、ようやく動きだす。ルサンチマンをどんどん切っていく。

サオリ　そういうことね！
エリカ　なるほど。それなら出来そう。

サオリ・エリカもルサンチマンを切ろうとするが、それを横取りするような感じでヒラノが切っていく。

エリカ　え……ちょっと。
サオリ　もうやり方分かったから、大丈夫。
ヒラノ　出来ないんだろ。もういいよ、俺がやるから。

ヒラノ、仕方ない感じをものすごく出しながら切る。

タエコ　みんなで戦うんでしょ！
ヒラノ　じゃぁ、協力してくれるわけ？　さっきは協力してくれなかったのに？

ルサンチマン、タエコの方へどんどん向かっていく。

ヒラノ　お前らは、俺の言うことを聞いていれば良いんだよ。さっきだって、俺の言うことを聞いていればこんなことにならなかったんだよ！　本当に使えないよな。出来ないならせめて、おとなしくしてろよ。

ルサンチマン、ヒラノのセリフに合わせて、タエコらを攻撃している。

タエコ　このルサンチマン、ヒラノくんの言葉に合わせて動いてる？　もしかして、ヒラノくん……。

ヒラノ、ルサンチマンをどんどん切っていく。しかし、どんどん復活していく。

ヒラノ　（何となく掛け声的な言葉を言う）やっぱり、俺がいないとダメなんじゃん？　リーダーなのに、休めないのかよ。
サオリ　何……これ……。
エリカ　ルサンチマンが全然減らない……。
ヒラノ　あのさぁ、口じゃなくて、手を動かしてくれないかな。せめて協力してよ。リーダーの俺ばっかり頑張ってんじゃん。俺ばっかり仕事しててさ。

ヒラノ、その後もぐちぐちと文句を言っている。

タエコ　……いい加減にしなさいよ！　さっきから、何様なの！
ヒラノ　は？
タエコ　自分だけが偉いとでも言いたいの？
ヒラノ　俺、リーダーなんだけど。
タエコ　そんな自分のことしか考えていない人に誰もついてなんていかない。本当のリーダーは自分のことを偉いなんて思ったりしない。そんな勘違いしている人は、リーダーなんて言わない！
ヒラノ　俺は……ただ……苦手ならやらなくて良いって言っただけだ。それの何が悪いんだよ！
タエコ　苦手があったって良いじゃない。得意な人がいて、苦手な人がいて、それで良いじゃない。だから助け合うんでしょ。私は、あなたに助けられた。今度は助けたい。
それじゃダメ？

タエコのセリフに合わせて、ルサンチマンが居なくなる。

ヒラノ　俺は……ただ、頼られたかっただけなんだ……。
タエコ　頼ってるよ。今でも。
サオリ　そうだよ。何度も助けてくれてありがとう。
エリカ　ありがとう。今度は頑張るから。
ヒラノ　……さっきは、ごめん。

エリカの時とは異なる何となく良い雰囲気の音楽と照明。

症状三　かまちょ

ヒラノを含めて4人で集まっている。談笑している雰囲気。アヤナ、チラチラとヒラノたちを見ている。タエコが気づく。

タエコ　アヤナ、一緒に話そうよ。
アヤナ　えぇ～。タエコが来て～。
タエコ　いやいや、みんなで話そうよ。こっち来なって。
アヤナ　タエコ～、ねぇ、来て～。

タエコ、仕方ないなという感じでアヤナの方へ行く。周囲へは、申し訳なさそうにする。

タエコ　もう……こっちに来ればいいのに。
アヤナ　だって～嫌なんだもん、エリカ。
タエコ　なんで？　良い子だよ？
アヤナ　……なんか、最近、あの子たちと仲良いよね。
タエコ　そうだね。それがどうしたの？
アヤナ　別に～。
タエコ　アヤナもみんなと一緒にいようよ。楽しいよ。みんなで仲良くすれば良いじゃん。
アヤナ　私が1番仲良かったのに。そういうこと言うんだね。最近、冷たいもんね。
タエコ　アヤナ……？
アヤナ　もういいよ。……サオリ～こっち来て～。

アヤナ、タエコから離れて、サオリにべったりくっつく。サオリは、戸惑いつつも付き合う。

エリカ　大丈夫？
ヒラノ　あいつ、どうしたの？
タエコ　分からない。

アヤナ、タエコの方をチラチラ見ながら、こそこそとサオリに話している。

ヒラノ　なぁ、サオリ、こっちに来いよ。

サオリ　え？　あぁ、うん。

サオリ、行こうとするが、アヤナに止められる。

アヤナ　サオリ、なんでそっちに行くの？　私たち、親友でしょ？

サオリ　え……？　うん、そうだね。

アヤナ　それでさ……。

アヤナとサオリ、こそこそとキャピキャピと話している。
（「えぇ～」やら「でもさ～」やらが漏れ聞こえる感じ）

ヒラノ　なんだよ、感じ悪いな。

エリカ　絶対、悪口言ってるよね。最低。

タエコ　そんな風に言うのやめようよ。

エリカ　嫌じゃないの？

タエコ　嫌だけど……でも……。

ヒラノ　でも？

タエコ　嫌な予感がするの。このままだとまた……。

エリカ　またって？

サオリとアヤナ、こそこそと嫌な雰囲気を出す。チラチラとタエコを見る。
それに合わせて、ルサンチマンがアヤナを囲む。

ヒラノ　ルサンチマンだ……。

エリカ　どうして？

タエコ　やっぱりって……。

ヒラノ　助けないと！

エリカ　でも、攻撃……してこないよ。

タエコ　それでも……！

ヒラノ　多分、攻撃してこないんだと思う。

タエコ　それでも、ルサンチマンをそのままにしておけないだろ。

エリカ　大丈夫。

タエコ　え？

刃物で切る音。それと同時にルサンチマンが倒れる。
サオリがルサンチマンを切っていく。

エリカ　サオリ⁉

ヒラノ　俺たちもやるぞ！

エリカ・ヒラノの２人もルサンチマンを切っていく。
タエコ、アヤナに近づいて行く。

アヤナ　……何？　何なの。

タエコ　アヤナ、言いたいことがあるなら、はっきり言ってよ。

アヤナ　別に……。サオリ～。

アヤナ、サオリの方へ行こうとするのをタエコは止める。

タエコ　自分の口で言ってよ。私は、アヤナの言葉が聞きたいの。

アヤナ　……冷たくしたのはそっちじゃない！

ルサンチマン、一斉にタエコに向かう。

タエコ　うん。

アヤナ　私は悪くない！　私が1番だったのに、私を捨てたのはタエコじゃん！　何で捨てたの！　私は……親友だったのに……親友だと思ってたのに！

タエコ　アヤナ……アヤナは、親友じゃない。

アヤナ　え？

タエコ　アヤナだけが親友じゃない。誰が1番とかそういうんじゃない。私は、みんなが好きなの。エリカのこともサオリのことも、ヒラノのことも……アヤナのことも。それじゃダメ？　1番じゃなきゃダメ？

アヤナ　……だって……。

タエコ　全員が1番なんだもん。1人なんて決められない。

アヤナ　アヤナのことも……大事……？

タエコ　大事だよ。

アヤナ、泣き出す。タエコ、そっと抱きしめる。

ルサンチマン、はける。ヒラノたちは2人を優しい目で見つめる。

またさらに雰囲気の良い照明と音楽。

症状四　反抗・暴力

タエコら4人にアヤナが加わって談笑している。結構盛り上がっている感じ。

少し離れているところにあるイスにマサヤが座る。明らかにイライラしている。

ヒラノ　そういえば、さっき、サオリかっこよかったよな。

サオリ　そんなことないよ〜。

タエコ　サオリが居てくれて助かったよ。

サオリ　タエコが教えてくれたんじゃん。アヤナが危なって。

アヤナ　えぇ？　そうなの？

エリカ　そういえば、ルサンチマンが出てきた時も変だったよね。やっぱりとか言ってたし。

タエコ　何となく分かったの。

ヒラノ　何が分かったんだよ。

タエコ　女傑症候群にかかった人っていうか。ルサンチマンが出てくるきっかけみたいなもの。

サオリ　それって何？

タエコ　嫌だなって思う感情みたいなもの。

ヒラノ　何だよ、それ。

タエコ　でも、その気持ちが無くなれば、ルサンチマンは消えるみたいだし。症候群も治るみたいな。

エリカ それって……本当なの？

タエコ うん……多分。

アヤナ えぇ～！　そうなんだ～！

ワイワイと盛り上がる。

マサヤ （イスを上手に蹴ってから）うるせぇんだよ！

ヒラノ いやいや怒るなよ。（笑ながら）

マサヤ んだよ！　女好きが！

ヒラノ あ？　なんつった？

マサヤ 女好きって言ったんだよ！　男友達いねぇくせにいきがってんじゃねーよ！

ヒラノ イス蹴ってるようなやつに言われたくないんだよ！

エリカ ダメだよ。ヒラノ、悪い感情もったら症候群になっちゃうよ。

ヒラノ ……。（なんだかこらえているような感じ）

マサヤ 女に言われて辞めるとか、本当にクソだな。

ヒラノ、怒りをマサヤに向けようとする。

サオリ もう行こう。

ヒラノを落ち着かせつつ、元の場所に座る。
マサヤ、イラつきながら端の方の床に座る。

その様子をタエコは見つめ、マサヤが蹴ったイスを拾って、マサヤの方へ行こうとする。

サオリ ちょっと、タエコ！

エリカ 危ないよ。

タエコ だって、ほっておけないよ。

アヤナ 優しいな～。

ヒラノ 気をつけろよ。

タエコ 大丈夫、大丈夫。

タエコ、マサヤの前まで行き、イスを差し出す。

タエコ はい。

マサヤ、無視。（基本的にはこれ以降もタエコの話は無視）

タエコ イス、ここに置いておくね。

……なんかあったの？

マサヤくんって、いつもイライラしてるよね。カルシウムが足りないんじゃない？　もしくは、睡眠不足とか？

それとも、お腹空いてるの？

サオリ 無駄だって。

エリカ もうこっち戻っておいでよ。

タエコ でもさ、イライラしててもイスは蹴ったらダメだよ。誰かにぶつかったら大変じゃん。

マサヤ、イライラしていく。それに合わせるようにルサンチマン登場。

ヒラノ　さっきは言い過ぎたけどさ、やっぱりお前が悪いよ。言われたくないことは誰にだってあるだろ。お前にだってあるだろ？

アヤナ　こんなこと言ったらダメだろうけど、あんたの方がダサいよ。

サオリ　ちゃんとしなよ。もう子どもじゃないんだし。

ヒラノたち、マサヤに口々にダメだしをしていく。

マサヤ　うるせぇんだよ！

ルサンチマン、一斉にそれぞれに攻撃する。それぞれ、対抗する。

マサヤ　お前ら、何なんだよ！　教師かよ！　親かよ！　お前らが絶対に正しいっていうのかよ！　怖いだのなんだの言うんだったら、ほっとけよ！　うぜぇんだよ！

タエコ　親でも教師でもないよ。友達だよ。

マサヤ　友達……ふざけんな！　俺は、そういうのいらねぇんだよ！　ちゃんとしろだのなんだの正論ばっかり言いやがって、そういうのが1番嫌いなんだよ！

タエコ　正論は言うよ。だってダメなものはダメでしょ。

マサヤ　そういうのがうぜぇんだよ！　ルールだとか、くだらねぇんだよ！　俺は、自由に生きていくんだよ！　ほっとけよ！

タエコ　甘えないでよ！　そんなの自由なんて言わない！　自分勝手なだけじゃない！　ルールも守れないような人が自由になんて生きていけるわけないでしょ。

マサヤ　何なんだよ……お前……。なんで俺にそんなこと言うんだよ。

タエコ　友達だから。友達が間違ったことをしていたら、ダメだって言うのも友達の役目でしょ。

マサヤ、少し照れるようにうつむく。ルサンチマンもはける。

マサヤ　……こいつ、何なんだよ。

ヒラノ　こういうやつなんだよ。

ヒラノ、マサヤに近づいて小突く。周囲も温かい目で見つめている。

さらに良い雰囲気の音楽と照明。

症状五　ぼっちアピール

タエコら、再び談笑している。完全に輪に入っていないが、近くにマサヤもいる。それを奥でイクタがチラチラ見ている。

サオリ　なんか、段々人数も増えてきて、チームみたいね。
ヒラノ　チーム！　俺、リーダーやろうか？
マサヤ　お前がリーダーとか、誰もついてこないだろ。
ヒラノ　うるせぇよ。
エリカ　ここに居る人、みんなでいれば怖いものないもんね。
アヤナ　うちら、最強だもんね～。

タエコ、イクタに気がつく。

マサヤ　どうした？
タエコ　うん……。
ヒラノ　なぁ、トランプかなんかやろうぜ。
アヤナ　いいね。
エリカ　じゃぁ、取ってくるね。
アヤナ　私も行く～。

エリカとアヤナ、はける。

サオリ　ありがとう。
タエコ　トランプやるなら、大人数の方が楽しいよね。イクタくんも誘って良いかな。
マサヤ　イクタ？……別に良いんじゃね。
ヒラノ　じゃぁ、俺らが誘ってくるよ。行こうぜ、マサヤ。
マサヤ　……おう。

ヒラノとマサヤ、イクタの方へ行く。

ヒラノ　イクタ、トランプやろうぜ。
イクタ　え……なんで？

イクタのセリフの度にルサンチマンが増えていく。イクタの周りに集まって壁のように立ち向かう。

ヒラノ　なんでって。お前が寂しそうだから誘ってるんじゃん。
イクタ　いや……別に寂しくないけど。
マサヤ　やるのかよ、やらないのかよ。
イクタ　いや……別に……。
マサヤ　別になんだよ。
イクタ　なんで、俺が一緒にトランプやらなきゃいけないんだよ。
ヒラノ　なんだよ、その言い方。折角誘ってやったのに。
イクタ　別に誘ってほしいなんて言ってないし。
マサヤ　は？　こっち見てたんだろ？　誘ってほしかったんじゃねーの。
イクタ　別に……。

何となく険悪な雰囲気。タエコ、気がついてイクタのもとへ行く。

タエコ　どうしたの？
マサヤ　こいつ、やらないって。なぁ？
タエコ　そうなの？
イクタ　……。
タエコ　どうして？
イクタ　どうせ、俺、ぼっちだし。
タエコ　そんなこと言わないでさ、一緒にやろうよ。
イクタ　なんで？
タエコ　なんでって。大人数でやった方が楽しいでしょ。イクタくんだって、友達と一緒にいたほうが楽しいと思うでしょ？
イクタ　別に？　1人でも平気だし。俺、ぼっちキャラだから。
ヒラノ　なんだよ、ぼっちキャラって。
イクタ　だから、1人でいるんだ。誰かと一緒に群れて過ごすのとか、苦手なんだよ。1人だったら気を遣わなくて済むし。
マサヤ　じゃぁ、1人でいろよ。
タエコ　マサヤくん！　そういうこと、言わないの！
マサヤ　こいつが言ったんだろ。1人でいたいって。
イクタ　そうだよ。俺にはぼっちが似合ってるんだ。ほっといてくれて構わないから。
タエコ　そんなことない！

タエコ、セリフの度に、ルサンチマンを押しのけていく。
ルサンチマンは押しのけられても、戻っていく。

イクタ　やめてよ。そういう青春っぽいこと、俺、嫌いなんだ。俺は1人で良いから。
タエコ　なんで自分から壁を作るの？　そんな風にしていたら、いつまでたっても、誰もあなたのことを助けられないじゃない。
イクタ　誰も助けてほしいなんて言ってない。
タエコ　素直になりなよ。誰だって1人は辛いよ。辛いなら辛いって、寂しいなら寂しいって言って良いんだよ。私はあなたを助けたいだけなの。

タエコ、イクタに辿りつく。ルサンチマン、押しのけられながらはける。
ルサンチマン1人だけ残っている。

イクタ　俺は………。
タエコ　もう、大丈夫。大丈夫だよ。

イクタ、うなだれる。ヒラノとマサヤ、イクタのところへ行って慰める。
残っていたルサンチマンはサオリの所へ行き、サオリに憑りつくようにべったりと乗りかかっている。

症状六　病みアピール

ヒラノとマサヤ、イクタを連れて、輪の中に戻る。
エリカとアヤナも戻ってくる。タエコはイクタのイスを持ってくる。
サオリはややダルそうに座っている。

ヒラノ トランプ、何やる？
マサヤ ババ抜きとか？
エリカ 大富豪が良いな。
アヤナ え～やだ～。ルールわかんないもん。
イクタ ルール、教えようか……？
アヤナ う～ん、面倒。
タエコ みんなが分かるものにしようか。ね、サオリもそう思うでしょ？
サオリ ……うん、そうだね……。
タエコ サオリ？　どうかした？
サオリ ううん。大丈夫。

ルサンチマン、サオリに近づく。そっとサオリに寄り添う。

ヒラノ じゃぁ、ババ抜きにするか。

タエコ、サオリを気にかけつつもトランプを始める。
わいわいとババ抜きをする。サオリだけがダルそうにしている。

サオリ ごめん、ちょっとしんどいから、トランプ抜けるね。
エリカ え？　大丈夫？
サオリ うん。
アヤナ 顔色、悪いよ？
サオリ そんなことないよ。大丈夫。

サオリ、離れたところへイスを持って行く。そこで、体調不良っぽくしている。ルサンチマンもついていく。

エリカ サオリ、大丈夫かな。
ヒラノ 大丈夫だろう。ちょっと前まで元気だったんだし。
マサヤ そんなに気になるなら、見てくれば良いだろう。
エリカ そうだけど……。

周り、サオリの方を見て気にしている。サオリは気がつかずにため息をつく。ルサンチマンが増える。

アヤナ 何か悩んでいるのかな？
マサヤ 何かって何だよ？
アヤナ 人間関係とか……？
エリカ でも、何かあったっけ？
ヒラノ 思いつかないけどな。
イクタ 何となく、不安とか。
タエコ 不安？　どうして？
イクタ いや、分からないけどさ。
タエコ 本当にどうしたんだろう。

イクタ　そうだね。
エリカ　やっぱり、気になるから聞いてくる。

エリカ、サオリの所へ向かう。何か話しているような感じ。
その間にルサンチマンの1人がエリカにくっつく。

サオリ　本当にちょっとしんどいだけだから。
エリカ　そっか、分かった。

エリカ、元の場所に戻る。

アヤナ　どうだった？
エリカ　うん。
マサヤ　どうした？　顔色が悪いぞ。
エリカ　ちょっと疲れちゃっただけ……。
イクタ　大丈夫？
エリカ　うん、大丈夫。

新しいルサンチマン、エリカにくっつく。

エリカ　ごめん、ちょっと1人になりたい。
ヒラノ　分かった。

エリカ、離れた場所にイスを持って移動する。
周りはエリカを見つめている。エリカはうなだれる。

タエコ　どうしたんだろう、エリカも。
ヒラノ　疲れたって言ってたけど。

周りはエリカとサオリに視線を向ける。サオリにくっつく
ルサンチマン、どんどん増えていく。サオリ、泣き出す。

アヤナ　ねぇ、サオリ、泣いてない？
イクタ　どうしたんだろう。
アヤナ　急に泣き出すなんて、やっぱり変だよ。
ヒラノ　何がそんなにしんどいんだろう。
アヤナ　聞いてくる！
タエコ　アヤナ？
アヤナ　だって、かわいそうだもん。

アヤナ、サオリの方へ行く。ルサンチマン、アヤナにも
くっつく。

サオリ　……私なんて……。
アヤナ　いや……そんな……。

アヤナ、サオリから離れる。そのまま1人、元の場所に戻
らない。

タエコ　アヤナ？

アヤナ、1人でうなだれる。サオリは顔を伏せている。サ

オリにくっつくルサンチマンも増える。

ヒラノ　アヤナまで、どうしたんだろう。
マサヤ　変だよな。
イクタ　みんな、サオリさんの所まで行ってから、変だよ。
タエコ　もしかして……みんな女傑症候群に……！
マサヤ　いやいや、ルサンチマンいないし。
ヒラノ　そうだよ。あれになった奴にはルサンチマンがくっついているはずだろ？
タエコ　確かに今まではそうだったけど……。
イクタ　じゃぁ、違うんじゃない？
タエコ　でも、こんなの、変でしょ？　きっとルサンチマンが隠れているんだと思う。
マサヤ　どうすんだよ。
ヒラノ　隠れているなら、どうしようもないぞ。
イクタ　そうだよ。
タエコ　私はサオリの所に行って、ルサンチマンが居ないか探すから。他のみんなはエリカとアヤナの所へ行って、ルサンチマンが居ないか探してくれない？
ヒラノ　分かった。
マサヤ　俺はお前と一緒に行くよ。１人で何かあったらやばいだろ。

イクタ、ヒラノ、それぞれエリカとアヤナの所へ行く。タエコとマサヤはサオリの所へ行く。サオリはぼーっとしている。

タエコ　すごい量のルサンチマン……。
マサヤ　やっぱり隠れていたんだな。

タエコとマサヤ、顔を見合わせる。

タエコ　サオリ？
サオリ　……何？
タエコ　どうしたの？
サオリ　……もう、嫌なの……何もかも。

サオリのセリフに合わせて、ルサンチマンがサオリを囲む。タエコはその合間をくぐって近寄る。

ヒラノ　タエコ！　エリカにもアヤナにもルサンチマンがついてる。
タエコ　やっぱり……。
マサヤ　サオリにもルサンチマンがついてる。
イクタ　でも、変なんだ。いくら引き離そうとしても離れないんだ。
タエコ　え？　どうして……？
ヒラノ　多分、サオリのルサンチマンが影響しているんだと思うんだけど。
マサヤ　こいつのルサンチマンをどうにかするしかないんだな。
タエコ　サオリからルサンチマンを離さなくちゃ。

マサヤ　お前はこいつから話を聞け。その間に俺がルサンチマンをどうにかする。
タエコ　分かった……サオリ、嫌って……何があったの？　良かったら話、聞くよ？
サオリ　辛いの……しんどい……。

マサヤ、サオリのルサンチマンを引き離そうとするが全く動かない。

タエコ　何がしんどいの？
サオリ　もう……頑張れない……。もう……楽になりたい……。
タエコ　サオリ？
サオリ　もう……死にたい……。
タエコ　サオリ！
サオリ　もう嫌なの！　限界なの！　私はタエコみたいに優しくないし、良い子じゃないし、私なんて居てもいなくても同じなんだ！

ルサンチマンがそれぞれの足や体にへばりつくように向かっていく。
そのルサンチマンをはがすようにそれぞれ対峙する。
タエコとサオリの間は壁になるようにルサンチマンがいる。

タエコ　そんなことない！　サオリだって素敵なところたくさんあるじゃない。
サオリ　タエコはいつでも誰にたいしても優しい。私はそんな風には、なれない。私なんて、誰も愛してくれない、誰も優しくしてくれない。私なんて……生きている価値が無いの。
タエコ　生きている価値がない人なんていないよ。
マサヤ　そうだぞ。そう思っているのは、お前だけだ。
サオリ　もういい。もう消えちゃいたい。こんなにしんどい思いするぐらいなら、死んだほうがマシ。
タエコ　死んだほうがマシなんて、言わないで。
サオリ　タエコは本当に優しいよね。私だけじゃなくて、ここにいる人みんなのことを思って行動してる。でも、本当は、自分が上に立ちたいだけでしょ。私のことだって本当は見下してるんでしょ。私のことなんてクズだと思っているんでしょ。
タエコ　そんなことない。そんなこと思うわけないじゃん。
サオリ　何それ？　私のこと、何も知らないくせに友達だからって知ったようなこと言わないでよ！　何も分からないくせに！
タエコ　何も分からないよ。でも、友達だから、心配しているの。友達を心配しちゃいけないの？
サオリ　それもどうせ他の人と同じなんでしょ。
タエコ　サオリだから心配しているの！　親友のサオリだから、助けたいって思っているの。
サオリ　私だから……？

ルサンチマン、段々はける。それに合わせて、エリカとアヤナについていたルサンチマンもはける。

マサヤ　ルサンチマンが消えていく。

ヒラノ　こっちのルサンチマンも……消えていく。

タエコ　サオリ。

サオリ　タエコ……私……。

タエコ　良かった、無事で。

サオリ　……ありがとう、私を助けてくれて……。

タエコ　私はサオリのこと、本当に親友だと思ってる。1番大切な親友なんだから、助けるに決まってるでしょ。

サオリ　タエコ……。

サオリ、泣き出す。タエコ、サオリの頭をなでる。友情風の雰囲気の照明と音響。周囲も温かい目で見つめている。

症状七　完治？

全員が程よい距離感で座っている。明るい雰囲気の照明と音響。

タエコを囲むように集まってくる。

会話は異常なくらいにタエコを持ち上げるような雰囲気で進んでいく。

タエコ　良かった。みんなが元通りになって。

サオリ　タエコのおかげだよ。

タエコ　そんなことないよ。みんなが協力してくれたから。

アヤナ　みんなタエコに助けてもらってるよね。

エリカ　本当に。

ヒラノ　タエコって不思議だよな。

タエコ　不思議？

マサヤ　分かる。なんていうか、タエコの言葉って素直に聞けるというか。

イクタ　ルサンチマンがいても、影響受けないでその場でいられるし。

エリカ　そうだよね。受けないどころか、ルサンチマンを引き離して、みんなを女傑症候群から救ったんだもんね。

サオリ　すごいよね。タエコがいなかったら、今頃どうなってたか……。

タエコ　そんなことないよ。私はただ、困っている人をほっておけないだけ。

アヤナ　ねぇ、どうしてタエコは女傑症候群にならなかったんだろ。

タエコ　どうしてって言われても……。

アヤナ　何かコツ？　とかあるの？

タエコ　そんなの無いよ。

イクタ　そうだよ。女傑症候群はゲームとかじゃないんだ。病気なんだぞ。

マサヤ　病気にかかりにくいとかじゃないか。

イクタ　それなら、治療法が分からなくても、タエコさんがいれば女傑症候群に困る人がいなくなるよ。

ヒラノ　タエコ、救世主じゃん。

タエコ　そんな大げさだよ。

エリカ　大げさなんかじゃないよ。タエコは私たちのヒーローだよ。

サオリ　そうだよ。タエコの言葉でみんなが助かったんだから。

タエコ　ヒーローなんて……。私は、自分の思っていることとか、伝えたいことを素直に話しているだけだよ。

これ以降、声だけは明るいが、顔は無表情でイスを持ってタエコから離れていく。音響もほんの少し雰囲気が変わる。

サオリ　それがすごいんだよ。

イクタ　そうだね。それはタエコさんにしかできないよ。

アヤナ　本当にすごいよ。誰にも真似できない。

エリカ　タエコがいて本当に助かったもんね。

マサヤ　俺に本気でぶつかってくれたのはお前だけだった。

……嬉しかった。

ヒラノ　みんなタエコに救われたんだ。

サオリ　感謝してもしきれないよ。

タエコ　感謝……？　私に……？

イクタ　タエコさんがいたから。（座る）

マサヤ　本当に助かった。（座る）

アヤナ　タエコがいれば。（座る）

ヒラノ　もう大丈夫だ。（座る）

エリカ　これからも。（座る）

サオリ　頼りにしているよ、タエコ。（座る）

タエコ　これからも私が、みんなを助けるよ。私がいれば、もう大丈夫だよ。任せて！

アヤナ　本当に助かったよ。

イクタ　さすがタエコさんだよ。

エリカ　タエコと一緒にいれて良かった。

ヒラノ　タエコがいれば安心だな。

マサヤ　頼りにしているぞ。タエコ。

サオリ　タエコがいて本当に良かったよ。

タエコ　私がいて……良かった……！

徐々に、タエコのみに照明が当たる。音響もいつの間にか止まっている。

看護師（声）　タエコさん？　どこですか？

タエコ　先生？　ここにいますよ。

エピローグ　ヒロイン

看護師、出てくる。タエコのもとへ行く。
照明はタエコにしか当たっていない。

看護師　あぁ、ここにいたんですか？　タエコさん。探しましたよ。

タエコ　私も探していたんですよ！　あんなに大変だった

のに、先生いらっしゃらないから。

看護師 何の話ですか？

タエコ 大変だったんですよ。みんなが女傑症候群になっちゃって。

看護師 先生！ こっちです！ タエコさん、いました。

タエコ 先生が来るの、遅いんですもん。私、困っちゃって。不安で仕方なかったんですよ。

医者、出てくる。

医者 ここに居たんですか、タエコさん。

タエコ あれ？ 先生、どうしたんですか？

看護師 先生は、タエコさんを探していらっしゃったんですよ。

タエコ そうなんですか。そんなことよりも、私、先生に話したいことがあるんです。

医者 何ですか？

タエコ みんなが女傑症候群になったけど、私がみんなを治したんです。ルサンチマンと戦って勝ったんです。

医者 そうですか。

タエコ 私、頑張ったんです！ みんなを救ったんです！

医者 そう。

タエコ 私、救世主なんです！ 頑張ったんです！ すごいって、感謝してもしきれないって言われたんです！

医者 そうですか。

タエコ え……どうして……？

医者 どうしたんですか？

タエコ 何でですか……？ 何で……褒めてくれないんですか……？ 認めてくれないんですか……？ 私、頑張りましたよね……？

看護師 タエコさん、落ち着いてください。

タエコ どうして⁉ 何で⁉ 頑張ったのに？ こんなに頑張ったのに！ どうして、褒めてくれないの？ 認めてくれないの！ こんなに、こんなに頑張ったのに！ みんなを女傑症候群から救ったのに！ 救世主なのに！ 何で……何でですか！ 先生！ ルサンチマンにも勝ったのに！ 戦ったのに！

看護師 タエコさん、落ち着いてください、大丈夫ですから。

タエコ 褒めて！ 認めて！ 先生！ 私を……認めて……！

医者 落ち着いてください。タエコさん。ルサンチマンなんていません。

タエコ ルサンチマンは……いない……？

医者 そうです。ルサンチマンはいません。タエコさん、ここがどこだか分かりますか？

タエコ ここは……学校……で。

医者 違います。ここは、病院です。タエコさん、あなたはここに入院しているんですよ。

タエコ ……違う！

ルサンチマン、ぞろぞろと出てくる。医者の方へ向かってくる。

タエコ　……あぁ！　ルサンチマンが先生に……！……今、助けますから……！

タエコ、剣を手に取り、医者に切りかかるふりをする。

看護師　タエコさん！　落ち着いて！

看護師、タエコを止めようとするが、医者がそれを止める。

医者　タエコさん。僕の話をよく聞いてください。ルサンチマンはいるかもしれません。でも、それはタエコさん、あなたが創りだしたものです。
タエコ　私の想像……？
医者　だから、誰にも見えません。
タエコ　でも……みんなが……！
医者　落ち着いて周りを見てください。

舞台全体が明るくなる。ルサンチマンの恰好を脱いだ人たちは医療関係者の恰好をしている。サオリたちもそれぞれ暴れていたり、泣いていたり、落ち込んでいたりしている。

医者　あなたは女傑症候群で、この専門病院に入院しているんです。

タエコ　…………。
看護師　どうせ、また分からなくなってしまうんですよね。
医者　そういうことを言うな、彼女が1番、辛いのだから。
看護師　申し訳ありませんでした。
医者　タエコさん、病室に戻りましょう。
タエコ　……ニュースが……流れてる……。

砂嵐の音が小さく流れる。段々と照明がタエコだけに絞られる。周りは照明に合わせて、動きを止める。ストップモーション。

看護師　ニュース？　テレビなんてありませんよ。
タエコ　女傑……症候群……？　ルサンチマン……？　こんなの本当にあるの？

砂嵐の音が大きくなっていく。

――幕――

保健室でティータイム

彼ノ矢恵美

登場人物
丸田《まるた》
鶴本《つるもと》
木下《きのした》
西宮《にしみや》
東堂《とうどう》
星野《ほしの》
杏子《あんず》

※途中、■という記号がありますが、これはその物語のなかで別のシーンが存在すると受け取ってください。例えば、第二幕は木下の芝居から始まります。けれど木下は保健室ではなく、別の場所（廊下かもしれないし教室かもしれない）で台詞を言っているのです。そして別の場所だからといって大道具を配置する必要もありません。木下がスポットライトのなかで1人芝居をしてるようなイメージです。

※舞台セットは保健室で統一してます。過去と現代で違いが出せるように工夫された場面転換が必要になります。

世田谷区立烏山中学校、2019年12月21日、初演。撮影：小山内徳夫

【第一幕】

２０１９年５月初旬。朝の保健室。舞台上手にドア。舞台中央にテーブル、椅子。舞台中央から後ろに棚やカレンダーやポスターが貼られた壁、先生の机がある。舞台下手にパーテーションとベッド。棚には大きくて色鮮やかな折り鶴がある。誰もいない。しばらくして男子生徒の星野登場。

星野　先生〜。

先生が見当たらない。

星野　……あのぉ。
丸田　（裏から）ん？　あぁ、どうも。
星野　（驚く）教室で朝学活してる時からお腹が痛くて。
丸田　ほう。そこ座って。（星野を椅子に座らせてから）ぐるぐる？
星野　……え？
丸田　じゃあちくちく？
星野　ち、ちくちく⁇……さっきから何言ってるんですか？
丸田　保育園児には、これでお腹の痛みを聞くの。
星野　保育園児と一緒にしないでください。
丸田　あ。わかった！　これなら痛みを伝えやすいでしょ。（ボタンの付いた機械を取り出す）説明する時にこのボタンを選んで押せば、効果音が流れる。例えば、「先生〜今このあたりが」

ボタンを押す。
Ｓ・効果音

丸田　「（痛そうな顔）痛いですぅ」って。
星野　意味わかんないですよ。だったら普通に言います。
丸田　「ここが」

ボタンを押す。
Ｓ・効果音

星野　いや、効果音で遊びたいだけでしょ！　もういいです！
丸田　はは。思ったよりも元気そうじゃん。お腹から声出てるし。
星野　それは先生がずっとふざけてくるからでしょ。
丸田　ふーん。まぁいいや。紅茶飲む？
星野　え……。いいんですか？
丸田　はい。（紅茶の入ったカップを渡す）
星野　（一応頭を下げる）

不思議なティータイム。星野ちょっと落ち着く。

星野　……保健室の先生って、女の人だと思ってた。
丸田　男の先生だっているよ。まぁ少ないけどね。名前は？
星野　星野です。
丸田　病状なんだっけ？　あ、サボりか。
星野　サボってません。病人ですよ。だから教室行かないで、ここに来たんですから。
丸田　へー。そうだったのー。さっき僕にこう言ったよ。「教室で、朝学活してる時からお腹が痛い」って。
星野　……あっ。
丸田　朝学活出てないじゃん。それに今何時？
星野　(時計をみる)
丸田　ずっと学校のどっかにいたの？
星野　……(頷く)

S・チャイム

丸田　お、休み時間だ〜。
星野　(不安げに)先生、僕もう少しここに……。

先生は立ち上がり、パーテーションを開ける。

丸田　ほら。
星野　……。(ベッドへ移動してから)ありがとうございます。
丸田　じゃあ俺が子守唄うたってやるよ。
星野　結構です。

杏子、誰かと話しながら登場。タイミングよく先生はパーテーションを閉める。

杏子　じゃタマあとでね！　ばいばーい。(ドア閉める)丸田先生やっほ〜♪
丸田　やっぱり来たな。
杏子　へへ。あれぇ？　今日来る人少ないんだね。
丸田　健康である証拠でしょ。
杏子　じゃあ空いてるベッドにうちも寝よっかな〜。
丸田　おいおいここは家じゃねーぞー。寝に来たなら教室戻れー。
杏子　やだやだやだー。(テーブルにあるカップを見て)あ、先生また紅茶飲んだでしょう。うちも飲みたーい。
丸田　飲みたきゃ勝手に飲め。
杏子　わーい♪

杏子はカップに紅茶を入れてテーブルに持ってくる。

丸田　で、今日は何よ。
杏子　まぁまぁ。まずは飲もうよ。

不思議なティータイム。

杏子　はぁ。美味しい。
丸田　今日も元気だな。
杏子　元気じゃないよ〜。次の授業、班新聞作るんだけど、メンバーがマジ無理。
丸田　メンバーって誰いるの。
杏子　うち、荒川、隅田、タマ、安達、ちょーさん。
丸田　タマって、今一緒に来た玉城でしょ？　親友がいるならいいじゃん。
杏子　……いや、あんなん親友じゃないから。

S・チャイム

丸田　あー、結局授業出ないのね。
杏子　だってタマ意味わかんないんだけど。今まで一緒にいたのに最近になって、隅田とかちょーさんとよく話しててさ。ずっと話すから、うちは待ってんの。待ってあげてんのに、ごめんも何もないんだよ。
丸田　そこに杏子も混ざればいいじゃん。
杏子　混ざったって気まずいし、話しついていけない。
丸田　それで向こうの話が終わるまで待ってんの？　臆病だなぁ。
杏子　そんなんじゃないし。
丸田　で。次の授業で独りぼっちになるのが嫌だから、ここに来たってか。
杏子　イエス♪
丸田　おいおい。
杏子　はは。（紅茶飲む）……中学生になったら、こんなに変わっちゃうんだなぁ。一緒にいても、向こうが何考えてんのか全然わかんないし。隅田たちも……。どうせ変な奴だと思われてんだろうなぁ。
丸田　ふーん。
杏子　だってそういう目で見てくるもん。向こうで話してる時、タマこっちチラチラ見てくるしさ。絶対そうだよ。私がなんかしたならはっきり言えし。私ばっか我慢して向こうだけ楽しんでるとかなに。マジあいつら面倒くさ。もうタマのことなんかどうだっていいし。
星野　……。

丸田、勢いよく立ち上がる。

杏子　っ！　なに！

丸田は効果音が流れる機械を持って杏子の前に置く。

杏子　なにこれ。
丸田　今から俺が言う質問に答えろ。答えられなかったら、そこに書いてある気持ちの効果音を選んでボタンを押すこと！　まず第1問。
杏子　ちょっと急になに。
丸田　なぜ苛立つ原因の玉城と、今日一緒に保健室に来たんですか？
杏子　……向こうから声かけてきた。
丸田　第2問！　そのときどんな気持ちでしたか？
杏子　……。
丸田　質問を変えよう。玉城が隅田のところへ行くと、どんな気持ちですか。

杏子　……。

丸田　ボタン！　分からなかったらボタン押すんだ！

　　杏子、ボタンの説明書きを読み、選んだボタンを押す。

　　S・ガラスが割れる音

杏子　……ガラス？

丸田　ガラスが割れるように心が痛むってか。

杏子　先生またふざけてるでしょー。こんなのどこで買ったのぉ。

丸田　これは、杏子の気持ちを確かめる為にやってるんだよ。俺からしたら隅田達のことはどうだっていいの。大事なのは、お前の本当の気持ちだよ。

杏子　……ふぅん。

丸田　もし玉城たちが自分の事を話してたら、正直どう思うんだ？

杏子　……。

　　ボタンを押す。

　　S・ガラスが割れる音

丸田　玉城が親友じゃなくなったら、お前はスッキリするか？

杏子　(ボタンを押そうとするが、躊躇する)

丸田　親友を手放すなんて簡単だよ。その代わり、もう戻れなくなる。それでもいいの？

杏子　……わかんないよ。わかんないよもう。

　　星野、パーテーションを思いっきり開けて2人の前に登場。

星野　先生！

丸田　なんだよビックリした。

杏子　星野……カーテン越しに、聞いてたの？

星野　ごめんなさい。でも言わせてください！　僕、杏子さんの気持ち分かります！

杏子　は？

星野　実は僕……ゲームが大好き！　ゲーオタです！

丸田　俺もー♪なんのゲームが好きなの？

星野　それは置いといて。……昨日、大好きなゲームのイベントにお母さんと行ってきたんです。イベントが終わって会場を出たら……クラスの人に会ってしまったんです。お母さんと一緒に来たなんてことがクラス中に広まったら恥ずかしくて……周りの目が気になって教室に入れなかったんです。だから！

　　星野は機械を奪う。

星野　その時の僕の気持ちはこれです！

　　S・ガラス(繰り返し音が出せるようにする)

星野は何度も繰り返し、強く、ボタンを押す。

丸田　おいおい壊れるよ。……ま、壊れてもいいっか。

星野　相手にどう見られてるかなんて……怖い。怖いに決まってんじゃん！　寂しいよ！　だから杏子さんが感じてることは……正しいんです！

杏子　星野……。

丸田　（溜息）なぁに勝手に良い話にしてんだ。お前ら一つだけ何か勘違いしてないか？

2人　……？

丸田　実際に周りから、何か言われたのか？　言われてもないのに怖いなんて、それはお前らの考えすぎ。自分で作り上げた恐怖にすぎないんだよ。

杏子　だって向こうが……。

丸田　もし。隅田が玉城に、杏子と遊びたいって、言ってたとしたら？

杏子　……そんなこと……。

丸田　気持ちはよく分かるよ。でもさ、相手が何思ってるかなんて誰も分からないし、気にしだしたらきりないよ。星野、何でその会場の外でクラスメイトに会ったと思う？　よぉく考えてみろ。

星野　……あ。

丸田　それがきっかけで、そいつと友達になれるかもしれないんだぞ。

星野　僕の好きなキャラの袋持ってた……！

丸田　周りを基準にしないで、もっと堂々と生きてみなよ。もしそこで苦しくなったら、まずは自分に優しく問いかけてみ。「おーい。大丈夫ですかー」って。

星野　優しく……。

丸田　杏子もさ、玉城がお前のとこに来てくれた時、本当は嬉しかったんじゃないの。

杏子　……。（頷く）

丸田　感情に任せて取り返しがつかなくなる前に、寂しいなら寂しいって、相手に言ってもいいんだぞ。杏子の親友なんだから。

杏子　……うん。

丸田　……まぁそんな簡単に出来たら苦労しないんだけどね～。

杏子　先生ぇ。急になげやりにならないでよ。今せっかく感動したのにぃ。

丸田　中学生になったんだから、もっと楽しいことしようぜ。中学校生活なんてあっという間に終わるんだからさ。

と、話しながらすごい派手なジャケットを着る。

星野　まって何してんの！

丸田　え？　俺の仕事着。

星野　仕事着ー?!

丸田　これが俺の生き方♪

さっきよりも穏やかな空気で。

暗転。

【第二幕】

■　２０１９年５月末。厳格そうな体育教師、木下が上手から登場。

木下　そこ走らない。体育館でダンスだから、係は手分けして準備するように。ダラダラしない。

木下は腕時計を見てから、その場を退場。

■　保健室。丸田が座って読書している。木下が登場。

木下　失礼します。

丸田　ん？　あぁ。

木下　……丸田先生！　先生ぇ先生ぇっ、先生〜っ！

木下泣きながら丸田のとこへダッシュ、丸田は避ける。木下転ぶ。

木下　うぅ……何で避けるんですかぁ。

丸田　またしょうもない弱音を聞くのかと思ったら、体が勝手に。

木下　丸田先生どうしましょう。次の授業内容がダンスなんですけど、私は全く踊れないんです〜！

丸田　ほう。じゃあテンポに合わせてボックスをしてみましょうか。分か　りますよねぇ〜。

丸田が手拍子をする。木下ボックスをするが全く出来ない。

丸田　ストップ！　ストップ！　暴れ馬か。

木下　普段から厳しく生徒に指導してるのに、こんなの見せたら私の立場がぁ。あぁいったいどうしたらいいのでしょう！

丸田　知るかっ！　ほら早く行った行った！（木下を追いやる）

木下　あぁ〜先生助言をください〜。どうかお願いです〜。

丸田は木下を振り払いドアを開ける。
Ｓ・学校の廊下
木下、今とは別人の厳格教師に切り替わる。

木下　貴重なお時間を有り難うございます。失礼します。

木下退場。

丸田　さてと。

丸田は奥からラジカセを出し、ラジオ体操の曲をかける。

曲に合わせてラジオ体操をするかと思いきや踊りだす。そこに西宮登場。

西宮 失礼しま……。

唖然とする。丸田は一通り踊れてすっきり。

丸田 ふぅ！（生徒に気づき） あぁ、どうも！

西宮 何ですか今の……。

丸田 僕のラジオ体操。

西宮 ラジオ体操！ めちゃめちゃクラシックバレエじゃないですか！

丸田 最近始めたんだよね～。始めて1週間なの～。

西宮 1週間!?

丸田 はは♪ ここ座っていいよ。（西宮が座って） 名前は？

西宮 3年の西宮です。

丸田 （バインダーと体温計を渡す） ここに書いといて。

丸田が奥で紅茶の準備。西宮は記入。

丸田 紅茶飲むー？

西宮 え？ あぁ……はぁ。

丸田はカップを西宮の前に置き、奥に戻る。

丸田 マグロ食べるー？

西宮 食べませんよ。何で保健室にマグロがあるんですか!?

丸田 僕の朝ごはん。

西宮 えぇ。しかもマグロと紅茶って絶対不味いからぁ！……よくクビにならないですね。

丸田 先生だからって、勝手なイメージ作ってるのはそっちでしょー。こんなことで怒ってたら、お肌が荒れるわよ♪

西宮 少し黙っててもらえます？

丸田 はーいわかりましたー。

丸田は体温計と記入されたバインダーを預かり、バインダーを見る。

丸田 ダンス部の朝練してる時から具合悪くなったんだ。どう練習は。

西宮 結構ハードです……。

丸田 授業出れないなら、朝練休めばいいのに。

西宮 いやぁ1、2年のオーディション練習に付き合ってあげないと。

丸田 オーディション？

西宮 次の大会、1、2年はオーディションで選抜されないと踊れないんですよ。だから後輩たちは、これに懸けてるんです。

丸田 へぇー。上手いやつとかいるの？

西宮　いますよ。たまに保健室に来てると思う。
丸田　え？

杏子登場。

杏子　丸田先生やっほーっ！　あれ？　西宮先輩だ！　こんなとこで何してんですか?!
西宮　ちょっと怠くて来た。
杏子　(小声で)丸田と一緒にいるほうが怠くないっすか？
丸田　おーい目の前で悪口なんていい度胸じゃないかぁ。
杏子　はは！　ごめん先生！　んじゃ教室行ってくる～。
丸田　お！　珍しい！　あいつらとうまくいったんだな。
杏子　(とびっきりの笑顔)じゃーねー。西宮先輩さよなら！

杏子退場。

丸田　……え。あいつ？
西宮　はい。
丸田　はぁー、この間まであんなこと言ってたのに。
西宮　杏子すごいんですよ。最初全然踊れてなかったのに、どんどん上手くなっていくんです。部活は真面目にやってるから、顧問も期待してて。
丸田　そうなんだ。(作業しながら)でもあれだね。すごいっていうけど、あんまりって感じだね。
西宮　何がですか？
丸田　君、杏子のこと苦手でしょ？
西宮　……。
丸田　トイレ行ってくる。誰か来たら適当に言っておいて。

丸田は一度その場から離れて退場。
S・校庭にいる生徒の声。(または運動する生徒の声)
静かに時間が過ぎていくなか、西宮は思い悩む。丸田が戻ってくる。
丸田は自分の机で作業する。しばらくしてから

西宮　先生。
丸田　んー。
西宮　誰にも言ってないんですけど……私、次のダンス部の大会……出るの辞めようと思ってて……。
丸田　……なんで？
西宮　……気持ちがついてかないっていうか。中途半端で……。こんな気持ちで踊るのも、皆に申し訳ないっていうか……。
丸田　ふうん……。
西宮　後輩の練習付き合ってたら、自分何様なんだろうって思えてきたんです……。
丸田　もしかして、君が練習に付き合ってる後輩って……杏子？
西宮　(頷く)杏子は……ちゃんと努力して練習してきたのが分かるから、皆からも信頼されてるんです。それに比べて私はセンスがないから、先生から褒められることは

ない。あの子みたいに、素直な気持ちで踊れないんですね……。

丸田 君は普段、そんなに練習してないの？

西宮 ……してます。

丸田 だよね。いや、なんかさ、なんでセンスがないって決めつけるのかなあって。センスなんてのは、自分じゃ分からないもんだよ。それにさ……誰かに褒められるって、そんな大事なことかな。

西宮 ……。

丸田 君にとってダンスって、そんなもんなの？

西宮 違う！……違いますよ。

そこに木下が泣きながら走って登場。西宮がいることに気づいていない。

木下 丸田先生っ！　先生、先生、先生ぇ～っ！

丸田 なーによ今度はぁ。さっき来たばっかかでしょう？

木下 私やっぱり出来ません！　私よりはるかに上手い生徒たちを見てたら自信がなくなってしまって、「これから自習にします。けれど、ダンスに関することだけを自分たちで考え、創作するのです！」と言って、抜け出してきちゃいました～！

丸田 あらら。バレたら大変ですねぇ。もうバレてますけど。

木下はここでやっと生徒がいることに気づく。いや、気づいてしまう。

木下 ⁉　西宮さん……っ！　あぁぁぁぁっ。(うな垂れる)

丸田 先生ドンマイ。(生徒に) これが先生の本性。

西宮 えぇぇえっ⁉

木下 あぁぁぁぁもう終わりですぅぅぅ！

木下ベッドに倒れこみ次第に暴れだす。丸田は慌てて止めに入る。

丸田 あぁ！　せっかく綺麗にしたのに！

木下吹っ切れて保健室内を気が狂ったかのように暴れまわる。棚に飾ってある大きな折り鶴を持ち出す。丸田はそれを食い止める為にある提案をする。

丸田 そうだ！　西宮ここで踊りなよ。

西宮 は？

丸田 木下先生！　彼女はダンス部なんです。是非参考にしてください。

木下 いいんですか?!

丸田 (西宮に) 俺たちでここどかすからさ。踊って見せてよ。

木下 良いですね！　是非勉強したいです！

西宮 ちょっと待って！　なに無茶なこと言ってるんですか。さっきから言ってるでしょう！　軽い気持ちで踊ったらみんなに悪いし、私に才能なんてないから……

丸田 俺が！　君の踊りを見たいんだよ。君がそこまでいうなら、そのダンスにかけた想いを、ここで証明してみせてよ。
西宮　……。
丸田　先生手伝ってください。
木下　はい！

先生2人はテーブルや椅子、カップ等をどかし始める。西宮は考えた末、柔軟をする。丸田はラジカセを準備。先生たちは一通り終えたら、ベッドに移動。

丸田　じゃあ曲かけるぞ。君も知ってる曲だ。

曲が流れる。

西宮　この曲……。

西宮は踊る。そこに練習を頑張る杏子の姿を思い出す。杏子登場。ダンス練習をして、誰かに褒められてる様子。純粋な彼女の姿は今の西宮を苦しめる。全ての想いをのせて。彼女は苦しみながらも踊りきる。杏子はいつのまにか消えていた。木下は拍手する。

木下　これ、2年前に文化祭で踊ったやつでしょう?! ソロで踊ったのが1年生だって聞いてたけど……あなただったのねぇ。とても素敵だったわぁ！

西宮はやりきった気持ちが込みあがる。

西宮　私、杏子のこと憧れてます。年下なのに上手くて……でも……どんどん上手くなってく杏子に嫉妬してる自分もいて、そしたら思うように踊れなくなって……先輩なのに情けない……こんな自分が大嫌い。
丸田　憧れたっていいじゃん。そういう存在がいたから、毎日努力してきたんじゃないの？　俺にだっているよ。憧れてる人。
木下　そうなんですね。
丸田　「その人のようになりたい」って思えたら、希望が持てるからね。後悔する前に、自分の気持ちと向き合うべきだよ。
西宮　………やっぱり踊りたいです……踊りたい！
丸田　うん。それでいいんだよ。
西宮　(照れる)……顔がボロボロなのでトイレ行ってきます。
丸田　ほい。いってこーい。

丸田と木下はテーブル等をもとの位置に戻す。西宮、その場から出ようとしてドアで立ち止まる。

西宮　先生……先生は、後悔したことありますか？
丸田　うん。勿論。
西宮　……。

木下　ほら。私もこんなだから、一緒に行きましょう！　いやぁ本当にさっきはよかったわよ！　私もあんな風に踊りたいわ～！

2人退場。保健室に残った丸田。ラジカセから別の曲をかける。

その曲が流れているなか、カップを持ってきてテーブルで紅茶を飲む。それはどこか寂しげである。

暗転。

【第三幕】

2012年10月。放課後。昔の保健室。物が少なくて殺風景な室内。そこに鶴本登場。疲労が溜まってるようでとても眠そう。ベッドで寝る。しばらくして丸田登場。

丸田　えっと次やるのは……。

さっきまでの丸田とは違って、若くとても真面目で堅物そうな感じ。

鶴本は丸田に気づき、ベッドから驚かそうとする。丸田がテーブルに近づくと……。

鶴本　うわーっ！

丸田　うわぁぁ！　も～やめてくれよぉ。先生がいない時は勝手に入るなって、何度も言ってるだろう。

鶴本　丸田先生ぇ疲れたまってるね～。そんなに疲れてたら、お肌が荒れるわよ♪

丸田　話を流すな。

鶴本　せっかく保健室にいるんだからさぁ、もっとリラックスしないと。丸田先生には相当癒しが必要だね。あー、東京スカイツリー行けば？　5月に出来たじゃん！

丸田　そんなの興味ないよ。

鶴本　じゃあストレッチ！　ギンガムチェック聴きながら！　いやーＡＫＢの総選挙も、大島優子が1位をとる時代ですか～。先生はあっちゃん派？　優子派？

丸田　話の趣旨がずれてるよ。

鶴本　あぁそうだった。うーん……。わかった！　丸田先生ここで、紅茶飲めば？

丸田　はぁ？　何を言ってるんだ。

鶴本　だって紅茶って、リラックスができる効果が含まれてるんでしょ？　保健室の先生が優雅に紅茶飲んでるなんて、おしゃれじゃん。

丸田　他の先生たちに何言われるか分からないだろう。

鶴本　そんな酒飲むわけじゃあるまいし。いいんじゃない？　そうでもしないと、丸田先生がぶっ倒れちゃうよ。

丸田　……それもそうだなぁ。

鶴本　丸田先生、紙ちょうだい。今回は、（折り鶴指さして）これよりも大きいの作りたいの。

丸田　（棚を指して）そこにある。勝手に使って。トイレ行ってくる。

鶴本　おー！　ちょうどいいこれ！　ありがと！

鶴本は工作のためにハサミやセロハンテープを借りる。丸田がトイレに行こうとしてドアを開けると。

丸田　東堂先生が来る！
鶴本　え、まじ⁉
丸田　とりあえず、ベッドに隠れろ。
鶴本　あひゃぁ！

鶴本はベッドに移動しパーテーションを閉めたところに、東堂登場。

東堂　失礼します。
丸田　どうも。あ、どうぞ中へ。
東堂　いえ、ここで結構です。（生徒がいないことを確認して）今日も鶴本は来ましたか？
鶴本　⁉
丸田　あぁ、お昼休みに来たかなぁ。
東堂　そうでしたか……。またサボりに来てるようなら、丸田先生からも強く叱ってくださいね。彼女がいると、保健室に行きづらいと言いに来る生徒もいるんです。
丸田　へぇ～……。
東堂　また鶴本が来るようなら、私に必ず報告してください。職員室戻りますね。
丸田　はい。
東堂　（散らかったテーブルを見て）最後に。ここは図工室ではないんですよ。
丸田　あ。

東堂退場。少し気まずい空気。

丸田　もういいよ。
鶴本　タイミング最悪だわ。
丸田　相変わらず目つけられてるな？　クラスで上手くいってないのか。
鶴本　いやぁ、一部が嫌がってんじゃん？　こんなだからさ。
丸田　そうか……。でも、少なくとも鶴本は、中学生らしくないよな。少しぶっとんでるけど、考え方が大人びてる。話しやすいよ。
鶴本　逆に先生は世間体を気にしすぎー。それさえ無ければ、もっと楽だと思うけどなー。ねぇ、先生ってやりたいこととかないの？
丸田　うーん。そう言われてもな……。好きでこの仕事やってるから、それだけで充分かな。
鶴本　好きなのに、なんでそんな辛そうなの？
丸田　…………そう見える？
鶴本　見えるよ！　なんで？なんで？（言い寄る）
丸田　あぁ！　子どもには分からない事情があるの。そんなことより……昨日も親御さん、喧嘩してたか？
鶴本　……うん。夜中まで大喧嘩してるから、全然眠れなかった。

丸田　そうか……先生の心配はいいから。もう帰ったら？　遅く帰ったら、鶴本まで何か言われるかもしれないぞ。

鶴本　分かったよー。楽しみにしててね！　じゃあこれ、持って帰って家で作ってくるわ！

丸田　分かった分かった。

鶴本　先生なんか袋ある？これじゃ持って帰れない。

丸田　あるよ。

鶴本　ちょうだいちょうだい！

丸田　はいよ。（袋を渡す）

　鶴本は袋を受け取り工作道具を入れ、帰ろうとする。

鶴本　あ、丸田先生。私は、紅茶のアールグレイをおすすめするよ。飲みやすくて私好きだから、家で飲んでみてね！

　鶴本退場。丸田は机の上にあった物を整理する。すると何かがないことに気づく。

丸田　あれ？　どこいった。

■

　上手から鶴本登場。下校中。袋を見ているとあるものに気づく。

鶴本　ん？　なんだこれ（中身を見て取り出す）やば！　紙と一緒に持ってきちゃった……明日渡すとか……流石にダメか。戻ろ！

　鶴本退場。

■

　保健室。外は暗い。丸田と東堂がいる。鶴本登場。ドアを開けようとすると保健室から声がする。

東堂　先生の財布は見つかりましたか？

丸田　それがまだなんです。

　鶴本はドアの前で２人の会話を聞く。

東堂　学校にいる間に無くなったんですよね？

丸田　そうなんです。といっても、持ち歩いてるわけではないから通勤途中に落としてしまったのかも……交番に行ってみようかな。

東堂　……それ、ここで無くしたんじゃないんですか。

丸田　どういうことですか？

東堂　生徒が盗んだとか。

丸田　え！　誰がそんなことを？

東堂　鶴本です。

鶴本　……。

東堂　よくここに来るじゃありませんか。丸田先生が見てない隙に鞄から財布を盗んで

丸田　ちょっと待ってください。確かに彼女はよく保健室に来ます。けど、盗みをするような人ではありません。
東堂　どうしてそうと言いきれるんですか？　あの子は、普段からよくない噂を生徒から聞きます。ここに来る頻度が高く、元気な状態で来るんだから、１番考えられるのは鶴本でしょう。
丸田　鶴本がここに来るのは、体調不良だからです。
東堂　本当にそうかしら。
丸田　当り前じゃないですか！

鶴本は悲しくなり、ドア前に財布を置いてその場を去る。

東堂　すぐに先生方にも聞いて回りましょう。
丸田　待ってください！　そもそもこれは僕の不注意です。職員用のロッカーに入れず、ここに持ってきた僕が悪いんです。そんな大事にしないでください。
東堂　それを確かめないことの方が大事です！　この状況を、先生ちゃんと把握してますか？もし本当に生徒が盗んだとしたら、これは事件なんですよ。
丸田　事件……。
東堂　とにかく、学年の先生方に報告します。

東堂退場。

丸田　東堂先生！……（俯くと同時に床にある財布を見つける）財布！　なんでこんなところに……。

暗転。

【第四幕】

２０１９年10月。現代に戻る。いつもの保健室。誰もいない放課後。
星野登場。

星野　先生ぇ。この間話したやつ行ってきましたよ〜。せんせえ？

そこにスーツ姿の女性、鶴本が登場。

鶴本　失礼します。
星野　うわっ！
鶴本　おぉっ。

沈黙。

星野　す、すみません。失礼します……。
鶴本　あ、ううん。ごめんね。

星野退場。鶴本は室内を見て懐かしむ。昔、鶴本が作った大きな折り鶴も残っていることを知り、折り鶴を手に取る。そこに何も知らない丸田登場。

鶴本　！……丸田先生。

丸田　……誰。

鶴本　…………いやいやいやいやいやいや。鶴本だよ！　つるもと！

丸田　……え？……鶴本？　あの鶴本か?!

鶴本　はい！

丸田　全然分からなかったぞー。え、その格好……就活か?!　は〜。早いもんだなぁ。元気してたか。

鶴本　うん。……制服変わったんだね。さっき男の子が来たよ。

丸田　あーそれ星野だ。俺じゃなくて、あいつに話せばいいのに。

鶴本　丸田先生昔と比べて、笑顔が増えたね。生徒と仲良さそう。

丸田　おかげさまで。

鶴本　……。あれから7年経つから、もういないかもって思ったけど……。異動してなくてよかった。……あのさ。

丸田　試してみたよ。

鶴本　え。

丸田　どうやったら癒されるか。鶴本が、保健室来なくなってから、色々やってみたんだ。

鶴本　……。

丸田　当時の俺はさ、この学校に異動してきたばかりで、全然余裕がなかったんだ。誰かの力になりたくて養護教諭になったのに、勝手にストレスだけが溜まってた。

鶴本　うん。

丸田　……けど、気持ちが楽になるときはあったんだ。……鶴本と話してるときだよ。

鶴本　……。

丸田　でも大人にばかり気遣う鶴本の優しさに、俺は甘えてしまった。阿呆だったなぁ。

鶴本　そんなことないよ。

丸田　鶴本がここに来た理由は分かってるよ。あのことだろう？

鶴本　（頷く）

丸田　気にするな。鶴本は何も悪くない。

鶴本　でも！……私はあの時、丸田先生から借りた物と一緒に間違えて持って帰ったの。すぐ学校に戻って、保健室まで行ったのに……ちゃんと丸田先生に謝れなかった……。

丸田　……保健室まで……。

沈黙。

丸田　……あの時の、俺と東堂先生の会話、聞いてたのか。

鶴本　……ごめんなさい。

丸田　……大人の都合で、鶴本の青春を台無しにしてしまったな。本当に申し訳ない。（土下座）

鶴本　先生やめて。

丸田　鶴本が財布を盗んだなんてこれっぽっちも思ってな

い。ただ、先生たちにその誤解を解くのに時間がかかってしまった。……すまなかった！

鶴本　いいの！そんなことより……ずっと謝りたかったの。謝りたかったけど……先生に会う勇気がなくて……迷惑ばっかかけて、本当にごめんなさい！

頭を下げる鶴本。いたたまれない気持ちの丸田。

丸田　……あの件で俺は……養護教諭を辞めようとしたんだ。生徒１人救えない俺に、その資格がないと思った。……けど……

鶴本　……なに？

丸田　……本当は……何も飾らない、好きに生きる鶴本のように俺もなりたかった。それが俺のやりたかったことだったんだ！

鶴本　……。

丸田　周りから先生らしくないと言われても、どう思われてもいい。俺は俺なりに生徒に向き合って、絶対救う！その為に自分のことも大切にしようって決めたんだ。自分らしく生きることに決めた、今の俺が……これだ！

丸田、派手なジャケットを着る。

鶴本　……ダサッ。

丸田　これで仕事している。

鶴本　嘘でしょ⁉　丸田先生そこまで変わっちゃったの⁈

丸田　鶴本が憧れだからね。……でも……まだまだ鶴本のようにはなれないな。

鶴本　待って誤解うむでしょこれ！　私のどこに憧れてそうなったんだし～！……良いよ。これが今の先生なんだね。本当の丸田先生が知れて嬉しい。

丸田　鶴本ちょっと待って。

丸田は奥に入る。鶴本がその場で待ち、しばらくするとカップを片手に丸田現る。

丸田　鶴本。紅茶、飲むか？

丸田は紅茶の入ったカップを見せる。

鶴本　それ……！

丸田　お前の好きな、アールグレイだ。

鶴本は笑いと感動に包まれる。そこに星野、杏子が賑やかにやってくる。時を超えて今、紅茶で再会を祝う。舞台上手に木下、ランニング中の西宮にスポーツドリンクを渡す。舞台下手に、東堂が仕事の合間にコーヒーを。皆別々の場所にいるはずなのに、まるで保健室にいるよう。本当に不思議なティータイム。

――幕――

ブドリ
～宮沢賢治作『グスコーブドリの伝記』より～

横山淳子

登場人物

茜
梨紗　演劇部部長・劇中のブドリの父
花音
北島きい
葉菜子　劇中のブドリの母
美月
珠ちゃん
みっちゃん　劇中の幼いブドリ
つむちゃん
空ちゃん
くうちゃん
修助　劇中の人さらいの男
ぼうちゃん　劇中のてぐす工場の男
高田くん　劇中の山師の男
のんちゃん　劇中のおじいさん
莉々子　劇中のおかみさん
ブドリ
ねねちゃん　劇中のネリ
豊田丸　劇中のクーボー大博士
菜々子　劇中のペンネン技師
おじいちゃん
イーハトーボの人々
行き交う人々
生徒
火山局職員
他

足立区立中学校演劇選抜隊9期生、2018年8月7日、初演。

1 プロローグ

舞台には何もない。
ただ蠢く人。
空は白っぽくにごっている。

1 だめだ。

全員 だめだ、だめだ。

2 いったいどうしたんだ。

3 あの太陽の白さは何だ。

4 まるで腐った牛乳だ。

5 一向に夏の暑さがこない。

6 いつもなら雪がとけると間もなく真っ白な花をつけるこぶしも

全員 まるで咲かない。

7 5月になってもみぞれがぐじゃぐじゃ降り。

8 7月の末になってもムギは白い穂のまま風に揺らぐだけ。

9 ぶどうもりんごもコケモモの実も花が咲いただけで落ちてしまった。ききんだ。

全員 ききんがやってくる。17年前と同じだ。17年前のあの時と。あの時と。あの時と。オリザは？

女たち オリザは？

男たち だめだ。だめだ。オリザも。……1粒も実らない。
ブドリ！

1人の青年が立ち尽くす。

全員 グスコーブドリ！

青年 ！ 僕なら……僕なら！

全員 ブドリ！ ブドリ！

全員がブドリの名を連呼する中、1人の少女が必死に叫んでいる。
しかし客席にもブドリの耳にも届かない。

ネリ 兄さん、兄さん、ブドリ兄さん。

人々の動きが止まる。

青年 ああ、父さん……母さん……。

高まる音楽。
どこからか『蠍の歌』が聞こえてくる。

♪あかいめだまのさそり　ひろげた鷲のつばさ
あをいめだまの小いぬ　ひかりのへびのとぐろ
オリオンは高くうたひ　つゆとしもとをおとす

たたずむ老人。

茜　おじいちゃん。

立ち止まる人々。

茜　どうして人は死んじゃうの、死んだらどこにいくの？

人々去る。

茜　おじいちゃん。

2 教室

明るくなるとそこは教室。
イーハトーボの人々は、中学生になっている。

梨紗　茜、茜ったら。
茜　おじいちゃん。
少女たち　（笑い）
きい　また寝てるぅ。
梨紗　寝ぼけてるの？
菜々子　まあまあ、茜の寝言は今に始まったことじゃないから。
茜　やだ、寝てた？
きい　よだれついてる。
茜　え、嘘!?
きい　茜、社会科の授業も寝てたでしょ。
茜　え、寝てた?。
美月　茜、寝てたんだ。
葉菜子　やるなぁ、茜。小山の授業で寝ちゃうとは。
ねねちゃん　さすがに寝ないでしょ。
きい　それが寝てたんだな。
梨紗　なんでわかるの？
きい　だって私は見てました。
梨紗　茜を？
きい　消しゴム投げたけど反応なかった。
高田くん　だからおまえ小山に怒られたんだろ。
修助　おれ、とばっちりで怒られた。
のんちゃん　修助、あんたは寝てたから怒られたんでしょ。
きい　ひいきだよね。茜は寝てても怒らんなくて、私が消しゴム投げたら怒るんだもん！　あーあ、横根先生の方がよかったな。
高田くん　いやー、おまえ横根なら瞬殺だろ。
花音　消しゴム投げたらまずいっしょ。
きい　居眠りの方が大罪でしょ。
茜　私、寝てたかなぁ。
きい　このきい様がいうんだから間違いない！
珠ちゃん　あんまり説得力ないよね？　消しゴムはずれたし。
きい　え？
珠ちゃん　私にあたったんだよ。
きい　……。
珠ちゃん　小山先生、きいちゃんのこと注意したけど、私の心配もして欲しかったなぁ。
葉菜子　茜、脚本は進んだの？
美月　横根先生なき後、頼れるのは茜しかいないんだから。
菜々子　なき後って、殺しちゃだめでしょ。転勤しただけなんだから。
高田くん　そうそう。横根センセは殺しても死なないタイプ。
修助　ばかっ、気をつけろよ。
全員　え？
修助　邪道のことだから、どっかで聞いてるかも。（銃を構え敵襲に備える）
高田くん　おまえ、それ痛いわ。
莉々子　まあ、世間様から見れば演劇部ってだけで、相当痛いけどね。それで、茜さん。
全員　茜・さ・ん？
莉々子　作品の進み具合はよろしくて？
梨紗　莉々子、何、それ？
莉々子　私セレブめざしてるから。
全員　セレブ～？
莉々子　演劇部裏目標、体幹鍛えて玉の輿。
豊田丸　ここにも横根に毒された女が１人……。
修助　おまえこそ痛いわ。
梨紗　ともかく！
全員　はい!?
梨紗　横根先生がいない今、自分たちで脚本を何とかするしかない！
全員　はいっ！
梨紗　文化祭まであと３ヶ月！
全員　はいっ！
梨紗　この夏を演劇にかけるためには、脚本ができないとには。
美月　なんかさー、毎回これやってない？
修助　それな。
ぼうちゃん　あのさぁ、脚本集から選ぶんじゃだめなの？
葉菜子　うちは、オリジナルって決まってるでしょ。
ぼうちゃん　だって、茜だって３年生だし。
茜　あ、いいの、大丈夫なの。気を遣わないで。
梨紗　ほら。
珠ちゃん　大丈夫だよね～。受験なんか関係ないもんね～。
ねねちゃん　ね～。今年は、明るい学園もの。ラブコメで行こうってのは決まってるんだから。うちの演劇部は男子もいることだし……あ、

男子３人かっこつけてポーズ。女子の視線が集まるが……。

ねねちゃん　ドタバタコメディでもいいかなぁ。
男子３人　なんだよ！（なんですか!?）
茜　実は、書き出したんだけど。
高田くん　俺主役な？
修助　俺だろ。
豊田丸　実は俺だったりして。

茜　ラブコメじゃないんだけど。
全員　えー？
茜　宮沢賢治なんだけど。
きい　宮沢賢治ぃ？
全員　宮沢賢治ぃ？
きい　どれどれ（原稿を奪いとり）……何これ？
珠ちゃん　……まだ1ページだね。
きい　くらい……。
全員　え？

顔を見合わせる面々。

きい　暗いよ、暗い。「ききんだ、ききんがやってくる」
珠ちゃん　ききんかぁ。ききんって誰？
梨紗　珠ちゃーん。
花音　あれでしょ？　江戸時代の。
修助　山がドカーン！
豊田丸　日がどんより。
菜々子　食べものがなーい！
梨紗　それそれ。え？　江戸時代？
きい　勘弁してよ。去年さんざん、時代物でさ、今年は明るい学園ものっての、決定事項じゃん！
珠ちゃん　人が死ぬのもなし！
花音　明るいコメディの学園もの！
美月　ダンスでばっちり決めちゃうの！

音楽。演劇部員の1年生たちもみんな参入で明るいダンス。

菜々子　って、宮沢賢治で踊れる？
つむちゃん　宮沢賢治って麦わら帽子しょってる子ですよね？
空ちゃん　金髪の。
ぼうちゃん　『アメニモマケズ』
全員　「カゼニモマケズ」
梨紗　いや、そっちじゃないから。
きい　私、やだ。
珠ちゃん＆ねねちゃん　きいちゃーん。
きい　なんで、学校の先生って宮沢賢治が好きなの？　今時はやらないよ！
梨紗　いや、茜は、先生じゃないし。
ぼうちゃん　でも、アニメで注目されてるんじゃん？
葉菜子　だったら、太宰治とか中島敦？
きい　絶対やだ！
珠ちゃん　きいちゃんの黒歴史だもんね。
のんちゃん　ああ、あれね。
きい　言うな！　語るな！
のんちゃん　私たち、小学校の学芸会で『注文の多い料理店』やったんだよね。
ぼうちゃん　やったやった。
珠ちゃん　きいちゃんね、猟犬の役だったんだよね。ぐるぐる回って倒れる役。

葉菜子　猟犬？　犬？
珠ちゃん　そしたら、ほんとに目回して倒れて大道具の木壊しちゃって、爆笑とっちゃったんだよね。
きい　私、やだ。
梨紗　茜、何やりたいの？
茜　ブドリを……『グスコーブドリの伝記』を。
梨紗　ブドリ？
みんな　グスコーブドリ？

水の音。

茜　「グスコーブドリは、イーハトーボの大きな森のなかに生まれました。」

いつしか教室は、森の中に。

茜　「お父さんは、グスコーナドリという木樵で、どんな巨きな木でも、まるで赤ん坊を寝かしつけるように訳なく切ってしまう人でした。」

木を切る音がこだまする。

茜　「ブドリにはネリという妹があって、2人は毎日森で遊びました。」

ネリ登場。

茜　「2人は木苺の実をとって湧き水に漬けたり、空を向いてかわるがわる山鳩の鳴くまねをしたりしました。」
小さいネリ　ぼうぼう、ぼうぼう。

山鳥の鳴く声がする。

茜　「ブドリが10になり、ネリは7つになりました。ところが、その年は、お日さまが春から変に白くて、一向に夏の暑さが来ない。麦もオリザもその秋は1粒もできませんでした。」

ネリ、泣き出す。

茜　「みんなは、葛やわらびの根、木の皮、いろんなものを食べて、その冬を過ごしました。けれども春が来た頃は、お父さんも、お母さんも、何かひどい病気のようでした。」
お父さんに扮する梨紗　「おれは森へ行って遊んでくるぞ。」
茜　「ある日、お父さんは、よろよろと家を出て行って、まっくらになっても帰ってきませんでした。」
ネリ　「お母さん、お父さんはどうしたの？」
茜　「次の日の晩、お母さんは俄に立って、炉に榾をたくさんくべて家中を明るくすると。」
お母さんに扮する葉菜子　「お父さんを探しに行く。お前たちはうちに居て、あの戸棚にある粉を、2人ですこしずつ食べなさい。」

茜　「そう云って、やっぱりよろよろと家を出て行きました。」

ネリ　「お母さん、行かないで。」

葉菜子　「何たらいうことをきかないこどもらだ。」

ネリ、凍り付いたように泣き止んでおびえる。
ネリを抱きしめる茜。

茜　「2人は、こらえきれなくなって、まっくらな森のなかを、あちこちうろうろ歩きながら、お母さんを一晩呼びました。けれども、お父さんもお母さんももう帰ってきませんでした。」

音楽。
ネリが去る。
茜はネリの後ろ姿を見送る。

3　おじいちゃん

茜が振り向くとおじいちゃんが立っている。

おじいちゃん　茜。

茜　おじいちゃん。

おじいちゃん　それで、今年は『ブドリ』をやることにしたのかい？

茜　うん。

おじいちゃん　君は将来脚本家になりたいの？

茜　うーん、わかんない。

おじいちゃん　小さい頃から本が好きだったね。

茜　おじいちゃんは、何になりたかった？

おじいちゃん　そうだなぁ。茜ぐらいの頃は、戦争が終わってようやく食べていけるようになって、大学に行ければいいなぁくらいに考えていたからなぁ。

茜　おじいちゃんは宮沢賢治が好きだったんでしょ。

おじいちゃん　だから、『ブドリ』をやるのかい？

茜　私ブドリが1番好きだから。

おじいちゃん　そうだっけ？　小さい頃に読んであげたら、怖いって泣いていたけれど。

茜　泣いてた？

おじいちゃん　茜は、泣き虫だからなぁ。

茜　（ふくれる）

おじいちゃん　僕はブドリのように生きたかった。

茜　……。

おじいちゃん　人々の幸せのために、少しでも役に立てるなら、それが本当の幸いなんだ。

茜　私も……私もブドリにように生きたい。

おじいちゃん　茜……無理をしなくていいんだよ。

茜　私、わからないの。

おじいちゃん　何が？

茜　「本当に正しいことをしたらそれが本当の幸いなんだ」

よね？
茜　ほら、脚本書くならさ、ちゃんと向き合わなきゃいけないでしょ。
おじいちゃん　本当の幸い？
茜　お芝居も難しいんだよ。
おじいちゃん　そうか。
茜　真理の探究。
おじいちゃん　真理の探究だね。
茜　宮沢賢治は、農業の勉強をしていて、花巻の農学校の先生をしていたんでしょ。
おじいちゃん　科学と一緒だ。
茜　おじいちゃんと一緒だね。
おじいちゃん　農林学校のね。
茜　おじいちゃん……おじいちゃんは幸せだった？
おじいちゃん　（笑う）

おじいちゃんは去る。

4　葛藤

演劇部員の女子数名が部室に残っている。
きいちゃんがふてくされている。

菜々子　まだふてくされてるの？
きい　ふてくされてません。
珠ちゃん　ふてくされてるよー。
きい　だってさあ、
花音　まあ、いいじゃん。脚本決まって。
美月　まだ半分しかできてないけどね。
葉菜子　茜、大丈夫かな？
花音　間に合うでしょ。
葉菜子　だって受験勉強もあるんだよ。
ぼうちゃん　葉菜子、勉強してる？
葉菜子　全然。
ぼうちゃん　私も。
美月　だいじょぶだって。葉菜子やぼうちゃんより茜の方が勉強もしてるって。
葉菜子&ぼうちゃん　ふんだ。
莉々子　茜、優等生だもんね。
きい　なんでこんな暗い話やらなきゃならないわけ？
のんちゃん　……確かに暗いけどさ。
ぼうちゃん　暗いねぇ。
きい　でしょ。私、絶対やだ。
ぼうちゃん　「オリザは？」
1年　「オリザは？」
ぼうちゃん　「だめだ、1粒も実らない」って、そもそもオリザって何よ。
みっちゃん　ひどい話ですよね。
くうちゃん　え、ひどい？
空ちゃん　なんでですか？
みっちゃん　だって、おとうさんとおかあさん、ブドリと

ネリを残して森で死んじゃうんでしょ⁉
つむちゃん　え、あれ死んじゃうの？
のんちゃん　飢饉だからねぇ。
珠ちゃん　飢饉いやだねぇ。

全員ため息。

ぼうちゃん　私受験もいやだな。

一同うなずく。

ぼうちゃん　高校生活ってどんな感じかなぁ？
莉々子　勉強難しいのかなぁ？
葉菜子　部活に青春しちゃうのかなぁ？
花音　彼氏とかできちゃうかなぁ？
みっちゃん　壁ドンとか、ほんとにあるんですかね？
つむちゃん　あごくいとか。
くうちゃん　頭ぽんぽんとか。
空ちゃん　えー。
美月　やっぱりラブコメがよかったかなぁ。
みっちゃん　ラブコメいいですよね？
くうちゃん　演劇楽しいですよね。
空ちゃん　演劇部最高ですよね。
葉菜子　高校生になったら。
全員　高校生になったら。
莉々子　電車通学して。
花音　彼氏つくって。
つむちゃん　勉強ちょっとだけして。
美月　演劇部入って。
ぼうちゃん　青春しちゃうんだもん！
全員　青春しちゃうんだもん！
きい　だったら、やっぱりラブコメでしょー！
全員　ラブコメー！
きい　なんで飢饉とか、人々の幸いとかやらなきゃいけないわけ⁉
菜々子　やっぱ、あれかな。
つむちゃん　なんですか。
菜々子　んー。ほら、茜さ。おじいちゃん子だったじゃん。
みっちゃん　おじいちゃんて、この間亡くなった？
葉菜子　そう。私たちも可愛がってもらった。
花音　おじいちゃん、理科の先生だったんだよね。
葉菜子　おじいちゃんのお部屋に本がいっぱいあってさ、ほら、宮沢賢治の本も。私たちも借りて読んだじゃない？
花音　読んだね～。梨紗はまってたよね。
つむちゃん　だから、梨紗先輩、乗り気なんですね。
ぼうちゃん　茜のおじいちゃん追悼公演かぁ。
きい　勘弁してよ。
葉菜子　あんたもかなり可愛がってもらってたよね。茜のおじいちゃんに。
きい　……。
珠ちゃん　馬鹿な子ほど可愛い。
のんちゃん　いいじゃん。茜がやりたいっていうんだから。

ねねちゃん　茜が自分から言い出すのめずらしいもんね。
莉々子　ラブコメじゃないけどね。
きい　……茜のおじいちゃん、さ、稲の研究してたんだって。
ねねちゃん　稲？
きい　ブドリと一緒だよ。
ぼうちゃん　そうなの？
きい　オリザは稲のこと。稲の学名、オリザ・サティバ。
1年　オリザ・サティバ！
きい　（つぶやくように）私は、『ブドリ』はいやなんだよ。

5　オリザの沼畑

部員たち入れ替わる。
背中に籠をしょった人さらいの男役の修助がやってくる。

人さらいに扮した修助　「今日は誰かいるかね。」

語り役の茜をはじめ役者たち出てくる。

茜　「お父さんとお母さんが森へ行ってしまってから20日ばかりたったころ、籠をしょった目の鋭い男がやってきて」
修助　「おい、女の子、おじさんと一緒に町へ行こう。毎日パンを食べさせてやるよ。」
ねねちゃん＆ネリ　人さらいだ。ブドリ兄ちゃん助けて！
小さいブドリに扮したみっちゃん　この、ロリコン、ネリを返せ！
修助　ロリコン？
梨紗　修助！
修助　ああ、はいはい。ロリコンでいいですよー。「さあ、おじさんと一緒に行こう。」
ねねちゃん＆ネリ　マジやだー。
修助　「おおほいほい、おおほいほい」

修助、笑いながらねねちゃんネリを連れて行ってしまう。

茜　「ブドリは泣いて怒鳴って森の外れまで追いかけていきましたが、とうとう疲れてばったり倒れてしまいました。」

てぐす工場の男役のぼうちゃん、針金でこさえた何かをもって登場。

ぼうちゃん　「やっと目が覚めたな。お前はまだ饑饉のつもりかい。起きて俺に手伝わないか。」
茜　「次にやってきた男は、蚕を飼って糸をとる『てぐす工場』で儲けようという男でした。」
みっちゃん　「ぼくはいやだよ、うちに帰るよ。」
ぼうちゃん　「もうお前のうちはないよ。おれのてぐす工場だ。あの家もこの辺の森もみんな俺が買ったんだからな。」
茜　「ブドリは、朝も晩もてぐす工場で働きました。」
ぼうちゃん　「あっというまに秋だ。たくさん糸ができたぞ。これで今年は大儲けだ。」
茜　「けれど、そのとき」

火山の噴火。

ぼうちゃん　「おい、もうだめだぞ。みんな、早く引き上げろ。」
みっちゃん　「いったい何が起こったんですか？」
ぼうちゃん　「火山の噴火だ。おまえもここに居ては危ない。野原へ出て何か稼ぐ方がいいぜ。」

ぼうちゃん、去る。

茜　「こうして、ブドリは森を出ました。しばらく行くとそこには水田が広がっていました。」

みっちゃんたち退場。
かわって舞台は明るくなり、人々は水田をつくっている。
道のまん中で、2人の男に扮した高田とのんちゃんが言い合っている。

山師の男に扮した高田くん　「何でもかんでも、おれは山師張ると決めた。」
おじいさんに扮したのんちゃん　「やめろって云ったらやめるもんだ。そんなに肥料うんと入れて、藁はとれるったって、実は1粒も採れるもんでない。」
高田くん　「うんにゃ、おれの見込みでは、今年は今までの3年分暑いに相違ない。1年で3年分とってみせる。」
のんちゃん　「やめろ。やめろ。やめろ。やめろったら。このやろう～」
高田くん　「しゃらくせー。」
梨紗　高田、のんちゃん、なにいちゃいちゃしてんのよ。
のんちゃん　いちゃいちゃなんてしてないよ！
高田くん　いやあ、あまりに暗いから。ここは漫才ぽく。
梨紗　だめだめ、ここは原作通りの会話なの。
のんちゃん　はいはい。「うんにゃ。」
梨紗　ほら、ふざけないの。
のんちゃん　原作通りだよー。
高田くん　なー！
梨紗　やっぱ2人できてんの？
のんちゃん　できてないできてない！
高田くん　ばれたか。
のんちゃん　高田ー！
梨紗　まじめにやる！
高田くん　やってんじゃん！「うんにゃ。やめない。今度はまめ玉を60、鳥の糞《かえし》、百駄《ひゃくだん》入れるんだ。」かえしなぁ。かえしってあれだろ？
のんちゃん　あれだね。

豊田丸、登場。

梨紗　豊田丸？

豊田丸「糞」の説明看板を持っている。客席にアピールして去る。

梨紗　……まじめにやってよー！　さっきのシーンから返して！

空ちゃんとくうちゃん、ウンコのぬいぐるみをもって出てくる。

空ちゃん　先輩できました！
梨紗　何が？
空ちゃん&くうちゃん　ウンコ！
梨紗　……。
くうちゃん　だって、梨紗先輩、かえしって。
梨紗　だから、さっきの場面からやり直しって。
空ちゃん　だって、きい先輩が。

きいちゃん登場。舞台の端で様子を見てる。

梨紗　きいちゃんが？
空ちゃん　かえしはウンコのことだから、小道具係は用意しときなさいって。
梨紗　きいー！

逃げ出すきいちゃん。梨紗、怒って退場。1年生たちも続く。

高田くん　続けるか。
のんちゃん　そうだね。
高田くん　「急がしったら何のこう忙しければささげの蔓でもいいから手伝いに頼みたいもんだ。」
ブドリ　そんならぼくを使ってくれませんか。

ぎょっとする男2人。青年が立っている。

高田くん　「おまえは誰だ？」
のんちゃん　「見ない顔だね。」
ブドリ　「グスコーブドリといいます。仕事を探しているんです。」
高田くん　（ブドリをじろじろ見て）「よしよし。」新入部員だな。「おまえに馬の指竿《させ》とりを頼むからな。のるかそるか、秋まで見てくれ。さあ行こう。ほんとに、ささげの蔓でもいいから頼みたいときでな。」
のんちゃん　「年寄りの云うこと聞かないで、今に泣くんだな。」

おじいさん、やくざのように肩で風きって去ろうとする。

高田くん　のん、可愛い～！
のんちゃん　え？
高田くん　男っぽーい。

のんちゃん　……ふんっ！

のんちゃん、退場。

茜　「それから、ブドリは毎日毎日馬を使って沼ばたけの泥をかきました。沼ばたけがすっかりできあがると、男は、あちこちから集まった近所の人たちと一緒に、その沼ばたけに緑色の槍のようなオリザの苗を一面に植えました。」

舞台のみんなで、田植えをする。
山師のおかみさんに扮した莉々子登場。

おかみさんに扮した莉々子　「あんた。オリザに病気が出たって云うのは本当かい？」
高田くん　え、病気？（ブドリの方を見る）
ブドリ　（田に植えられたオリザを見て、うなずく）
高田くん　あちゃー。（おかみさんに向き直り）「まあ、その、なんですな、そういうことだな。」
莉々子　「どうにかならないのかい。」
高田くん　「まあ、その、なんですな、どうにもならんだな。」
莉々子　「だから、あたしは山師をやめろと云ったんじゃないか。おじいさんもあんなにとめたんじゃないか。」
高田くん　「ちっきしょー！　よし、ブドリ、今年は、おれの家では、蕎麦しか食えないが、そのかわりおもしろい手品を見せてやる。ブドリ、おまえはおれの死んだ息子の本を片っ端から勉強して、おれを山師だと云って笑ったやつらを、あっと云わせる立派なオリザをつくる工夫をしてくれろ。」
ブドリ　はいっ。
茜　「ブドリは片っ端から本を読みました。とくにクーボー大博士の本は難しくておもしろくてたいへん役に立ちました。」

音楽。本を読むブドリ。

茜　「それから毎日毎日沼ばたけで、オリザを観察しては、手帳に書き付けました。そうして、ブドリはその秋、オリザに病気が出かかったのを、木の灰と食塩で食いとめたのです。」
高田くん　（ガッツポーズ）
莉々子　（ブドリの手を握り、大喜び）
茜　「けれど、6年働いた沼ばたけも、やはり出て行かねばならなくなりました。」
高田くん　「ブドリ、おれはもとはイーハトーボの大百姓で、ずいぶん稼いでも来たのだが、たびたびの寒さと日照りのために、いまでは沼ばたけも昔の3分の1になってしまった。おれだけではない。イーハトーボ中の百姓が日照りの夏にも寒さの夏にもおろおろ歩くしかないんだ。」
莉々子　「あんた。」

高田くん　「こういうあんばいではおまえに礼をするあてもない。おまえも若い盛りをここで暮らしてはあんまり気の毒だから、これをもって、どこかでいい運をみつけてくれ。」

おかみさんは、きれいな麻の上着とお弁当を、山師の男は眼鏡と銭の包みを渡す。

ブドリ　おやじさま……おかみさん……。

ブドリ、ぺこりと頭を下げて出て行く。

茜　「こうしてブドリは、イーハトーボの街にやってきました。」

高田たち退場。

6　クーボー大博士

汽笛が聞こえ、汽車が入ってくる音がする。

すると、イーハトーボの人々、忙しく行き交う街の人になる。

茜退場。

ブドリ

ブドリ　ここが、イーハトーボの市場か。街に来たからには、クーボー大博士の学校で、働きながら学びたいなぁ。

慌てて行こうとする人を捕まえて道を尋ねる。

ブドリ　クーボー大博士の1月学校を知りませんか。

行き交う人　そんな学校は知らんね。

ブドリ　クーボー大博士の学校はどこにありますか。

別の行き交う人　5、6丁行って訊いてみな。

人々はみんな知らぬ、存ぜぬ、あるいはあやふやな道を教える。次第に夕闇。

ブドリ　ああ、困った。もう夕方だ。今夜はどこに泊まろう。

すると講義をまくし立てるクーボー博士を先頭に生徒たちが椅子とノートを持ち登場。

ブドリ　あ、もしかしたら、クーボー大博士ではないかしらん。

すでに講義は佳境である。

ブドリ　今日は。

みんな無視。

ブドリ　（ちょっと大きな声で）今日はぁ。

一瞬手を止めて、ブドリをちらと見る生徒。博士は気がつかない様子。

ブドリ　（思い切り大きな声で）今日はぁ！

クーボー大博士、講義をやめ、一瞥。

クーボー大博士　やかましいやつだ。今授業中だよ。用があるなら入ってこい。

生徒たち　（どっと笑う）

ブドリは中に入っていき、講義に参加する。

クーボー大博士　すなわち、ここでこういう図ができる。

先生は、黒板に両手で複雑な図形を書き込む。

生徒たち　おお。

クーボー大博士　うるさい。さっさと書き写したまえ。

みんな必死に書き出す。

ブドリ　（小声で隣の生徒に）ね、この先生はなんて云うんですか？

生徒　「クーボー大博士さ。おまえ知らなかったのかい。」

ブドリ　（ガッツポーズ）

生徒　「はじめから、こんな図なんか書けるもんか。ぼくでさえ同じ講義をもう6年も訊いているんだ。」

ブドリも慌てて必死に手帳に図を書き写す。

教室に電灯がぱっとつく。

クーボー大博士　「今や夕べははるかに来たり、拙講もまた全課を了《お》えた。諸君のうちの希望者は、そのノートをば拙者に示し、さらに数個の諮問を受けて所属を決すべし。」

生徒たち　わぁ。

そのまま帰ってしまう者あり、何人かは1列になって博士にノートを見せる。

博士はノートをちらと見て一言二言質問をしてそれから白墨で襟に「合格」「再来」「奮励」などと書いていく。それを見合って喜んだりしょんぼりする生徒たち。

みんな帰ってしまい、ブドリが最後の一人となる。

博士は、大きなあくびをやりながら、屈んで目をぐっと手帳につけるようにする。

すると、うまそうにこくっとひとつ息をする。

クーボー大博士　「よろしい。この図は非常によくできている。では問題に答えなさい。工場の煙突から出るけむりには、どういう色の種類があるか。」

ブドリ　（大きな声で）黒、褐《かつ》、黄、灰、白、無色。それからこれらの混合です。

クーボー大博士　「うわっははは。無色の煙はたいへんいい。きみはどういう仕事をしているのか。」

ブドリ　仕事を見つけに来たんです。

クーボー大博士　「おもしろい仕事がある。名刺をあげるから、そこへすぐ行きなさい。」

クーボー博士は名刺を渡す。

ブドリ　（ぺこりと大きく頭を下げる）

本来は、クーボー大博士は小さな足こぎ飛行船のハンドルを自分でとって空を飛んでいくのだが、ともかく、ブドリが頭を上げると、クーボー大博士に代わって、ペンネン技師が立っている。

ペンネン技師　「あなたが、グスコーブドリ君ですか。私はこういう者です。」

ブドリ　（名刺を読み上げ）「イーハトーボ火山局技師ペンネンナーム」

ペンネン技師　「さっきクーボー博士から電話があったのでお待ちしていました。」

ブドリ　火山局。

ペンネン技師　「ここで仕事しながら勉強してごらんなさい。ここの仕事は、去年始まったばかりですが、実に責任のあるものです。半分はいつ噴火するかわかならい火山の上で仕事をします。火山の癖というものは、学問だけではわかることではないのです。ですがね、ブドリ君。」

ブドリ　はい。

ペンネン技師　「もしも、火山の噴火が正確に予測できれば、どれだけの人が助かるか。命も、作物も、守ることができるのですよ。」

ブドリ　はい。

ペンネン技師　「やってみますか？」

ブドリ　お願いします。

ブドリ、深々と頭を下げる。ブドリとペンネン退場。

音楽。

7　それぞれの事情

つむちゃん登場。

つむちゃん　「もしも、火山の噴火が正確に予測できれば、どれだけの人が助かるか。命も、作物も、守ることができるのですよ。やってみますか。」

みっちゃんと空、くうちゃん登場。

空はうんちのぬいぐるみを持っている。

みっちゃん　「お願いします。」
つむちゃん　みっちゃん。
みっちゃん　菜々子先輩のペンネン技師かっこいいよね。
くうちゃん　ねー。
つむちゃん　空ちゃん、なんでそれ持ってるの？
空ちゃん　きいちゃん先輩、部活来ないね。
みっちゃん　梨紗先輩に怒られちゃった？
つむちゃん　梨紗先輩怖かった？
くうちゃん　ううん。きいちゃん先輩の言うこと真に受けちゃだめって言われたけど。
空ちゃん　これつくってて楽しかったよね。
くうちゃん　楽しかった。
空ちゃん　きいちゃん先輩、つくるの楽しいって教えてくれたんだと思うんだ。

茜登場。

みっちゃん　あ、茜先輩。
茜　みっちゃん、(他の1年生にも目でコンタクト) きいちゃん見なかった？
みっちゃん　(1年生で顔を見合わせ) それが、今日も部活来てないんです。
くうちゃん　……私たちのせいで、梨紗先輩とけんかしちゃったんですか？
茜　それはないと思うけど……大丈夫よ。……私が、脚本ごり押ししちゃったから。ごめんね。

茜、去る。

つむちゃん　茜先輩、元気ないね。
くうちゃん　そうだね。
みっちゃん　茜先輩ってさ、いっつもやさしいよね。
空ちゃん　怒ったとこ、見たことないね。
つむちゃん　だからかな。
みっちゃん　何が？
つむちゃん　なんかさ、どの先輩も茜先輩には気を遣っちゃう……違うな、なんか言ったりしないじゃん。
みっちゃん　梨紗先輩と仲いいじゃん。
くうちゃん　花音先輩と菜菜子先輩も幼なじみなんでしょ。
空ちゃん　きいちゃん先輩も。
くうちゃん　このまま、きいちゃん先輩が部活来なかったらどうしよう。
みっちゃん　くうちゃんたちのせいじゃないって。
空ちゃん　そうかもしれないけど……。
くうちゃん　先輩たちがけんかしてたらいやだね。
つむちゃん　どうしていいかわかんないもんね。
みっちゃん　……私たちでなにかできるかな……。

菜々子登場。

菜々子　空ちゃん、それ、（うんちのぬいぐるみさして）
空ちゃん　すみません！
菜々子　気に入ってるんだ？
空ちゃん　……すみません。
菜々子　いいって。きいちゃんにも困ったもんだ。
みっちゃん　あのー、
菜々子　どうしたの？
みっちゃん　きいちゃん先輩、部活なんで来てくれないんでしょうか。
菜々子　……ごめん。1年生にまで心配かけて。
くうちゃん　私たちのせいですか？
つむちゃん　茜先輩は違うって言ってたけど……。
菜々子　そのうち来るでしょ。
空ちゃん　でも……。
菜々子　脚本のことでしょ、きいちゃんがふてくされてるのは……。
みっちゃん　きいちゃん先輩、他にやりたいものあるんですかね？
菜々子　やりたいもの？
みっちゃん　（うなずく）
菜々子　どうかな……やりたいことあるなら、ちゃんと言ってくれないとね。
つむちゃん　私たち、きいちゃん先輩にきいてみます！
菜々子　え？
つむちゃん　やりたいこと何なのか。
菜々子　つむちゃん。
くうちゃん　私も。
みっちゃん　頼んでみます。部活来てくださいって。
空ちゃん　私も。
みっちゃん　行こうっ！

1年生退場。

菜々子　きいちゃんのやりたいこと、か。やりたいこと……。

8　ブドリの願い

菜々子が残り、ブドリが登場。

ブドリ　ペンネン技師。
ペンネン技師に扮する菜々子　「ブドリくん」
ブドリ　やりたいことがあるんです。
ペンネン技師　やりたいこと？
ブドリ　それで、相談があってきました。
ペンネン技師　何でしょう。
ブドリ　今建設中の潮汐発電所ですが。
ペンネン技師　潮汐発電所……すなわち、イギリスで開発された発電方法で、潮の干満差を利用して行う水力発電。今の日本にはない。
ブドリ　ペンネン技師、どうしましたか？

ペンネン技師　あ、いや、ちょっと解説を。
ブドリ　これができたら、雨を降らせることが可能なんですよね。
ペンネン技師　「もちろんです。科学は日夜進歩しているのですよ！」
ブドリ　雨を降らせることができるなら、それに肥料を混ぜて降らせることも可能ですよね。
ペンネン技師　「それは奇想天外な思いつきだが、いやあ、その通りだ！」
ブドリ　……僕には、夢があります。ひとつは、妹のネリを探すこと。もうひとつが。
ペンネン技師　「もうひとつが？」
ブドリ　この土地をみんなが食べていける豊かな土地にすることです。
ペンネン技師　「……人々の本当の幸いですね。」
ブドリ　子どもたちが森に置き去りにされることがないように。全てのおとうさんとおかあさんが子どもたちと一緒に暮らしていけるように。
ペンネン技師　「……ブドリ君……。やりましょう。一生懸命やっていればネリさんにも会えるかもしれません。」
ブドリ　……ネリは生きているでしょうか。
ペンネン技師　「信じることです。信じなければ何も始まりません。」
ブドリ　ペンネン技師……。
ペンネン技師　「信じましょう。ネリが生きていて、どこかで幸せになっていることを。雨と肥料を降らせることでイーハトーボの人々が幸せになれることを。」
ブドリ　はいっ。
ペンネン技師　明日からまた忙しくなりますよ。
ブドリ　はいっ。

ブドリ、頭をぺこりと下げて去る。見送るペンネン技師に扮する菜々子。

菜々子　人々の本当の幸い……。

ペンネン、去る。

9 それぞれの事情　その2

きいちゃんと珠ちゃん出てくる。
なにかへんなこと、モデル歩きとか、カステラ一番とか、ふざけている。
花音と梨紗登場。

花音　こんなところにいたぁ。
きい　おっと、ばれたぁ。
梨紗　きいも珠ちゃんも部活またサボる気？
珠ちゃん　またって、またはさぼってないよ。
花音　昨日も一昨日も来なかったじゃない。あ、土曜日の特練も。

珠ちゃん　あれは、塾だもん。
花音　そんで、今日はどうしたのよ。
珠ちゃん　これから行くよ。
花音　どっちに？
珠ちゃん　もちろん、部活に。
梨紗　きいは？
きい　あたしは……。

だーっと逃げる。
反対側から、つむちゃんとみっちゃん、空、くうちゃんが出てくる。

つむちゃん　きい先輩つかまえた〜！
みっちゃん　花音先輩の言ったとおりですね。
きい　はかったな！
梨紗　ほっほっほっ。こうでもしなけりゃ、演劇部唯一のリレ選のあんたは捕まえられないからね。
きい　畜生、覚えてろ。
珠ちゃん　きいちゃん、そんな汚い言葉は使っちゃいけません。
きい　裏切り者。
珠ちゃん　はっはっはっ。
花音　連陸も終わったんだから、いいかげん稽古出てきてよ。
くうちゃん&空ちゃん　きいちゃん先輩ごめんなさい！
きいちゃん　なんで、あんたたちが謝んのよ。

みっちゃん　きいちゃん先輩が来ないと稽古にならないです。
珠ちゃん　あたしは？
つむちゃん　あ、珠ちゃん先輩も。
珠ちゃん　今付け足したでしょ、ふん。
きい　私はいいのよ、次の舞台は出ない。
梨紗　きい！
珠ちゃん　きいちゃん？（同時）
1年生　きいちゃん先輩！
花音　何言ってんの！
珠ちゃん　出ないの？（同時）
1年生　出ないんですか？
きい　うるさいなぁ。
珠ちゃん　きいちゃんに言われたくない。
梨紗　脚本が気に入らないからって。
きい　脚本選びが大事だって、そう言ったの、梨紗じゃなかった？
梨紗　……。
きい　ちゃんと相談して決めようって。それで、明るい学園ものってなったんじゃん！
梨紗　でも、茜に任せようって。
きい　梨紗はいっつも茜に甘いよ。茜がやりたいって言ったら、何でもＯＫなわけ？
梨紗　そんなことないでしょ。私も、ブドリが好きだから。
きい　私はいやなの！
梨紗　じゃあ、他にやりたいものがあるわけ？

きい　ないわよ！
珠ちゃん　きいちゃん……。
きい　いやなもんはいやなの！
梨紗　もう稽古始まってるんだよ。
きい　だから、出ないっていってんじゃん！
花音　きいちゃん。
きい　茜も勝手だよ！　茜も梨紗も賢治賢治って、馬鹿みたい！
珠ちゃん　きいちゃん、言い過ぎ。
きい　私は、人々の本当の幸いとかどうでもいい！　森に置き去りにされることも、飢饉も、ブドリも、もうたくさんなのっ。

きいちゃん、駆け去る。

みっちゃん　きいちゃん先輩！

きいちゃんの後を追う1年生、退場。
葉菜子、美月、菜々子、のんちゃん出てくる。

葉菜子　あーあ、きいちゃん捕獲作戦失敗か。
花音　どうする？
梨紗　……。
珠ちゃん　茜の脚本進んでるの？
花音　ラストで悩んでるみたい。
のんちゃん　『ブドリ』の結末、か……。
葉菜子　あのさ、きいちゃん、お父さんいないじゃん。
みんな　……。
珠ちゃん　……きいちゃんが小さい頃、出てっちゃったんだよね……。
のんちゃん　森に置き去りにされるのがいやって。
美月　重なっちゃうのかな……。
葉菜子　置いてかれちゃうって、辛いよね。
ねねちゃん　……私、ブドリのお父さんとお母さんがネリたち置いて出てっちゃうのも、よくわかんない。
梨紗　ねねちゃん……。
菜々子　あれは……飢饉だったからでしょ。
ねねちゃん　だからって、親が子どもを捨てる？
珠ちゃん　勝手だよね。
菜々子　だけど、それは飢饉だったからで。
葉菜子　……私たちってさ、親の都合で振り回されるじゃない？　転勤とか、親戚づきあいとか。でも、その理由なんて教えてもらえないことがほとんどっていうか。
ねねちゃん　……大人って、私たちには、ちゃんと理由を言いなさいって言うけど、自分たちは、何も教えてくれないよね。私たちが我慢させられちゃう理由を……。

みんな、去る。
かわって、きいちゃん息を切らして出てくる。（上手）

きい　……私、何やってんだろ。

夕日。

きい　（独白）小さい頃、茜のうちでみんなと一緒に読んだ『グスコーブドリの伝記』私は、森が怖かった。森に置き去りにされるもの、人さらいも、てぐす工場の男も……。私は、森が怖かった。お父さんとお母さんに置いて行かれるのが……。茜も、そう言ってたのに……。

茜出てくる。（センター）

きい　人はみんなひとりぼっち……。

茜　（独白）あかね色の空……私の名前は、おじいちゃんがつけてくれた。生まれたとき夕暮れで、夕日がとてもきれいだったから。

きい　グスコーブドリ……あんたみたいに、人のためになんて、生きられないよ。

きいちゃん、去る。

茜　（独白）おじいちゃん、私がわがままで勝手なのかな。私は、誰も傷つけたくない。正しいと思うことをちゃんとして、人々の本当の幸いのために……おじいちゃんがそうしてきたように、ずっと……。なのに、きいちゃんを傷つけた……。

ブドリ、きいちゃんに代わって立っている。（下手）

茜　ブドリ……私は、ブドリのように生きたい。どんなにそれが苦しいことでも、正しいと思うことを、人々の本当の幸いのために……。ブドリ……。

おじいちゃんが立っている。（下手）

茜　おじいちゃん……。

おじいちゃん、ブドリ、去る。
茜ぼっとして立っている。

10　ブドリの幸福

イーハトーボの人々に扮した演劇部員たちが登場。
大きな看板の前に立って、読み上げる。

村人1　「イーハトーボの皆さんへ。窒素肥料を降らせます。今年の夏、雨と一緒に硝酸アンモニウムを皆さんの沼ばたけや蔬菜ばたけに降らせます。作物が枯れないぐらいの雨は降らせることができますから、今年は水不足の心配はありません。イーハトーボ火山局観測所。」

村人2　読んだかい？

村人3　読んだ、読んだ。

村人1　あれだろう、火山局のブドリだろう。

村人2　ああ、6年前にやってきて、クーボー大博士の講義をたった1回でパスしたって。
村人3　あれは天才だね。
村人2　いやあ、努力の人だろう。
村人3　努力できるものをこそ天才というんだよ。
村人1　おかげで、これからは、日照りの夏におろおろ歩くことはないんだ。
村人2　ブドリ様々だな。
村人3　まったくだ。

村人たち去る。

ブドリ登場。手紙の束を持っている。

ブドリ　（読み上げて）「火山局様。電気の雨のおかげで今年はちゃんと3食子どもたちに食べさせられます。ありがとうございました。」「火山局御中。潮汐発電所完成おめでとうございます。お陰でうちの森でも電気がついて夜でも本が読めるようになりました。ありがとう。」「火山局内ブドリ様。肥やしの雨をありがとうございまた。いつもなら厩肥《うまやごえ》を遠くの畑まで運び出さなければならず、大変難儀いたしますが、それは近くのかぶら畑みんな入れました。遠くの玉蜀黍畑《とうもろこし》もよくできて、家中みんな悦んでいます。」ああ、よかった。あれ。「ブドリ様。お陰でてぐす工場へ働きに行かなくてすみました。お嫁さんにしてください。」

顔を真っ赤にして手紙をくしゃくしゃにしてポケットにつっこむ。が、またこっそり出して、しわを伸ばし、そっと胸ポケットに入れるブドリ。

茜、ブドリをしばらく見ていたが、走り去る。

そこへさっきとは別の村人たちに扮した男子部員出てくる。

村人4　おい、火山局のブドリ。てめえ、いい気になってんじゃないぞ。
村人5　まったくだ。おまえの電気のお陰で、おいらのオリザ、みんな倒れてしまったぞ。
村人6　なして、あんなまねしたんだ。
ブドリ　倒れるなんて。きみはポスターを見なかったのかい。
村人4　なんだと、このやろう。てめえばっかりもてて気にいらねえんだよ。
村人5　やっちまえ。
村人6　おい、ここはまずいぞ。

観客席を見る。

うなずき合う村人たち。

ブドリをひっぱって舞台の袖へ、もとへ、村の外れへ。

一方的に殴られる音がする。

しばらくすると、包帯ぐるぐるのブドリが車椅子で登場。

ブドリ　なんてこった、誤解でこんなになぐられるなんて。

誤解なんだから、五回くらいなら殴られてもよかったんだが。ははは。

ペンネン技師　ブドリ君。寒いよ。

ブドリ　（びっくり）ペンネン技師。

ペンネン技師　「人生、塞翁が馬。」

ブドリ　はい？

ペンネン技師　「君に是非会いたいという女性が来ている」

ブドリ　え、いや、まだ、僕は心の準備が、いきなりそんな、

大人になったネリが登場。

ネリ　「兄さん！」

ブドリ　え、ネリ？

ネリ　（ぶんぶんうなずく）

ブドリ　本当に、ネリなのかい？

ネリ　（森に居た頃のように、山鳩が鳴くまねをする）「ぼうぼう、ぼうぼう」

ブドリ　ネリ、ネリだ。相変わらず可愛いなぁ。どうしてたんだい。ちゃんとご飯は食べているのかい。

ネリ　「（うなずいて）あのあと、牧場のそばで置き去りにされて。でも、そこの旦那様が、家さ、いれてくれて、赤ん坊の世話したり、水汲みしたりしてたんだけんど、だんだん一人前に働けるよになって、そしたら、1番上の兄さが、お嫁さんになってくださいって言ってくれて。」

ブドリ　ネリ。幸せなんだね。

ネリ　「ちっさい牧場で、大変な年もあるんだけんど、今年は火山局のお陰で、畑仕事はだいぶ楽になったのっす。兄さも、あいや、主人も、父さも、母さも、やさしくしてくれっから。」

ブドリ　そうか。ご主人はおまえを大切にしてくれるんだね。

ネリ　「（うなずいて）兄さん。」

ブドリ　もうひとりぼっちじゃないんだね。

ペンネン技師　「ハレルヤ、ハレルヤ。」

うれしそうにうなずき合うブドリとネリ。3人、退場。みっちゃんとつむちゃん、空ちゃん、くうちゃん出てくる。

つむちゃん　ネリちゃんかわいいねえ。

3人　（ただしみっちゃんだけなげやり）かわいいねえ。

つむちゃん　やっと、ハッピーエンドですね。

3人（ただしみっちゃんだけなげやり）ハッピーエンドだね。

つむちゃん　暗かったねえ。

3人　（ただしみっちゃんだけなげやり）暗かったねえ。

つむちゃん　ブドリは、2つの願いが叶って、幸せになりました。じゃん。

3人　（ただしみっちゃんだけなげやり）幸せになりました、じゃん。

つむちゃん　ちょっと、みっちゃん、あんた、さっきからトゲがあるじゃん！　馬鹿にしてんの。

みっちゃん　馬鹿にしてないけどさ、あんたたち、梨紗先輩の命令聞いてないでしょ。
つむちゃん　命令？
みっちゃん　演劇部鉄の掟、演劇部は日々精進しなければならない。

スクワット始める3人。

みっちゃん　演劇部裏目標常にセレブをめざし、玉の輿をねらうべし。
つむちゃん　なんじゃ、そりゃあ。
みっちゃん　演劇部は上意下達《じょういかたつ》、先輩の命令に絶対服従のこと。
空&くうちゃん　はいっ。
みっちゃん　ていうのはないけどさ。
3人　ないの？
みっちゃん　原作、読んどけって言われたでしょ。
つむちゃん　ああ。
みっちゃん　読んでないでしょ。
3人　読んだよ。
みっちゃん　読んでないね。
つむちゃん　読んだよ、5回も繰り返して。
みっちゃん　1回も読んでないでしょ。
つむちゃん　……5回は、誤解だけど。
くうちゃん　私は、0・5《れいてんご》回。
みっちゃん　読んでたら、知ってるはずでしょ。ブドリの人生は、これからがクライマックスなの。

11　カルボナード火山

村人たち、登場。

村人1　今年のお日さまはやけに白いな。
村人2　11年前と同じだな。
村人1　どうもあの恐ろしい寒い気候がまた来るんだろうか。
村人2　夏の暑さは火山局の電気雨のお陰でしのぐことができるが、寒さだけは…
村人3　やはり、寒さの夏はおろおろ歩くしかないのか
……

みぞれが降ってくる。

村人1　みぞれだ。
村人2　5月にみぞれが降るなんて、
村人3　やっぱり、11年前と同じだ。
村人4　ききんだ。
村人たち　饑饉がやってくる！

ブドリ登場。

ブドリ　ああ、父さん、母さん。

美しいダンス。
翻弄されるようにブドリ彷徨う。
ダンスの人々が去ると、ブドリと、美月扮するペンネン技師が立っている。

ペンネン技師　「ブドリくん。顔が真っ青じゃないか。」
ブドリ　今、クーボー大博士のところに行ってきたんです。
ペンネン技師　「そうか。それで博士は何と？」
ブドリ　僕の計算したとおりでした、この寒さを回避するのには、大気圏中の炭酸瓦斯を増やすしかない。
ペンネン技師　「それはその通りだが、そんなに簡単に、地球全体の気温を上げるほど、瓦斯をまけるものではないよ。」
ブドリ　だが、もしも今イーハトーボで最も大きいカルボナード火山が爆発したら。
ペンネン技師　「カルボナード火山……。」
ブドリ　「爆発したら、瓦斯はすぐ大循環の上層の風にまじって地球全体を包むだろう。そして地表からの熱の放散を防ぎ、地球全体を平均で5度くらい温かにするだろう。」そう、クーボー博士はおっしゃいました。
ペンネン技師　「確かにその通りだが……。」
ブドリ　ぼくにやらせてください。
ペンネン技師　「何を言うんだ。火山局が火山の噴火を誘発してきたのは、溶岩が町を襲う危険性を回避するためだ。炭酸瓦斯を吹かせるためになんてそんな……。」
ブドリ　でも、誰かがやらなければ。
ペンネン技師　「だめだ、だめだ。そんなことをしたら、どうしてもその仕事に行ったもののうち、最後の1人は逃げられない。みすみす人命を危険にさらすようなことは。」
ブドリ　先生、わたしにそれをやらせてください。
ペンネン技師　「それはいけない。君が死んでしまう。」
ブドリ　でも、それで、饑饉が回避され、もっと多くの命が救われるのならば。
ペンネン技師　「クーボー博士は何と言ったのだ？」
ブドリ　「その相談はいかん。ペンネン技師に相談したまえ。」と。
ペンネン技師　（机をたたき）「……ならば私が行こう。僕は今年もう63なのだ。ここで死ぬなら全く本望というものだ。」
ブドリ　クーボー博士も同じことをおっしゃいました。
ペンネン技師　「クーボー博士はだめだ。あの人の学識をここで失うわけにはいかない。」
ブドリ　ペンネン先生、それは先生も同じことです。先生が今度お出でになってしまっては、あと何とも工夫がつかなくなると存じます。
ペンネン技師　「……ブドリ君。」
ブドリ　僕に行かせてください。

12　生きる

ブドリを中央に残したまま明かりが代わり、上手に梨紗が登場。

梨紗　菜々子……。

菜々子　……私、ブドリを行かせたくない……。

さらに明かりが代わり、菜々子と梨紗は退場。代わってねねちゃん登場。

ねねちゃん　ブドリ兄さん……。

ブドリ　……ネリ、すまない。また、悲しい思いをさせるね。

ねねちゃん　1人にしないで。

ブドリ　1人じゃない。おまえを愛してくれるご主人もいるし、なにより母親になったのだから。コドリのためにも精一杯生きておくれ。

ねねちゃん　なんで、兄さん1人が残らなければいけないの。

ブドリ　僕が望んだことなんだよ。

ねねちゃん　それがほんとに兄さんの幸せなの？

ブドリ　(うなずく)

ねねちゃん　島を爆破することが？

ブドリ　島を爆破して、大気中の炭酸瓦斯を増やして、寒さの夏を回避することが。

ねねちゃん　死なないで。

ブドリ　人々の本当の幸いのために……。

ねねちゃん　幸い？

ブドリ　ネリ。父さんと母さんはね、残された粉を少しでも多く僕たちに食べさせるために、森の小屋を出て行ったんだよ。

ねねちゃん　ご飯なんか食べられなくても、お父さんとお母さんが一緒にいた方がいい！

ブドリ　それじゃあ君はコドリが飢えて死んでいくのを見ていられるかい？

ねねちゃん＆ネリ　……。

ブドリ　父さんと母さんは、僕たちが生き残る可能性を少しでも残したかったんだろう。

ねねちゃん＆ネリ　……ブドリ兄さん……。

ブドリ　ネリ。君はひとりぼっちじゃない。

音楽。

ブドリ　僕もね、ひとりぼっちではないんだよ。

ブドリ、ネリを抱きしめる。ねねちゃんネリ、1人去る。

13　そして旅立ち

音楽。人々黙って出てくる。

船は島に着き、人々は機材をもって島に上陸する。もくもくと作業する人々。
いくつものやぐらが建ち、電線が連結される。
ブドリと握手する人々。去る。一人残されるブドリ。晴れ晴れとしている。
茜登場。

ブドリ　茜……。
茜　ブドリ……。いっちゃうの？
ブドリ　人々の本当の幸いのために。
茜　本当に正しいことをしたら、それが本当の幸いなんだよね。
ブドリ　（うなずいて）君は小さい頃、僕に聞いたね。人はなぜ死んじゃうの、死んだらどこへ行くの？
茜　……おじいちゃん？
ブドリ　きつかったなぁ……。僕は死んでしまう。君よりずっと早くに。君が大人になって、幸せになる姿をずっと見ていたいけど、人間には寿命があるからね。
茜　おじいちゃん……。
ブドリ　茜、人生は儚いが、一生懸命に生きれば必ず何かが残される。人はみな本当の幸いを探して生きているのだから。
茜　おじいちゃんは幸せだった？
ブドリ　言ったろう。君に会えてよかった。息子が生まれたときは、あっという間に大きくなっていて、ろくに遊んでやれなかった。だからね、君が生まれたときは、孫とはいっぱい遊ぼうと決めたんだ。
茜　いっぱい本も読んでもらった。大きな公園に連れて行ってと言ったら、動物園に連れて行ってくれた。お魚がみたいと言ったら、山に連れて行くから変なおじいちゃんだと思ったら、山女魚を釣ってみせてくれた。
ブドリ　楽しかったね。
茜　うん。
ブドリ　この星には、美しいものがいっぱいだ。花も、虹も、星も。ちょっと足を止めてみれば、道ばたに咲く、小さなイヌフグリ、蜂も鳥も蛙も蛇もみんなみんな懸命に生きている。美しいと思わないか。
茜　うん。
ブドリ　人もみな懸命に生きている。正しいと思うことを貫けば、それが本当の幸いなんだ。
茜　……だから、あなたは……。
ブドリ　？
茜　ブドリは、島に1人残ったの？
ブドリ　（首を振る）たくさんのブドリのお父さんとお母さんが、たくさんのブドリとネリといっしょに、その冬を暖かい食べ物と明るい薪で楽しく過ごすことができますように。
茜　たくさんのブドリとネリ……。
ブドリ　（ほほえむ）家族と一緒に過ごせた僕は幸せだったよ。
茜　ブドリは？
ブドリ　正しいと思うことをきちんとできて、人々の幸いのために生きた僕は幸せだったよ。

茜　嘘じゃない？
ブドリ　（ほほえむ）
ブドリ　本当の幸福は、ひとつではないよ。人は、1人として同じ人間ではないのだから。
茜　うん。
ブドリ　茜は、茜の、きいちゃんはきいちゃんの、僕は僕の、本当の幸いを探して旅するんだ。
茜　きいちゃん戻ってきてくれるかな……。
ブドリ　きっとね、きいちゃんは戻ってくるよ。君たちはね、無限の可能性をもっているのだから。
茜　いっちゃうの？
ブドリ　（うなずいて）いってくるよ、茜。ぼくはいってくるだけだ。
茜　……いってらっしゃい。

ブドリ去る。
1人残される茜。

14　エピローグ

梨紗、菜々子、花音、葉菜子、美月、のんちゃん、ぼうちゃん、莉々子、ねねちゃん登場。

梨紗　茜。
葉菜子　また、寝てるの？
花音　泣いてるの？
茜　え……ほんとだ、私泣いてる。
美月　泣き虫だなぁ。

珠ちゃんときい登場。

珠ちゃん　ほら、きいちゃん。
茜　きいちゃん。
きい　……1年生がどうしてもって……。

1年生登場。

茜　戻ってきてくれたんだ。
きい　……茜大げさなんだよ。
珠ちゃん　きいちゃん！
きい　ごめん。今まで部活サボってごめん。
葉菜子　単なるサボりなわけ？
きい　脚本読んだよ。ブドリも読み返した。あたし、逃げるの好きじゃないし。
珠ちゃん　逃げ足速いけどね。
きい　逃げてないし。
梨紗　わかってるよ。
きい　だけど……逃げてた……。
茜　え？
きい　森に置き去りにされるのも、島に1人取り残されるもの、私はいやだ。でも、ブドリの生き方は、私、……

好きだ。
茜　きいちゃん。
きい　一緒に読んだんだよね。グスコーブドリの伝記。
茜　うん。
きい　おじいちゃんに読んでもらったんだよね。一緒に。
茜　うん。
梨紗　「ブドリは1人島に残りました。」
菜々子　「そしてその次の日、イーハトーボの人たちは、青ぞらが緑いろに濁り、日や月が銅《あかがね》いろになったのを見ました。」
みっちゃん　「そしてちょうど、このお話のはじまりのようになる筈の、たくさんのブドリのお父さんやお母さんは、たくさんのブドリやネリと一緒に、その冬を。」
茜　「暖かいたべものと、明るい薪で楽しく暮らすことができたのでした。」
花音　ブドリは1人じゃなかった。1人島に残ったけど、ひとりぼっちじゃなかったんだ。
茜　人々の本当の幸いのために……。
菜々子　「本当に正しいことをしたら、それが本当の幸いなんだ。」
きい　私、何が本当に正しいことなのか、やっぱりよくわかんない。
みんな　……。
梨紗　一緒に考えよう。
うなずくみんな。

梨紗　おかえり、きいちゃん。
みんな　おかえり。（おかえりなさい）
きい　……ただいま。
上がる歓声。さらに他の部員たちも出てくる。
音楽。
ブドリ登場。
ブドリ　人々の本当の幸いのために……。
茜　もしも、火山に1人取り残されるなら。
葉菜子　たった1人で火山に取り残されるなら。
莉々子　たとえそれが大勢を救うためだとしても。
茜　たとえそれが、そのたった一人の意思だとしても。
全員　私たちは1人にしない。
きい　私にできること。
茜　私たちにできること。
梨紗　日照りの夏は涙を流し。
花音　寒さの夏はおろおろ歩き。
茜　それでも私たちは生きていく。
梨紗・きい・菜々子　みんないっしょに。
全員　みんないっしょに。
音楽高まって。
――幕――

上演の手続き

これまで、わが国では著作権を尊重する考え方が普及しておらず、学校演劇脚本の上演に際しても、著作権は、ほとんど無視されていたといってよい状態でした。しかし、著作権尊重の見地から、学校演劇脚本の上演に当たっては、少なくとも、つぎのようなことが守られるべきだと考えます。

著作権の尊重と、その正しい考え方の普及は、教育上からも重要な課題といえますので、ぜひご協力をお願いいたします。

(1) 義務教育段階での、学校での教育上の目的による学校演劇の上演については、著作権法の特例として著作権者の了解がなくても脚本を利用することができることになっています(二〇〇三年の著作権法改正による)。ただし教育現場以外での上演については、著作権者に上演の許諾を求める必要があります。

(2) しかし、作品および著作権尊重の立場から、本書収載の作品の上演を希望する際は、上演届(次頁参照)を、晩成書房までお送り頂くようお願いいたします(**作者連絡用切手を添えて**)。到着次第著作権者に連絡します。

(3) プログラム等を印刷する際は、必ず著作者名および掲載書名を表示してください。

(4) 脚本を、上演台本として必要な部数に限って複写(コピー)することは許されますが、それを他に配付したり、頒布したりすることは許されません。その必要がある場合は許諾を求めてください。

(5) 上演に際し、著作物の一部を改める際は、上演届にその旨を記し、改変された台本をお送りください。

中学校創作脚本集2020編集委員会

晩成書房 殿

年　　月　　日

学校（または団体）名

所在地　〒

電話

担当者名

上　演　届

このたび、『中学校創作脚本集２０２０』（晩成書房刊）収載の作品を、下記のように上演しますので、ご連絡いたします。

記

1. 脚本題名	
2. 著作者名	
3. 上演目的	
4. 上演期日	
5. 出 演 者	
6. そ の 他	作者連絡用切手貼付欄

中学校創作脚本集２０２０編集委員会

代　表　山下秀光　神奈川県中学校文化連盟演劇専門部顧問
元 全国中学校文化連盟理事長
元 神奈川県中学校文化連盟会長
元 神奈川県中学校文化連盟演劇専門部会長

事務局　大沢 清　元 全国中学校文化連盟副理事長
関東中学校演劇研究協議会監査
前 神奈川県中学校文化連盟演劇専門部参与
横浜市立中学校部活動(演劇)指導員
〒252-0013 神奈川県座間市栗原 1278-7

中学校創作脚本集２０２０

二〇二〇年 七月 一〇日 第一刷印刷
二〇二〇年 七月 二〇日 第一刷発行

編　者　中学校創作脚本集２０２０編集委員会
発行者　水野 久
発行所　株式会社 晩成書房
●〒101-0064 東京都千代田区神田猿楽町二-一-一六-一F
●電　話 〇三-三二九三-八三四八
●ＦＡＸ 〇三-三二九三-八三四九
印刷・製本　株式会社 ミツワ

乱丁・落丁はお取り替えします
ISBN978-4-89380-497-6 C0074
Printed in Japan

中学校創作脚本集 2018

中学校創作脚本集編集委員会 編
●定価二、〇〇〇円＋税
ISBN 978-4-89380-484-6

つばさ ～創作にチャレンジしたい人たちのための創作劇～＝斉藤俊雄
ちょっと、メロス＝平成二十九年度 茅ケ崎中学校演劇部
10years ～希望の桜～＝仲間 創
法廷劇「償（つぐな）い」＝山城美香
ゲキブの扉＝柴田静香
そこまでも＝見山紗月／補筆・横浜市立大綱中学校演劇部
冥界のスープ＝西沢遥輝／補筆・横浜市立大綱中学校演劇部
『アイ』＝三浦結衣／潤色・ちかだよしあき
嘘象物語＝鈴木仁志

中学校創作脚本集 2019

中学校創作脚本集編集委員会 編
●定価二、二〇〇円＋税
ISBN 978-4-89380-489-1

イマジン＝斉藤俊雄
みんなの歌＝中原久典
くるみとすももと黒崎くん＝横山淳子
花は咲くⅡ 少女前へ＝板垣珠美
地下室クラブの遠藤くん＝久保とみい
悲劇『鬼人間―おにんげん―』＝原案・村上裕亮／脚本・久保美咲仲間創
10years ～夜明けのコスモス～＝仲間創
流星の命＝村中恵李花
ハルヤくんの野望＝浅田七絵
こころのとびら＝稲垣 凜
藍の風が吹くとき ～いのちの理由～＝辻村順子

最新中学校創作脚本集 2017・2018

最新中学校創作脚本集編集委員会 編
●定価各二、二〇〇円＋税

最新中学校創作脚本集 2017
ISBN 978-4-89380-473-0

改訂版 二つの名前／愛のかけはし～38度線のマリア 望月カズ～／奇跡の集落・吉浜、命～生かされた命、伝える使命～／三本脚の猫／GHOST FRIENDS／いちご・いちえ／あやかしの夜／タイムトンネル／白いキャンバスに線を描く

最新中学校創作脚本集 2018
ISBN 978-4-89380-477-8

なつの思い出／向日葵の未来／ファントムシップとパブロピカソの旋律／旅立つときに／雪とパイナップル／「Alice」よりイツカ、ドコカデ、君ト／フクギの雫～忘れたくても忘れられない、忘れてはいけない～

中学校創作脚本集1・2・3

横浜北部中学校演劇教育研究会 編
●定価一、八〇〇円＋税
ISBN 978-4-89380-238-5/262-0/348-1

1 青空へつづる手紙／クリスマスの贈りもの／天国まで―アナタ、愛のために死ねますか／わんつーすりーふぉーふぁいぶしっくすせぶんえいとないん…天、使!?／『モモふたたび』／風の森に哀しみは眠る／小犬の贈り物／電話

2 Timer Family―悲劇の家族―／草色の詩／手古奈―入江の花の物語／それぞれの夢・それぞれの味／たんす・たたーん―新入部員捕獲作戦Z／夏の夜のジュリエット／レクイエム 一九四五夏、二〇一五秋、二〇三五冬……春よ／ぼくは音が見たい

3 夏の庭／K―1／アイズ（中学生版）／庭師ウィル／心を知らぬ君のために／ジョーカー

もし初めて演劇部の顧問になったら
演劇部指導ハンドブック
田代 卓 著●2,000円＋税 978-4-89380-495-2

●演劇部指導は誰でもできる！
演劇体験がなくても大丈夫。自身も演劇体験ゼロからで演劇部顧問になって、中学生たちと劇づくりを重ねてきた著者が、演劇部指導のポイントをわかりやすく解説。

演劇部12か月
中学生の劇づくり
栗山 宏 著●1,200円＋税 978-4-89380-405-1

●中学生の劇づくりマニュアル！
中学校演劇部１年間の指導のポイント、創造的な基礎練習の方法、劇指導の実際……。中学校演劇指導に定評ある著者が、そのノウハウと実践を紹介。

シェイクスピアが笑うまで
中学生のための脚本創作法
志子田宣生 著●1,200円＋税 978-4-89380-365-8

●脚本『ダブルはなこ』を創った中学生と先生の会話の形で、脚本創作方法をわかりやすく解説。中学生の創作脚本を実例に、脚本の構想、構成、せりふ、ト書きの書き方まで、シェイクスピアの作品などを手本にしながら、解説。

中学生・高校生のための
劇作り９か条
菅井 建 著●1,200円＋税 978-4-89380-326-9

●一度はオリジナルの劇をやりたい！
そんな中学生、高校生に贈る［ミニ・テキスト］。数々の学校劇作品を生んできた著者が、脚本創作のポイントを明解な９か条で説明。

インプロゲーム
身体表現の即興ワークショップ
絹川友梨 著●3,000円＋税 978-4-89380-267-5

●即興で表現を楽しむインプロ・ゲームを集大成。大人から子ども、俳優を志す人からコミュニケーションのテクニックを身につけたい社会人、それぞれに活用できる即興ワークショップ。部活のウォーミングアップにも最適。

［ミニテキスト］
はなしことばの練習帳 1・2
菅井 建 著●各700円＋税 978-4-938180-54-6/81-2

●１【基礎編】は、単調になりやすい発声・発音の練習を台本形式で楽しく、わかりやすく練習する絶好のテキスト。２【演技編】では、人物の心の動きをどう読み取って表現するか、小台本で楽しく学ぶ。

［ミニテキスト］
こえことばのレッスン 1～3
さきえつや 著●各700円＋税 978-4-938180-95-9/89380-108-1/154-8

●相手にとどくこえで、イメージ豊かにことばを話すためのレッスン。１【こえ編】では、全身を使った発声の仕方を学ぶ。２【ことば編】では、台本に書かれていない「ことば」の背景を探る。３【表現編】で、ことばの特質を知る。

THE STAFF
ザ・スタッフ　舞台監督の仕事
伊藤弘成 著●3,400円＋税 978-4-89380-169-2

●舞台監督は裏の主役！ 稽古・各プランの立て方・大道具の作り方、建て方、吊り方・仕込み・本番・搬出、芝居づくりのすべてを支える舞台、照明、音響、メークなど、あらゆるスタッフの仕事を、舞台監督の仕事を軸に詳細に解説。

八月のこどもたち
如月小春 著●2,000円＋税 978-4-89380-186-9

●兵庫県立こどもの館で初めて出会った23人の中学生たちと、如月小春＋劇団NOISE俳優たちとの、ひと夏をかけた熱い劇づくり。子どもたちの個性が輝く感動の記録。
脚本［夏の夜のアリスたち］併載。

中学生とつくる総合的学習
ゆたかな表現・深まる学び
大沢 清＋村上芳信 編●2,000円＋税 978-4-89380-239-2

●中学校の「総合的な学習の時間」でどのようにことばとからだの表現を育てるか。その時「演劇」はどのように生かすことができるのか。提言と実践報告、「総合的な学習の時間」に生かす劇活動資料を収載。

中学生とつくる総合的学習２
子どもが変わる もうひとつの学び
大沢 清＋村上芳信 編●2,000円＋税 978-4-89380-290-3

●中学校の「総合的な学習の時間」で、ことばとからだの表現を生かすことの意義を探り、芸術教育、表現教育が現在の子どもたちに欠かせないものであることを示す。
表現を軸にした総合学習の実践の貴重な実践・提言集。

夢を演じる！
横浜で演劇教育と地域演劇をつくる
村上芳信 著●2,000円＋税 978-4-89380-397-9

●演劇が子どもたちを元気にする！ 演劇が地域をむすぶ！
「演劇大好き！」な子どもたちと、「芸術が社会を変える！」と信じる大人たちに贈る。横浜発、演劇教育と地域演劇、区民ミュージカルづくりの記録と〈檄〉的メッセージ！

動く 見つける 創る
中学校・高等学校のダンス教育 978-4-89380-430-3
碓井節子・内山明子・殿谷成子 編著●2,000円＋税

●教育におけるダンスとは？「身体の動きを通して創造力を育てる」というダンスの理念に基づき、グループでの創作のプロセスを重視した実践書。ダンスは身体による新しい時空間世界を創り出す楽しい遊び。